ITALIEN
im 1. Jh. n. Chr.
km 100 200
Maßstab 1:5 540 000
GERMANIA
Danuvius
Augusta Vindelicum
Rhenus
Lacus Venetus
Raetia
Aenus
Noricum
Anisus
Isonta
Murus
Augusta Rauricorum
ALPES MONTES
ILLYRICUM
Lacus Lemanus
Rhodanus
Ticinus
Lacus Verbanus
Lacus Larius
Atesis
Tridentum
Gallia Transpadana
Comum
Lacus Benacus
Venetia
Via Postumia
Aquileia
Dalmatia
Vercellae
Mediolanum
Verona
Patavium
Ticinus
Cremona
Mantua
Padus
Tanarus
Placentia
Atria
Pola
Parma
Padus
Liguria
Mutina
Bononia
Aemilia
Ravenna
Genua
Via Aemilia
Rubico
Ariminum
Via Aurelia
Lucca
Florentia
Pisae
Arnus
Metaurus
Ancona
MARE LIGUSTICUM
Etruria
Arretium
Umbria
Via Flaminia
Picenum
Lacus Trasimenus
Perusia
Clusium
Volsinii
Asculum
Hadria
Lacus Volsiniensis
Tiberis
Reate
Aternus
Tarquinii
Corsica
Aleria
Caere
Corfinium
Sulmo
Lacus Fucinus
Anio
Roma
Ostia
Praeneste
Samnium
Arpinum
Latium
Luceria
Apulia
Cannae
Antium
Campania
Tarracina
Formiae
Beneventum
Aufidus
Via Traiana
Olbia
Capua
Vesuvius
Venusia
Via Appia
Brundisium
Neapolis
Pompei
Casuentus
Tarentum
Calabria
Sardinia
Poseidonia (Paestum)
Lucania
Heraclea
Sulci
Via Popilia
Sybaris
Carales
Croton
MARE TYRRHENUM
MARE ADRIATICUM
Spalatum
Salonae
Liparaeae Insulae
Bruttium
Locri
Rhegium
MARE IONIUM
Panormus
Messana
Drepanum
Segesta
Via Valeria
Aetna
Lilybaeum
Sicilia
Himeras
Selinus
Agrigentum
Syracusae
MARE AFRICUM
Utica
Carthago
Bagradas
Tunes
AFRICA
Zama
Ostia
Alba Longa
Latium
Via Appia
Lavinium
Volturnus
Capua
Beneventum
Clanius
Via Appia
Campania
Nola
Neapolis
Vesuvius
Cumae
Herculaneum
Misenum
Pompei
Golf von Neapel
Via Popilia
Stabiae
km 30

Campus

Gesamtkurs
Latein

Ausgabe **B**

Band 3

C.C. BUCHNER

Campus

Gesamtkurs Latein. Ausgabe B

Herausgegeben von Clement Utz, Andrea Kammerer,
Reinhard Heydenreich und Christian Zitzl.

Erarbeitet von Johanna Butz, Wolfgang Freytag, Johannes Fuchs, Gerhard Hertel, Reinhard Heydenreich, Ulf Jesper, Andrea Kammerer, Elisabeth Kattler, Birgit Korda, Christl Lobe, Michael Lobe, Diana Lohmer-Lößl, Stefan Müller, Wilhelm Pfaffel, Andreas Rohbogner, Sabine Rumpler, Anne Uhl, Clement Utz und Christian Zitzl.

Band 3 wurde bearbeitet von Johannes Fuchs, Ulf Jesper, Andrea Kammerer, Elisabeth Kattler, Michael Lobe, Stefan Müller, Wilhelm Pfaffel, Clement Utz und Christian Zitzl.

Bamberger Wortschatz

1. Aufl. 1 $^{6\,5\,4\,3\,2}$ 2016 15 14 13
Die letzte Zahl bedeutet das Jahr dieses Drucks.
Alle Drucke dieser Auflage sind, weil unverändert, nebeneinander benutzbar.

www.ccbuchner.de

Lektorat: Bernd Weber
Illustrationen und Karten: tiff.any GmbH / Heimo Brandt, Berlin
Gestaltung und Satz: creo Druck & Medienservice GmbH, Bamberg / Ines Müller, Bamberg
Druck: creo Druck & Medienservice GmbH, Bamberg
Bindung: Stürtz GmbH, Würzburg

ISBN 978-3-7661-**7803**-9

Hinweise zur Konzeption und zur Arbeit mit *Campus*

Das Lehrwerk *Campus* bietet einen systematischen und altersgerechten Lateinkurs für den Sprachunterricht. Die **Grammatikstoffe** werden kleinschrittig und behutsam vorgestellt, intensiv eingeübt und in ansprechenden Texten repräsentiert. Das **Vokabular** basiert auf den statistischen Untersuchungen des Bamberger Wortschatzes und bezieht darüber hinaus den sog. Kulturwortschatz ein.

Jeder Jahrgangsband ist in zwei Teile gegliedert: Teil 1 umfasst die Lektionen mit Texten und Übungen, Teil 2 Wortschatz und Grammatik. Das Buch für das dritte Lernjahr bietet vier Themenkreise aus der antiken Welt. Jeder Themenkreis wird durch eine Doppelseite mit den nötigen Basisinformationen eingeleitet. Diese enthält – in den weiß unterlegten Flächen – das **kulturkundliche Grundwissen**, das mit dem Schriftzug *fundamentum* gekennzeichnet ist.

Jede **Lektion** umfasst eine Doppelseite, die den Stoff übersichtlich vorstellt; diese hat regelmäßig folgendes Aufbauschema (vgl. S. 4 f.):

- Linke Seite (enthält keinen neuen Wortschatz, allenfalls einige Vokabeln, die den neuen Grammatikstoff repräsentieren):

E Lateinischer Text zur Einführung des Grammatikstoffs
Ü Aufgaben zur (ersten) Übung des Grammatikstoffs
I Sachinformation zum kulturellen Hintergrund der Lektion

- Rechte Seite (enthält den gesamten neuen Wortschatz):

T Lektionstext mit dem aktuellen Grammatikstoff und allen neuen Vokabeln
V Aufgaben zur inhaltlichen und sprachlichen Vertiefung

Für die Behandlung einer Lektion bieten sich – vereinfacht dargestellt – **zwei methodische Verfahren** an:

von links nach rechts: I Behandlung des Grammatikstoffs und ggf. seiner Repräsentanten im Vokabular (E) I Einübung des Grammatikstoffs (Auswahl aus Ü) I Übersetzung und Erschließung des Lektionstextes, Erarbeitung des (restlichen) Lektionswortschatzes (T, V a) I Sprachliche Vertiefung (Auswahl aus V)

von rechts nach links: I Behandlung des Lektionstextes (T, V a) I dabei: Erarbeitung des Grammatikstoffs und des Vokabulars (T) I Einübung des Grammatikstoffs (Auswahl aus Ü, E) I Sprachliche Vertiefung (Auswahl aus V)

Die Behandlung der Lektionstexte ist verbindlich; die anderen Bestandteile der Doppelseiten sind ein **Angebot**, aus dem die Lehrkraft gezielt auswählen muss.

Weiteres **fakultatives Zusatzmaterial** – beispielsweise für Intensivierungsstunden – bieten die sieben *plus*-Lektionen, die den Stoff der jeweils vorangegangenen Kapitel umwälzen und vertiefen.

Bei der **Zeitplanung** sollte man Folgendes berücksichtigen:

- Für eine Lektion können (bei drei Stunden pro Woche) drei bis 3,5 Unterrichtsstunden veranschlagt werden, wenn man auf die *plus*-Lektionen verzichtet.
- Etwa 2,5 bis drei Unterrichtsstunden sind pro Lektion anzusetzen, wenn man alle *plus*-Lektionen in den Unterricht integrieren möchte.

Die Lektion – Auf einen Blick

Linke Seite

keine neuen Vokabeln
Ausnahme: beispielhafte Repräsentanten des neuen Grammatikstoffs

Einfacher Text: **Einführung** bzw. Systematisierung des neuen **Grammatikstoffs**

Übungen
kleinschrittige Festigung der Grammatik, steigernde Anordnung, von der Einzelform zum Kontext

Kleiner **Text**, als **Hausaufgabe** geeignet (hier Ü f)

Sachinformation
Vorbereitung auf T

Illustration
motivierender Einstieg in E

8

E

1. Dominus servam monere debet. Serva cibos parare debet.
2. Serva semper cibos domini parat.
3. Dominus vocat: „Para cibos, Homilia! Parate cibos, servi!"
4. Syrus: „Statim cibos paro."
5. Syrus et serva cibos parant.
6. Cornelia intrat et rogat:
7. „Cur cibos paras, Homilia? Cui cibos paratis, servi?"
8. Homilia et servus: „Domino cibos paramus."

Ü

a) Ordne jedem Wortstamm eine Endung zu. Übersetze die gebildeten Verbformen:

-o	debe-	-te	-t	-mus
-o	intra-	-nt	dele-	
gaude-	-tis	-s	pare-	tace-
roga-	-re	terre-	mone-	

b) Konjugiere:
1. rogare et gaudere 2. intrare et videre
3. vocare et tacere 4. parare et parere

c) Irrläufer. Eine Verbform hat sich verirrt und gehört nicht in die Reihe. Begründe:
1. intramus - paremus - rogamus - vocamus
2. dolent - rogant - terrent - parant - monet
3. gaudes - taces - vides - pares - paras
4. paro - pareo - gaudes - terreo - taceo

d) Cornelia und Julia spielen. Sie springen immer vom Singular in den Plural und umgekehrt:
intro, rogat, mones, parant, timemus, vocas, rogamus, vocant, paratis, paretis, dolent

e) Regentropfen haben die Endungen unleserlich gemacht. Ergänze sie und übersetze:
Servi cibos para◊◊. Syrus puellas statim voca◊. Iulia intra◊: „Cur voca◊, Syre? Et cur cibos para◊◊◊, servi?" Statim Syrus „Domino cibum para◊◊ debemus. Itaque cibos para◊◊◊. Domino et amicis placet cibos habere." Iulia: „Para◊◊ cibos, servi!"

f) 1. Quis ibi vocat? Iulia vocat. 2. Avus et Cornelia rident et gaudent. Nam amica puellae villam domini intrat. 3. Dominus servas vocat. Servae domino parent et statim cibos parant.

I

Das Abendessen
Ganz Rom freute sich auf die wichtigste Mahlzeit des Tages, die cena. Da man Heizmaterial und Beleuchtung sparen musste, fand die cena normalerweise am späteren Nachmittag bis zum Einbruch der Dunkelheit statt. Bis zur cena blieb bei den meisten Römern die Küche kalt. Die cena war Mittelpunkt des Familienlebens und bestand aus mindestens drei Gängen: Vor-, Haupt- und Nachspeise. Bei keiner Vorspeise durften Eier fehlen. Den Hauptgang bildeten Fisch- und Fleischgerichte. Zum Nachtisch gab es meist mit Honig bestrichene Süßigkeiten. Der Tisch der einfacheren Leute war nicht so reich gedeckt. Sie aßen häufig einen Brei aus Getreide oder Bohnen, dem man auch anderes Gemüse hinzufügte. Fleisch gab es sehr selten, auch Fisch konnte man sich nicht täglich leisten.

34 a-Konjugation

Auf den **Lektionsdoppelseiten** ist nur die Behandlung des **T-Stückes** obligatorisch. Alle anderen Elemente – hier grün unterlegt – stellen ein Angebot dar, aus dem die Lehrkraft eine Auswahl nach methodischen und didaktischen Kriterien treffen wird.

Die römisch bezifferten *plus*-**Lektionen** haben fakultativen Charakter: Sie bieten keinen neuen Wortschatz und keinen neuen Grammatikstoff. Sie dienen der Festigung und Vertiefung der unmittelbar vorausgegangenen 3-4 Lektionen. Über ihre Durchnahme wird die Lehrkraft nach Bedarf entscheiden.

Rechte Seite

alle neuen Vokabeln

Zum Abendessen: Käse und Oliven

T

Der Sklave Syrus soll in Rom bei Julias und Cornelias Eltern übernachten und am nächsten Morgen zum Großvater, seinem Besitzer, zurückkehren. Die Mutter Corinna arbeitet schon nebenan in einer kleinen Küche. Syrus schaut ihr dabei zu, während die Töchter noch auf der Straße mit ihrem Freund Gajus spielen.

Syro servo placet dominae respondere et dominam rogare; nam linguam nunc amat. Dominam rogat: „Cur tu[1] cibos paras, domina? Cur tu laboras, domina? Cur puellae non laborant?“ Itaque Quintus puellas nunc vocat: „Iulia, propera! Cornelia, propera! Properate! Cenam parare debetis.“ Filiae properant; statim intrant. Et Gaius amicus intrat.

Quintus: „Parate caseum[2] et olivas[3], filiae! Tum mensam ornate!“ Puellae: „Primo mensam ornamus. Tum caseum paramus, ... non olivas. Nam Gaius olivas non amat.“ Gaius: „Sic est. Olivas non amo, sed caseum et fabas[4] amo.“ Corinna: „Parate amico fabas, filiae! Sic amicum delectatis.“ Profecto Gaius amicus gaudet; itaque Corinnae gratiam habet.

[1] tū du
[2] cāseus Käse
[3] olīva Olive
[4] faba Bohne

Vom Speisezettel der Römer: Brötchen, Eier, Oliven, Artischocken, Schnecken und verschiedene angemachte Speisen.

Lektionstext
mit dem aktuellen Grammatikstoff und allen neuen Vokabeln

Abbildung
Auseinandersetzung mit T und I

V

a) Entscheide, ob die folgenden Aussagen richtig, falsch oder nicht in T enthalten sind:
1. Dominus puellas vocat. 2. Filiae statim intrant. 3. Servus copias complet. 4. Puellae olivas (Oliven) parant. 5. Gaius olivas non amat. 6. Gaius Quinto gratiam habet.

b) Ergänze die Prädikate in der angegebenen Form und übersetze:
1. Muros (augere, 3. Pl.) 2. Filiam (amare, 1. Sg.) 3. Turbam (videre, 1. Pl.) 4. Amicos (vocare, 2. Pl.) 5. Domino (parere, 1. Sg.) 6. Insulam (intrare, 2. Sg.) 7. Amicas (delectare, 2. Pl.) 8. Mensam (ornare, 3. Sg.)

c) *plus* Immer ich!
1. Die Herrin bereitet Speisen vor. Deshalb ruft sie Claudia und Tullia: „Ihr müsst arbeiten, Töchter! Bereitet das Essen vor und schmückt den Tisch!“ 2. Claudia: „Immer muss ich arbeiten, immer muss ich gehorchen, immer muss ich eilen.“ 3. Tullia: „Immer arbeite ich, immer gehorche ich.“ 4. Die Mädchen: „Immer eilen wir, immer bereiten wir Speisen vor. Niemals sehen wir die Freundinnen.“

Ferien – Auf dem Land 35

Vertiefende Aufgaben

Inhaltliche Aufgabe:
Erfassung / Erschließung von T, ggf. weiterführende Recherche oder produktive Rezeption (hier V a)

Sprachliche Aufgabe(n):
zusammenfassende **Sicherung** des neuen Grammatikstoffs (hier V b); kleiner **Text**, als **Hausaufgabe** geeignet (hier V c)

Verfolgung und Bekehrung – das Aufkommen des Christentums 10

Limes und Lehnwort – die Römer bei uns 22

Dichten, Denken, Deuten – die Griechen als Vorbild 48

Zwischen Anpassung und Auflehnung – große Römer im Konflikt 70

Verfolgung und Bekehrung – das Aufkommen des Christentums

1

Die Anfänge in Rom

fundamentum

Zunächst war das Christentum ein Kult, der auf Palästina beschränkt war. Der Apostel Paulus aber hatte durch ausgedehnte Reisen auch außerhalb dieses Gebiets christliche Gemeinden gegründet: in Anatolien, Griechenland und Rom. Anfänglich durften die Christen im römischen Reich – wie andere Glaubensrichtungen auch – ihre Religion frei ausüben. Als sie sich aber weigerten, dem römischen Kaiser Opfer darzubringen, und begannen, ihre Gottesdienste zurückgezogen in Privathäusern abzuhalten, wuchs das Misstrauen der Römer. So kam es zu staatlich verordneten Christenverfolgungen – die ersten unter Kaiser Nero (54–68 n. Chr.), die letzten unter Kaiser Diokletian im Jahr 304 n. Chr.

2

Heutzutage gibt es Christen in aller Welt, in Europa, Nord- oder Südamerika, in Afrika oder Asien. Wie sich das Christentum aus bescheidenen Anfängen allmählich ausgebreitet und so die Grundlage für seine heutige Stellung als weltumspannende Religion gelegt hat, erfahrt ihr in den folgenden Lektionen anhand wichtiger Ereignisse und Gestalten.

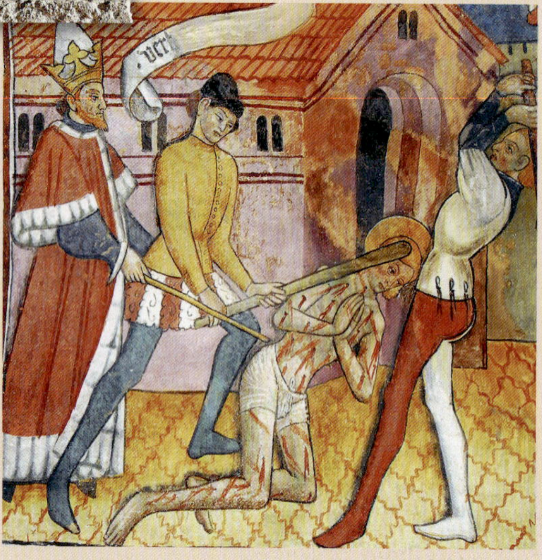

3

1 Thronender Christus zwischen den Aposteln Petrus und Paulus. Byzantinisch-sizilianisches Mosaik. Um 1140. Palermo, Palazzo Reale.

2 Christogramm. Bronzekreuz aus Aquileia, Italien. Um 450 n. Chr. Wien, Kunsthistorisches Museum.

3 Der heilige Sebastian wird auf Befehl des römischen Kaisers Diokletian erschlagen. Fresko aus dem 15. Jh. Venanson, Chapelle Sainte-Claire.

4 Bonifatius missioniert die Germanen. Fuldaer Buchmalerei. Um 975. Göttingen, Staats- und Universitätsbibliothek.

5 Blick in die unterirdischen Gänge der Calixtus-Katakomben in Rom. 3. Jh. n. Chr.

6 Die Hagia Sophia in Konstantinopel (heute Istanbul). Erbaut 532–537. Sie war einst die größte Kirche der Welt und 900 Jahre lang die Hauptkirche des oströmischen Reiches. Ihre Architektur war Vorbild für unzählige Kirchen und Moscheen.

4

5

Konstantin und das neue Rom

Mit Kaiser Konstantin, der von 306–337 n. Chr. über Rom herrschte, kam die große Wende. Er gestattete den Christen im römischen Reich die freie Religionsausübung und stellte den christlichen Glauben mit der römischen Religion gleich. Folgenschwer war seine Entscheidung, den Regierungssitz von Rom in den Osten des Reiches zu verlagern: An der Stelle des alten Byzanz gründete er die nach ihm benannte Stadt Konstantinopel, das „Neue Rom". Das hatte zur Folge, dass das römische Imperium in den folgenden Jahrhunderten in ein West- und ein Ostreich mit zwei Hauptstädten zerfiel. Während der letzte Kaiser des weströmischen Reiches schon 476 n. Chr. abgesetzt wurde, bestand das oströmische Reich weiter bis zur Eroberung Konstantinopels durch die Türken (1453).

Unter und nach der Herrschaft Konstantins breitete sich das Christentum rasch in den großen Städten aus, in den ländlichen Gebieten allerdings wurden noch lange Zeit die alten Gottheiten verehrt. Um auch dort die Menschen zum christlichen Glauben zu bekehren, wurden sog. Missionare bis in die entferntesten Winkel Europas ausgesandt (lat. missi Gesandte). Einer der berühmtesten war **Bonifatius** (geb. um 670 in England), der von Papst Gregor II. seinen Missionsauftrag erhielt. Bonifatius war an der Gründung vieler Klöster und Bistümer in Mittel- und Süddeutschland beteiligt. Von diesen Zentren aus erfolgte die Christianisierung der Landbevölkerung.

Auch **Karl der Große**, der im 8./9. Jh. n. Chr. Herrscher über das mächtige Frankenreich und ab 800 römischer Kaiser war, sah es als seine Aufgabe an, die Kirche und den christlichen Glauben zu fördern. Andererseits war ihm auch ein friedliches Miteinander zwischen Christentum und Islam wichtig. Mit Harun al-Rashid, dem mächtigen Kalifen von Bagdad, pflegte er diplomatische und wirtschaftliche Kontakte. Sie vereinbarten, dass Karl der Große Muslime in Europa zuließ, und Harun al-Rashid Christen in seinem Reich tolerierte.

6

E

Ferienende

1. Claudia Siciliam relinquens lacrimas fudit.
2. In Sicilia avo vineas colenti adfuerat.
3. Vineae bene cultae ab omnibus laudabantur.
4. Claudia quoque vineis bene cultis gaudebat.

Ü

a) Das liebt Claudia in Sizilien!
Sammle in einer Spalte alle Partizipien und in einer zweiten die restlichen Wortformen. Bilde nun jeweils aus den Anfangsbuchstaben zwei lateinische Substantive; beide beginnen mit ‚m'.
exercentes, torquetis, occidi, raptas, moto, neglexi, sortis, exercitus, animadversis, metus

b) Formenstaffel
1. clamatus → Pl. → Dat. → PPA → Sg. → Akk.
2. mittentem *(m)* → Gen. → PPP → *f* → Pl. → PPA

c) PPP oder PPA? Verwandle die Infinitive in passende Partizipien:
1. Claudia amore Siciliae (**movere**) in villa avi manere cupit. 2. Itaque filia Quinto patri verbis acribus (**reprehendere**) non paret. 3. Verbis patris (**laedere**) triclinium relinquit et stabulum (Stall) petit. 4. Sperat: Pater me in stabulo (**latere**) non inveniet. 5. Profecto Quintus in silva et in campo (**quaerere**) Claudiam non invenit.

d) Lydia ist mit ihrem Vater, dem Purpurhändler Aurelius, auf Reisen in der Provinz Asia. Sie schreibt an ihre Freundin Claudia:

1. Pater negotia bona exspectans navigio in Palaestinam (!) perrexit. 2. Urbem Romam desiderantes diu non redibimus. 3. Pater nos in patriam amatam non reducet. 4. Homines fabulas turpes de illa provincia narrantes me sollicitant. 5. Ubi primum in urbem Romam veneris, litteras mihi mittere debes. Vale!

e) Wörterlernen – leicht gemacht
Gehe vorab die Wortschätze 76–78 durch und überlege, zu welchen Vokabeln du schon Lernhilfen kennst, also z. B. Wörter der gleichen Wortfamilie (z. B. amor – amare), Wörter mit gleicher oder ähnlicher Bedeutung (z. B. sors – fortuna).

f) Präge dir die Wiederholungswörter zur Lektion ein (S. 98). Suche dann aus 76 T zehn weitere alte Vokabeln heraus, die du deine Mitschüler abfragst.

I

Götter, Kulte, Religionen
Da die Römer ursprünglich ein Volk von Bauern waren, sahen sie vor allem Naturerscheinungen als göttliche Mächte an und verehrten Fruchtbarkeitsgötter. Als sie später Bekanntschaft mit den Etruskern und Griechen machten, bekamen ihre Götter Menschengestalt. Typisch für die Römer war ihre Offenheit gegenüber den Göttervorstellungen anderer Völker. Vor allem in Krisenzeiten richtete man neue Kulte ein, um sich zusätzlich auch des Schutzes fremder Götter zu versichern. In den Provinzen zeigte man sich tolerant gegenüber den dort herrschenden Religionen, solange diese nicht eine Gefährdung des Imperium Romanum darstellten.

Ein Verfolger wird Christ

T

Der jüdische König Agrippa I. herrschte im Auftrag Roms bis 44 n. Chr. über die Juden. Obwohl Judäa römische Provinz war, durften die Einwohner ihre jüdische Religion beibehalten. Diese wiederum hatten große Vorbehalte gegenüber dem neu entstehenden Christentum. Ein Beispiel dafür war das Wirken eines jüdischen Mannes namens Saulus, des späteren Apostels Paulus. Dieser berichtet dem Agrippa über ein einschneidendes Erlebnis:

„Certe, Agrippa, nuntios tuos interrogans multa de iuventute mea accepisti: A iuventute enim omnes leges a nostris scriptas ac traditas ingenti quodam studio servabam. Cunctos, qui adversus religionem Iudaeam agebant, comprehendere studebam. Primo Hierosolymis[1] quosdam Christianos comprehensos in vincula dedi.

Deinde cum comitibus Damascum[2] perrexi, ut etiam ibi Christianos comprehenderem. At in itinere summum in discrimen incidimus: Subito clara lux de caelo nos circúmdedit in via. Ea luce perterriti omnes in terram cecidimus. Et ecce! Magnam quandam vocem audio rogantem: ‚Saule, Saule, cur me torques?' Ingenti timore motus respondere primum nequivi. Tandem dixi: ‚Quis es, Domine? Quid facere me iubes?' Nunc haec mihi declaravit: ‚Iesus Nazarenus sum. Te vocavi, ne pergeres me meosque opprimere, Saule. Te Christianos opprimentem delegi, ut homines de religione mea doceres. Te enim mittam ad omnes gentes, ut aperiantur eorum aures et oculi, ne in tenebris maneant.' His verbis adductus vitam meam converti."

[1] Hierosolymīs in Jerusalem

[2] Damascum nach Damaskus

Buchmalerei aus einem Messbuch des 15. Jh.s. Florenz, Museo di San Marco o Museo dell'Angelico.

V

a) 1. Wie wird in T deutlich, dass es sich bei der Erscheinung des Lichtes und der Frage an Saulus (Z. 11) um den inhaltlichen Höhepunkt handelt? 2. Vergleiche T und das Bild: Welche Übereinstimmungen bzw. Unterschiede fallen dir auf? 3. Informiere dich über das weitere Leben des Paulus und seine Reisen.

b) Saulus – Paulus

1. A iuventute Saulus numquam contra leges traditas egit. 2. Is, cum vitam suam mutavisset, Paulus vocatus est: 3. Ad fidem Christianam conversus nomen Christi multis in regionibus declaravit. 4. Itaque summum in discrimen incidit: Ad iudices Iudaeos vocatus est.

E

1. Postquam equi arcessiti sunt, Saulus Damascum urbem petivit.
   Equis arcessitis Saulus Damascum urbem petivit.
2. Dum Saulus urbem iam aspicit, subito lux mira in caelo fuit.
   Saulo urbem iam aspiciente subito lux mira in caelo fuit.
3. Cum equi territi essent, Saulus in terram cecidit.
   Equis territis Saulus in terram cecidit.

Ü

a) Suche die Ablative heraus:
traditis - volentis - crucis - deleto - regio - numero - gesta - corpora - lucibus

b) Von welchen Verben sind die folgenden Partizipien im Ablativ gebildet?
ineunte - defendentibus - iuvante - parto - volantibus - confecto - instante - circumdata

c) Erweitere die gelb unterlegten Sätze durch einen passenden Ablativus absolutus aus den grün unterlegten Reihen und übersetze dann:

1. Deo iuvante
2. Consulibus curiam intrantibus
3: Matre nos iterum atque iterum monente

A. numquam officia neglegebamus.
B. Christiani metu mortis non terrebantur.
C. omnes senatores tacebant.

d) Lydia an Claudia
Lydia zieht es in die Nähe des Tempelbezirks von Jerusalem. Hier herrscht größte Unruhe, weil Paulus angeblich auch Nichtjuden erlaubt hat, den jüdischen Tempel zu betreten.

1. **Paulo adeunte** quosdam Iudaeos clamare audivimus: „Auxilio venite! **Isto viro res falsas docente** leges veteres convertuntur!“ 2. **Magna turba ante templum conveniente** milites Paulum comprehenderunt. 3. Paulus autem dixit: „Audite verba mea: **Multis Christianis a me oppressis** Dominus ipse me impulit, ut omnibus gentibus de religione nova narrarem. 4. Omnibus, qui verba dei audire volunt, portae templi patent.“ 5. **Turba istis verbis impulsa** unus e sacerdotibus magna voce postulavit: „Interficite Paulum!“

I

Kaiser Konstantin der Große

Mit Konstantin dem Großen (ca. 306–337) wendete sich das Blatt für die Christen. Ihre Religion wurde im sog. Toleranzedikt von Mailand (313) mit den übrigen Religionen gleichgestellt. Die Zeit der Christenverfolgung im römischen Reich war damit vorbei. Konstantin unterstützte die Christen, indem er ihnen z. B. enteigneten Besitz zurückgab und sie monumentale Kirchen errichten ließ. Doch diese neue Unterstützung hatte auch ihren Preis: Der Kaiser sah sich nun als eigentliches Oberhaupt der Kirche und griff persönlich in kirchliche Angelegenheiten ein. 330 n. Chr. benannte Konstantin die am Bosporus gelegene Stadt Byzanz in Konstantinopel um und machte sie zur neuen christlichen Hauptstadt des Reiches.

Sieg im Zeichen des Kreuzes

T

Im Jahre 312 n. Chr. gab es im Westen des römischen Reiches zwei Kaiser: Konstantin, der in Trier residierte, und seinen Widersacher Maxentius, der in Rom angeblich eine grausame Herrschaft ausübte. Konstantin berichtet uns Folgendes:

„Consilium cepi vere vel aestate Italiam petere Romamque liberare. Itaque milites conscripsi, vere ineunte Alpes transii, multa oppida Italiae cepi. Aestate exeunte iam ante moenia Romae castra collocavi. Statim pericula novi: Urbs bene tecta erat. Multis militibus urbem defendentibus Maxentius pugnam non metuebat. Magnā fiduciā sui proelium iniit. Sed subito fortuna belli omnino conversa est: Quodam die e tabernaculo[1] exeo. Et ecce: Conspicio in caelo et signum crucis et haec verba: ‚Hoc signo vinces.‘

Statim copias convocari iussi. Copiis convocatis militibus imperavi, ut scuta[2] signo crucis ornarent. Omnes paruerunt. Scutis ornatis proelium iniimus. Proelio inito hostes procedunt summaque vi pugnant. Sed nostri eis viam claudunt pontemque Milvium[3] delent. Ponte autem deleto hostes fugere non iam possunt. Multi in Tiberim ruunt, inter eos etiam iste Maxentius. Bello tandem confecto Romam intravi.“

[1] tabernāculum Zelt

[2] scūtum Schild

[3] pōns Milvius Milvische Brücke (im Norden von Rom)

Silbermedaillon mit dem Porträt Kaiser Konstantins. Um 315 n. Chr. Am Helmbusch des Kaisers ist das Christusmonogramm zu sehen. München, Staatliche Münzsammlung.

a) 1. Gliedere Konstantins Bericht in Erzählschritte. Wodurch versucht er, seinem Bericht Spannung zu verleihen? 2. Sammelt mit Hilfe von Fachlexika weitere Informationen über Konstantin, die erklären, warum er schon kurz nach seinem Tod „der Große“ genannt wurde.

V

b) Unterscheide zwischen PPA und PPP:
1. Maxentio senatores convocante nemo curiam petere dubitat. 2. Imperator senatu convocato hanc orationem habet: 3. „Constantino milites conscribente nos quoque agere debemus. 4. Sacris factis in urbe tuti erimus.“

c) Wähle jeweils die passende Bedeutung von inter aus und übersetze: inter noctem – inter urbem et Tiberim – inter hostes – inter muros

d) Das Toleranzedikt von Mailand
1. Christianis convocatis sacerdos laetus haec dixit: 2. „Noscite ea, quae Constantinus, imperator noster, Mediolani (in Mailand) consilio convocato constituit! 3. Cunctis civibus omnino nunc licet eam religionem, quam volunt, deligere. 4. Neminem metuere oportet, si deum suum colit. 5. Etiam libri sancti nobis reddentur. 6. His redditis nobis licebit verba domini conspicere.“

E

1. Constantinus victoria gaudet:
„Armis signo crucis ornatis vicimus.
2. Auxilio dei promisso spes victoriae excitata est.
3. Militibus Maxentii magna virtute pugnantibus exercitus meus vicit."

Ü

a) Umzug nach Konstantinopel!
Packe die folgenden lateinischen und deutschen Subjunktionen, Präpositionen und Adverbien in die passenden Sinnrichtungskoffer.

als, cum (!), weil, trotz, quamquam, deshalb, dum, post, obwohl, während, danach, da (!), nachdem, trotzdem, währenddessen, wegen, nach, ante, propter, itaque, tamen

b) Übersetze mit Präpositionalausdruck:
1. ponte ruente 2. militibus dimissis 3. Alpibus superatis 4. itinere confecto 5. hostibus expulsis

c) Übersetze die folgenden Präpositionalausdrücke mit Ablativus absolutus ins Lateinische:
1. mit Unterstützung der Mutter 2. unter Konstantins Führung 3. nach Zerstörung der Brücke 4. wegen der Freude der Soldaten 5. trotz der Tränen (des Weinens) der Freunde

d) Lydia an Claudia
Nun ist Lydia mit ihrem Vater in Korinth gelandet. In dieser Stadt scheint es alles zu geben: Reichtum, Armut, Verbrechen – und auch eine Christengemeinde.

1. **Nave in portum perveniente** multitudinem et mercatorum divitum et sceleratorum malorum et philosophorum (!) mirorum conspeximus. 2. **Portu relicto** forum praeteriimus; tandem villam Quinti amici, qui nunc vitam Christianam agit, petivimus. 3. Certe noscere cupis: Quemadmodum Christiani vivunt? Haec in villa Quinti vidi: 4. **Servi labores sustinentes** tamen libenter domino parent. 5. **Hominibus pauperibus cibum petentibus** Quintus familiam monet: „Facite id, quod Iesus Christus postulavit: Tribuite pauperibus magnam partem pecuniae vestrae!"

I

Der heilige Bonifatius
Nach der sog. „konstantinischen Wende" wurde das Christentum schon bald zur Staatsreligion. So konnte der christliche Glaube auch im übrigen Europa schnell Fuß fassen. Doch wurde Mitteleuropa zunächst nicht von Rom aus, sondern von Mönchen missioniert, die von den britischen Inseln kamen. Der bedeutendste dieser Missionare war Winfrid-Bonifatius (geb. um 670), der „Apostel der Deutschen". Dieser wirkte z. B. in Bayern, in Hessen und bei den Friesen. 738 wurde er vom Papst zum Gesandten (nuntius) für das gesamte Frankenreich ernannt und war maßgeblich an der Gründung der Bistümer von Regensburg, Passau, Salzburg, Freising, Würzburg, Eichstätt und Erfurt beteiligt.

Bonifatius wagt ein Gottesurteil

T

Kurz nach dem Märtyrertod des Bonifatius erhält der Mainzer Mönch Willibald von seinem Abt den Auftrag, Leben und Sterben des berühmten Erzbischofs und Missionars für die Nachwelt aufzuschreiben. Da Willibald Bonifatius aber nicht selbst kannte, muss er nun Wigbert, einen der Gefährten des Bonifatius, „interviewen“:

Willibald: „Ut certe scis, o Wigbert frater, me oportet res gestas Bonifatii cognoscere. His rebus cognitis ego libellum de vita eius conscribam. Sed pauca adhuc comperi.“ Wigbert: „Narrabo tibi de maximo facto, quod Bonifatius deo iuvante in regione Hessorum[1] fecit: Nonnullis Hessis iam baptizatis[2] alii adhuc magnas arbores et fontes antiquos colebant. Ea re nuntiata Bonifatius mihi dixit: ‚Omnibus ostendam deum Christianorum plus valere quam ista numina Germanorum. Nam illam arborem claram, quam Germani arborem Iovis[3] appellant, caedere decrevi.‘ Undique consilio Bonifatii cognito ad illam arborem ventum est. Multi Germani arma gerunt vultibusque saevis nos terrent. Periculo mortis instante Bonifatius tamen arborem caedere incipit. Et ecce: Nullo resistente arbor statim ruit.“ Willibald: „Hoc credere vix possum! Quid porro[4]?“ Wigbert: „Deo gratias! Omnes Hessi praesentes subito nomen dei veri laudabant – nullo monente, nullo cogente.“

[1] Hessī die Hessen
[2] baptizāre taufen
[3] Iuppiter *hier:* der germanische Gott Donar
[4] porrō *Adv.* weiter

Alois Diernberger: St. Bonifatius lässt die Donareiche fällen. 1878. Pfarrkirche St. Martin, Westenhofen bei Schliersee.

V

a) 1. Wo ist in T indirekt die Rede von einem „Gottesurteil“? 2. Die Tat des Bonifatius hat Bewunderer gefunden, aber auch Kritiker. Suche Gründe für beide Haltungen. 3. Informiere dich über die germanischen Ursprünge unserer Wochentage.

b) Chamäleon Abl. abs.: Wie muss der gleiche Abl. abs. jeweils übersetzt werden?
Periculo liberis instante → 1. ... pater casu (zufällig) deerat. 2. ... pater statim auxilio venit. 3. ... pater auxilio venire cessavit. 4. ... pater ipse ab aliis servabatur. 5. ... pater laetus esse omnino non potest.

c) Der Apostel der Deutschen
1. Rebus gestis Bonifatii cognitis Germani quidam ad religionem novam se verterunt. 2. Religione autem Christiana multum valente nonnulli adhuc credebant numina in arboribus praesentia esse. 3. Ea re nuntiata Bonifatius nullo cogente decrevit illas gentes saevas adire. 4. Bonifatio ibi occiso tamen religio Christiana mox plus valebat quam numina vetera.

79

E

1. Deo ducente Bonifatius Germanos docebat.
   Deo duce Bonifatius Germanos docebat.
2. Germanis resistentibus Bonifatius arborem Iovis cecidit.
   Germanis invitis Bonifatius arborem Iovis cecidit.
3. Bonifatio auctore etiam reges Germanorum ad religionem novam se verterunt.

Ü

a) Verbinde die Sätze nach dem Beispiel und übersetze:

Magister intrat. Disciplui clamare desinunt.
→ Magistro intrante discipuli clamare desinunt.

1. Hannibal dux erat.
   Milites Alpes transierunt.
2. Sebastianus mortuus erat.
   Multi ad religionem novam se verterunt.
3. Diocletianus imperator erat.
   Christiani accusati sunt.

Beispiel: Me *nesciente*

1. Amicis [?]
2. Me et amicis deum [?]
3. Me in domo [?]
4. Certe uno e fratribus [?]

herbarium deletum est.

b) Irgendjemand hat den Kräutergarten (herbarium) des Klosters verwüstet. Der Gärtner sucht nun den Schuldigen unter den Mitbrüdern. Er bekommt nur noch den Klosterschüler Thomas zu fassen. Thomas ringt um Ausreden. Hilf ihm.
Setze die folgenden Wörter so ein, dass je ein Ablativus absolutus entsteht, der die Umstände, die zu dem Unglück geführt haben könnten, erklärt:
auctore - studente - orantibus - invitis

c) Der heilige Bonifatius erzählt aus seinem Leben:
1. Me puero viri sapientes de religione nova narrabant. 2. Tum deo auctore multi iuvenes vitam veterem vertentes decreverunt, ut in monasterio (im Kloster) viverent. 3. Patre invito ego quoque consilium cepi, ut vitam in monasterio agerem. 4. Deo auctore homines adibam, ut eos de religione Christiana docerem.

I

Christen und Muslime

Zur Zeit Kaiser Karls des Großen (742–814) war eine neue Herausforderung für das Christentum entstanden: Gut 100 Jahre nach dem Tod des Propheten Mohammed (632) hatten arabische Muslime ein Reich erobert, das sich von Spanien bis nach Indien erstreckte. Dagegen wirkte das Frankenreich wie ein Kleinstaat. Kein Wunder, dass man sich in der Millionenstadt Bagdad für das Reich Karls, dessen Lieblingspfalz Aachen vielleicht 1.000 Einwohner zählte, nicht sehr interessierte. So schrieb der Geograf Ibn Hawqal im 10. Jh., das Frankenland sei eine gute Quelle für Sklaven, mehr gebe es darüber nicht zu sagen. Trotz aller Unterschiede in Glauben und Kultur lebte man zu dieser Zeit in einem vergleichsweise friedlichen Miteinander.

Ein „Riesengeschenk" für Karl den Großen

T

In der noch von Karl dem Großen eingerichteten Pfalzschule (schola Palatina) verbreiten sich Gerüchte, am Rhein habe man die Knochen eines riesigen Tieres entdeckt. Die Schüler des Rhabanus unterhalten sich aufgeregt über diesen Fund.

Rhabanus: „Tacete, discipuli! Cur me praesente clamorem facitis?" Discipuli: „Ignosce nobis, domine! Sed nonne de ossibus[1] nuper inventis audivisti? Certe illa ossa signa dei sunt." Rhabanus: „Hui, nullo modo docti estis; immo stulti estis! Desinite me invito talia dicere! Illa ossa signa amicitiae et pacis sunt. Nam Carolo Magno imperatore legati Francorum multis cum donis ad Aaron[2], regem Persarum, missi sunt. Ii Carolo auctore regem petiverunt, ut Christianis liceret sepulcrum Iesu[3] adire." Discipuli: „Certe iste rex barbarorum diabolo[4] auctore id negavit!" Rhabanus: „Immo, Aaron id libenter concessit. Et ipse legatos cum munere miro ad imperatorem misit. Hoc munus Carolus laetus accepit: ingentem elephantum[5] nomine ‚Abul Abbas'." Discipuli: „Censesne haec ossa illius elephanti fuisse?" Rhabanus: „Sic censeo. Carolus enim elephantum saepe secum duxit, ut potestatem suam demonstraret. Abul Abbas autem in itinere quodam periit – rege adhuc vivo."

[1] os, ossis *n* Knochen

[2] Aaron Harun al-Rashid (Kalif 786–809)

[3] sepulcrum Iēsū das Grab Jesu (in dem von Muslimen eroberten Jerusalem)

[4] diabolus Teufel

[5] elephantus: *vgl. Fw.*

Julius Köckert: Harun al-Rashid empfängt die Gesandtschaft Karls des Großen. 1864. München, Stiftung Maximilianeum.

V

a) 1. Der angeblich weiße Abul Abbas wurde zu einem Symbol für Toleranz zwischen den Religionen. Mit welchen Worten umschreibt Rhabanus den modernen Begriff „Toleranz"? 2. An welcher Stelle von T zeigen sich Vorurteile gegen Fremde und Andersgläubige? 3. Weshalb war Karl wohl so erfreut über dieses Geschenk?

b) Karl der Große schreibt an seine Bischöfe.
1. „Carolus, deo auctore rex Francorum, vos salutat. 2. Ignoscite mihi, sed hoc scribere me oportet: 3. Sacerdotes vestri litteras scribunt orationesque habent ut barbari – me praesente! 4. Immo sacerdos quidam nuper baptizavit (hat getauft) non ‚in nomine patris et filii …', sed ‚in nomine patria et filia …'! 5. Hoc ergo munus vestrum erit: 6. Me vivo ludos novos condite magistrosque idoneos deligite, qui sacerdotes docere sciunt! Pax vobiscum!"

So muss man beten!

T

Die engsten Kontakte zwischen Islam und Christentum gab es während der Kreuzzüge. Nachdem die Christen Jerusalem 1099 erobert hatten, entwickelte sich dort sogar ein relativ friedliches Nebeneinander von Christentum und Islam. Die folgende Episode wurde von dem syrischen Ritter und Diplomaten Usâma Ibn Munquidh um 1180 n. Chr. aufgezeichnet und ist typisch für die Mischung von Misstrauen, Zusammenarbeit und Respekt, die das Verhältnis zwischen den Religionen bestimmte:

Hierosolymis[1] a Christianis occupatis nobis tamen deum nostrum colere licebat. Itaque saepe ecclesiam maiorem[2] petebam. Ibi equites[3] Christiani, amici mei, mihi sacellum[4] praebuerant. Hoc in sacello deum meum orabam. Quodam autem die locum sacrum adibam, cum subito miles quidam Christianus intravit, me vidit orantem, me comprehendit et vultu acri iussit: „Homo turpis, verte os tuum ad orientem[5]!“ Ore meo vi ad orientem verso clamavit: „Sic orare debes!“ Milite clamante nonnulli equites Christiani, qui clamorem audiverant, mihi auxilio venerunt petentes, ut homini acerbo ignoscerem.

[1] Hierosolyma, ōrum *Pl.* Jerusalem
[2] ecclēsia māior Hauptkirche, Dom
[3] eques, equitis *m* Ritter
[4] sacellum kleine Seitenkapelle
[5] oriēns, orientis Osten

Sie erklären dem völlig überraschten Usâma, dass nach christlichem Brauch der Gläubige beim Gebet gewöhnlich nach Osten schaut, in die Richtung des Sonnenaufgangs, während er sich nach Mekka, also fast genau nach Süden, gewandt habe.

Isto homine deducto deum colere studui, sed miles furore commotus equites superavit, me iterum comprehendit magna voce clamans: „Verte os tuum ad orientem, turpis!“ Equites redibant, militem ceperunt et tandem in vincula dederunt. Iterum veniam petebant dicentes: „Ille homo heri ex Europa huc venit. Nondum vidit homines, qui orantes os ad orientem non vertunt.“ Furore vultuque hominis territus ecclesiam maiorem reliqui.

Festzug zum Ende des Ramadan.
Arabische Buchmalerei zu den Dichtungen des Abu Muhammed el-Kasim Hariri. 13. Jh. Paris, Bibliothèque Nationale.

V

a) Versuche, vor der Übersetzung durch mehrmaliges aufmerksames Lesen oder Hören des Textes seinen Inhalt zu erschließen. Präge dir dazu zunächst die vielen unbekannten Namen und Vokabeln ein und achte dann auf die Textmerkmale, die dir bereits bekannt sind, z. B. Wort- und Sachfelder, Tempusprofil, Orts- und Personennamen.

b) 1. Zeige das komplizierte Verhältnis Usâmas zu seiner christlichen Umgebung auf: Was tadelt er an den Christen, was lobt er? Wie verhalten sich umgekehrt die Christen ihm gegenüber?
2. Informiert euch über die Einstellung von Angehörigen verschiedener Religionen zueinander. Welche aktuellen Probleme kennt ihr?

XXIII *plus*

Ü

Die Aufgaben **a)** bis **e)** können in **Freiarbeit** erledigt werden. Sie behandeln unterschiedliche Aspekte des **Ablativus absolutus**. Ihr solltet alle Aufgaben bearbeiten, die Reihenfolge ist euch überlassen – ebenso, ob ihr die Aufgaben allein oder in Partnerarbeit erledigen wollt. Zur Überprüfung erhaltet ihr von eurer Lehrerin / eurem Lehrer eine Musterlösung.

a) Lydia berichtet von ihrer Reise nach Kleinasien:
1. Urbe Roma relicta portum petivimus. 2. Periculis maris me perterrentibus primo in patriam redire volui. 3. Delphinis (!) nos delectantibus mare non amavi. 4. Ventis nocte mare turbantibus portum tutum urbis desiderabam. 5. Patre duce tandem villam amici invenimus.

b) Wenn Sätze unübersichtlich werden ...

Multis militibus per urbem currentibus Lydia sensit se magno in periculo esse.

A. Der Satz beginnt mit einem Ablativus absolutus. Übersetze diesen zunächst nicht.
B. Übersetze den Hauptsatz:
„... Lydia sensit se magno in periculo esse."
C. Nun stelle dir folgende Frage: Mit welcher Information könnte der Ablativus absolutus den Inhalt des Satzes erweitern? Häufig kannst du mit *wann?* oder *warum?* der Sache näher kommen. Übersetze entsprechend: *als* oder *weil*.

Verfahre nun ähnlich mit dem folgenden Satz:

Cibo a servis parato Lydia cum amicis, quos diu non viderat, cenavit.

c) Da Karl der Große ein Förderer der Wissenschaft war, ist jeweils nur eine Alternative sinnvoll:
1. Carolo Magno (invito / rege / mortuo) homines sapientes in fines Francorum convenerunt. 2. Rege enim (duce / invito / praesente) multi Franci litteras neglexerant. 3. Itaque rege (auctore / duce / invito) novi ludi conditi magistrique idonei arcessiti sunt. 4. Carolo (mortuo / barbaro / vivo) multi Franci litteras amare et colere coeperunt.

d) Im Deutschen gibt es Spuren von einer Art *Genitivus absolutus*, der dem lateinischen Ablativus absolutus stark ähnelt, z. B.: *Unverrichteter Dinge* ging er heim. Diese Konstruktion kann man wie einen Ablativus absolutus durch einen Adverbialsatz, einen Präpositionalausdruck oder mit Beiordnung auflösen:
1. Obwohl die Dinge nicht verrichtet worden waren, ging er heim. (Adverbialsatz)
2. Trotz der „Nicht-Verrichtung" der Dinge ging er heim. (Präpositionalausdruck)
3. Die Dinge waren nicht verrichtet worden und trotzdem ging er heim. (Beiordnung)

Löse in den folgenden Sätzen den *Genitivus absolutus* mit wenigstens zwei der Übersetzungsmöglichkeiten auf:
1. Klopfenden Herzens packte sie ihr Geschenk aus. 2. Gesenkten Hauptes steht er da. 3. Er rennt sehenden Auges in sein Unglück. 4. Überraschenderweise (!) konnten sie das Spiel gewinnen.

e) Göttliche Vokabeln
Gib die Bedeutungen an und versuche die Unterschiede zu erklären:
deus - dea - superi - numen - immortales

Limes und Lehnwort – die Römer bei uns

3

1

2

Wir gebrauchen oft deutsche Wörter, von denen wir gar nicht mehr wissen, dass sie römischen Ursprungs sind, wie zum Beispiel Wein, Speicher, Ziegel und viele mehr. Tatsächlich gehen diese Begriffe auf die lateinischen Wörter vinum, spicarium und tegula zurück. Wie kam es dazu? Die Römer waren bei der Errichtung ihres Weltreichs auch in das Land unserer Vorfahren, der Germanen, vorgedrungen und haben bis heute außer den sog. Lehnwörtern viel hinterlassen, was an sie erinnert.

fundamentum

Römer und Germanen – ein besonderes Verhältnis

Als der berühmte römische Feldherr Cäsar im 1. Jh. v. Chr. Krieg in Gallien führte, kam er auch mit germanischen Stämmen in Konflikt, beließ es aber bei Abschreckungsmaßnahmen. Das Gebiet links des Rheins war römisches Herrschaftsgebiet geworden. Allerdings respektierten die Germanen diese natürliche Grenze nicht ohne weiteres: Öfter überschritten sie den Rhein und lieferten sich Gefechte mit dem römischen Heer. Die größte Niederlage erlebten die Römer 9 n. Chr., als drei Legionen des Feldherrn Quinctilius Varus in der sog. Schlacht im Teutoburger Wald von Germanen in einen Hinterhalt gelockt und niedergemetzelt wurden. Nach dieser Niederlage ließen die Römer endgültig den Plan fallen, Germanien zu erobern und zur Provinz zu machen.

4

2

1 Römischer Reitersoldat mit Paradehelm und Gesichtsmaske. Limesmuseum Aalen, Römertage 2008.

2 Römische Lanzen- und Geschossspitzen. Fundort: Kalkriese bei Osnabrück (Niedersachsen). Museum Kalkriese.

3 Rekonstruktion eines römischen Wachturms am Obergermanisch-Rätischen Limes bei Rainau-Schwabsberg (Baden-Württemberg).

4 Das rekonstruierte Kohortenkastell Saalburg im Taunus. Um 135 n. Chr. ersetzte dieses Steinkastell ein Holz-Erde-Kastell aus dem 1. Jh. n. Chr. Um 260 n. Chr. wurde das Kastell zerstört und verlassen.

5 Der Grundriss des Limeskastells bei Welzheim (Baden-Württemberg) am Obergermanisch-Rätischen Limes.

6 Der Straßenverlauf in der Altstadt von Regensburg lässt noch erahnen, dass ihre Keimzelle einst ein Römerlager war. Die Mauern des Legionslagers Castra Regina (540 x 450 m) waren aus Quadersteinen und hatten vier Tore und 30 Wehrtürme.

7 Der Familiengrabstein des Rheinschiffers Blussus aus Mainz-Weisenau (Rheinland-Pfalz). Um 40 n. Chr. Mainz, Landesmuseum. Blussus und seine Frau Menimane tragen einheimische keltische Tracht (Kapuzenmantel). Ihr Sohn hat den römischen Namen Primus und trägt römische Haartracht.

7

Der Limes

fundamentum

Die bereits eroberten Gebiete mussten gesichert werden. Die Römer bauten deshalb ein Befestigungssystem, das eine Grenzlinie zwischen den römisch kontrollierten Provinzen und den Gebieten außerhalb des Imperium Romanum zog, den sog. Limes. Anfangs bestand er nur aus geflochtenen Zäunen, an denen in größeren Abständen Beobachtungstürme aus Holz errichtet wurden, später ersetzte man die Zäune durch Holzpalisaden. Schließlich errichtete man an einigen besonders gefährdeten Abschnitten des Limes sogar Steinmauern, in die Wachtürme integriert waren. Die Besatzung dieser Türme hatte die Aufgabe, mögliche Germaneneinfälle durch Rauchzeichen an die Kastelle (Militärlager) zu melden, die wenige Kilometer rückwärts auf eigenem Gebiet lagen. In diesem Fall rückten sofort Truppen an die Grenze vor. Entlang des 550 km langen Limes gab es aber auch Handel zwischen Germanen und Römern. Auf der römisch kontrollierten Seite des Limes profitierte die einheimische Bevölkerung von der fortgeschrittenen römischen Zivilisation: So brachten die Römer etwa den Weinanbau nach Germanien, sie bauten Straßen, Häuser und Städte, und nicht zuletzt sorgte die Kaufkraft der hier stationierten Soldaten für zunehmenden Wohlstand.

Römerstädte in Deutschland

fundamentum

Die Römerstädte in Deutschland entstanden oft aus ehemaligen Militärlagern, wie z.B. Regensburg (Castra Regina), Augsburg (Augusta Vindelicorum), Mainz (Mogontiacum), Trier (Augusta Treverorum), Bonn (Bonna), Köln (Colonia Claudia Ara Agrippinensium) und Xanten (Colonia Ulpia Traiana). Die Städte, die auf die Anlage von Kastellen zurückgehen, haben einen quadratischen Grundriss. Durchquert werden sie von zwei Hauptstraßen, die sich rechtwinklig kreuzen. Dadurch entstehen vier Viertel, in deren Mitte das Forum liegt.

6

5

E

1. Miles timore motus amicum rogat: Quid vides? - Amicus: Homines.
2. Miles: Quos homines vides? - Amicus: Barbaros.
3. Miles: Portantne arma? - Amicus: Arma non video.
4. Miles: Nonne nos temptant? - Amicus: Ita est.
5. Amicus: Num adhuc times? - Miles: Non iam timeo.
6. Amicus: Bene. - Miles: Sed ... multi(ne) an pauci barbari sunt?

Ü

a) Ein römischer Grenzsoldat befragt einen Passanten. Übernehmt die Rollen: Einer wählt eine Frage aus und übersetzt sie, der andere übersetzt die passende Antwort.

Quis es?	Mox.
Unde venis?	Apud amicos.
Quo is?	Dona.
Ubi habitabis?	In oppidum
Quando redibis?	Romanum.
Cur in provinciam	Germanus.
venis?	Amicos adire volo.
Quid tecum portas?	E silva.

b) Der Grenzsoldat fragt genauer nach.
Ergänze die Formen von qui, quae, quod und übersetze dann:
1. [?] nomen tuum est? 2. E [?] vico venis? 3. [?] res tecum portas? 4. In [?] regionem is? 5. In [?] oppido habitabis? 6. [?] comites habes? 7. [?] die redibis?

c) Übersetze und unterscheide, indem du Situationen findest, in denen die folgenden Fragen jeweils gestellt werden könnten:
1. Tune hoc fecisti? - Num hoc fecisti? - Nonne hoc fecisti? 2. Num hunc virum scitis? - Nonne hunc virum scitis? - Scitisne hunc virum? 3. Nonne intrabimus? - Intrabimusne? - Num intrabimus?

d) Germane (1,80 m) trifft Römer (1,40 m):
1. Germanus magna voce clamavit: „Salve, vir parve! Dic mihi: Ubi est forum vestrum?" 2. Romanus parva voce: „Dddduo sunt. Pppparvumne an mmmmagnum forum petis?" 3. Germanus: „Magnum! Nam omnia magna amo. Scisne mercatorem, qui ibi magnos equos vendit?" 4. Romanus: „Nnnnescio. Ppppossumne abire?" 5. Germanus: „Quid est? Cur times? Magnumne corpus an magna vox mea te terret?" 6. Romanus: „Eeeerras, amice! Non ttttimeo, sed aaaalgeo (ich friere)."

I

Rom wird Weltmacht

In der *Äneis*, dem römischen Nationalepos, weissagt Jupiter, dass die Römer ein Reich ohne räumliche und zeitliche Begrenzung schaffen würden. Damit liefert der Dichter Vergil eine religiöse Rechtfertigung für die Eroberungen, die Rom im Laufe der Zeit zum caput mundi, zur Hauptstadt der Welt, machten. Dabei kann man folgende Phasen unterscheiden: Eroberung Latiums (5./4. Jh. v. Chr.), Angliederung von Teilen Mittel- und Süditaliens (4./3. Jh. v. Chr.), Eroberung Siziliens, Spaniens, Nordafrikas, Griechenlands und Kleinasiens (3./2. Jh. v. Chr.), Erweiterung des Reichsgebiets um Gallien und Ägypten (1. Jh. v. Chr.), Übergriffe auf Germanien, Britannien, Rumänien und Persien (1. Jh. n. Chr.). Unter Kaiser Trajan (98–117) hatte das Imperium Romanum seine größte Ausdehnung erreicht.

Imperium sine fine?

Das folgende Gespräch findet statt im römischen Bonna (Bonn), an der Grenze zwischen der Provinz Niedergermanien und dem freien Germanien. Dort begegnen sich um das Jahr 100 n. Chr. der römische Grenzsoldat Marcus und der Germane Marbod, der aus der Germania libera in die römische Provinz Germanien kommt, um dort Felle zu verkaufen.

Marcus: „Consiste, barbare! Unde venis? Quas res portas in Germaniam, provinciam nostram?“ Marbod: „Quidnam audio? Dixistine ‚Germaniam nostram‘? Nonne Germania, quae verbis tuis ‚vestra‘ est, per multa saecula terra nostra fuit? An contendis Germanos quoque hanc regionem – ut vos – corripuisse?“ Marcus: „Augusto auctore huc pervenimus. Nunc domini sumus.“ Marbod: „Num credis vos – libertate nostra rapta – dominos bonos duci? Equidem hoc non intellego: Quare vos toti orbi imperare vultis? Qui finis imperio vestro erit?“ Marcus: „Superis ipsis placuit, ut Romani imperarent alienisque nationibus pacem donarent. Imperium sine fine nobis dederunt. Antea Germani inter se usque bella gesserunt – nunc auctoritate Romanorum inter eos pax est. Antea singulae nationes suae tantum saluti consuluerunt – nunc Romani saluti omnium nationum provident; nunc omnes nationes pacis commoda obtinent. Visne veram humanitatem discere an vivere ut bestia? Utrum hoc an illud?“

Römische Legionäre überfallen ein gegnerisches Dorf. Detail vom Reliefband der Trajanssäule. 2. Jh. n. Chr. Rom, Trajansforum.

a) 1. Gib den Inhalt des Gesprächs in knappen Worten wieder. In welchem Verhältnis stehen die Sprecher zueinander? Achte auf die Pronomina und die Verbformen sowie häufig vorkommende Wort- und Sachfelder. 2. Welches Bild hat Marcus als Römer von sich selbst, welches von den Germanen? Berücksichtige vor allem Z. 20 f. 3. Die Außenpolitik der Römer nennt man heute Imperialismus. Informiere dich darüber, was dieser Begriff bedeutet. Kläre in dem Zusammenhang auch die Begriffe „Provinz“ und „Bundesgenossen“.

b) Wer war's?
1. Quis primus in eam orbis partem, quae postea „America“ appellata est, pervenit? Quis intellexerat se ibi terram adhuc ignotam invenire posse? 2. Nonne eius nomen audivisti? 3. Quare is maximum illud iter fecit et vitam placidam, quam in patria usque egerat, neglexit? 4. Utrum cultum alienarum gentium cognoscere an solum aurum (Gold) argentumque quaerere cupivit? 5. Qui populus eam regionem primus corripuit et per multa saecula obtinuit?

DER LIMES

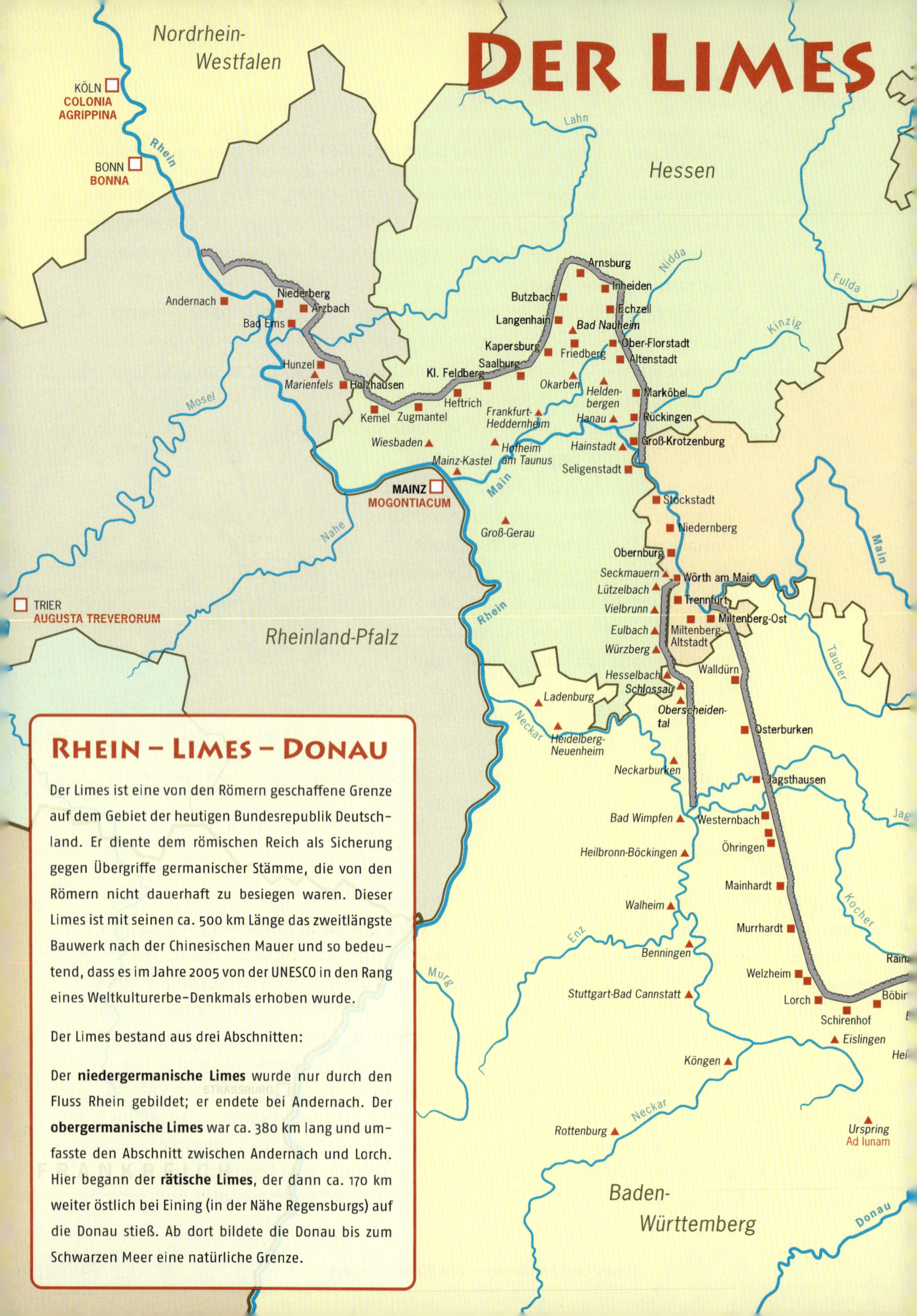

RHEIN – LIMES – DONAU

Der Limes ist eine von den Römern geschaffene Grenze auf dem Gebiet der heutigen Bundesrepublik Deutschland. Er diente dem römischen Reich als Sicherung gegen Übergriffe germanischer Stämme, die von den Römern nicht dauerhaft zu besiegen waren. Dieser Limes ist mit seinen ca. 500 km Länge das zweitlängste Bauwerk nach der Chinesischen Mauer und so bedeutend, dass es im Jahre 2005 von der UNESCO in den Rang eines Weltkulturerbe-Denkmals erhoben wurde.

Der Limes bestand aus drei Abschnitten:

Der **niedergermanische Limes** wurde nur durch den Fluss Rhein gebildet; er endete bei Andernach. Der **obergermanische Limes** war ca. 380 km lang und umfasste den Abschnitt zwischen Andernach und Lorch. Hier begann der **rätische Limes**, der dann ca. 170 km weiter östlich bei Eining (in der Nähe Regensburgs) auf die Donau stieß. Ab dort bildete die Donau bis zum Schwarzen Meer eine natürliche Grenze.

Gebäude am Limes

Hinter dem Limes befanden sich im Abstand von etwa 15 km sog. **Kastelle**, d.h. Militärlager mit Eingreiftruppen, die bei Bedrohung der Grenze schnell vorrücken konnten. Alarmiert wurden sie durch Feuerzeichen oder Hornsignale der Posten, die auf den **Wachtürmen** des Limes stationiert waren. Diese Türme standen in Blickabstand (ca. 400–800 m) zueinander. Der Limes war nicht gänzlich undurchlässig; es gab **Übergänge**, an denen Waren zwischen dem Imperium Romanum und dem Germanengebiet getauscht wurden. So hatte der Limes als gewaltiges Machtsymbol der Römer auch die Funktion der Kontrolle über den Handel mit den Germanen. Trafen Menschen des Mittelalters auf Reste der einst gewaltigen Anlagen, nannten sie diese „Teufelsmauer", weil sie sich deren Entstehung nicht erklären konnten und „Teufelswerk" dahinter vermuteten. Heute liegen die meisten Abschnitte des Limes unter der Erde.

Auf der Karte sind die lateinischen Bezeichnungen einiger Legionslager und Kastelle verzeichnet. Recherchiert im Internet anhand der modernen Ortsnamen weitere Namen von Limeskastellen. Stellt zu diesen Kastellen Informationen (Texte und Bilder) zusammen und gestaltet damit eine Ausstellung.

E

In consilio Germanorum:

1. Postulamus, ut Romani patriam nostram relinquant.
2. Hodie verbis petimus, ne hostis in Germania maneat.
3. Sed mox vi petemus, ut abeat.
4. Pugnabimus, ut e patria nostra expellatur.
5. Di magni, vos oramus, ut nobis auxilio veniatis.
6. Vos oramus, ut nos liberetis.
7. Cum fortes simus et libertatem amemus, arma capiemus.

Ü

a) Suche alle Formen des Konj. Präs. heraus:
1. laudant, mittant, petant, desiderat, demonstrat, dicamus, trahamur, ducar
2. mones, depones, temptes, prememur, exspectemus, damnemini, dent, debes
3. sinet, sine, sint, sunt, si, sis, sim, simul

b) Ergänze die durch den Querbalken des Grenzzauns verdeckten Buchstaben so, dass Formen des Konjunktiv Präsens entstehen.

c) Bilde die Formen im Konjunktiv Präsens:
venire → 2. Sg. Akt. | aspicere → 3. Pl. Akt. | circumdare → 3. Sg. Pass. | clamare → 1. Pl. Akt. | videre → 1. Sg. Akt. | defendere → 3. Sg. Pass. | perire → 2. Pl. | adesse → 2. Sg. | posse → 1. Sg. | velle → 3. Pl.

d) Eine Drohung an die Römer. Aber etliche Verbformen sind falsch verwendet. Bestimme die Art des Fehlers, korrigiere ihn und übersetze den Text.
1. Romani, vos rogamus, ut haec verba legitis et consilium sapiens capitis. 2. Cum multa castra Romana in Germania sunt, tamen petimus, ut ea relinquitis. 3. Multae enim gentes bellum parant, ut omnes Germani ab imperio Romano liberantur. 4. Oramus, ut dei vos monent et vobis imperant, ut e patria nostra exitis et in patriam vestram reditis.

I

Armeedienst und Bürgerrecht

Zunächst gab es in Rom eine Wehrpflicht, die von jedem römischen Bürger verlangte, im Kriegsfall zu den Waffen zu greifen. Später schuf man eine Berufsarmee (um 100 v. Chr.). Ab der Kaiserzeit (letztes Drittel des 1. Jh.s v. Chr.) interessierten sich immer weniger Römer für den Armeedienst. Deshalb rekrutierte man Soldaten in den eroberten Gebieten; diese traten nur allzu gerne in die Armee der Besatzer ein, weil damit ein handfester Vorteil verbunden war: Nach 25-jähriger Dienstzeit erhielten die Soldaten das römische Bürgerrecht für sich und ihre Nachkommen. Dieses Recht erlaubte es unter anderem, an Wahlen teilzunehmen und selbst in ein Amt gewählt zu werden.

Warum geht ein Barbar zur römischen Armee?

T

An einem anderen Streckenabschnitt der römisch-germanischen Grenze schreibt zur gleichen Zeit Mogetissa einen Brief an seine Frau Verecunda und seine Tochter Matrulla. Mogetissa und seine Einheit sind in Biriciana (heute Weißenburg) stationiert. Seit Tagen sind sie in Kämpfe mit einfallenden Barbarenstämmen verwickelt.

Mogetissa Verecundae et Matrullae suae salutem dicit[1]. Iam multos dies contra barbaros pugnamus neque tamen vicimus. Labores tanti sunt, ut paene desperemus. Iterum atque iterum verba patris mihi in mentem veniunt, qui, cum a familia abirem, dixit: „Tune profecto in exercitu Romano pugnare vis? Cur nos prodere et barbarus contra barbaros contendere vis?" Heri tribunus nos convocavit: „Cum quiescere velitis, cum vires deficiant, tamen hoc cogitate: Salus civium in manibus vestris est. Militum enim est cives ab hostibus defendere, cum civium sit militibus providere eosque omnibus rebus necessariis alere. Proinde barbaros prohibete, ne fines provinciae transeant omniaque exstinguant." Mirum est: Barbarus cives Romanos ab aliis barbaris defendo. Sed, quamvis multos labores sustineam, tamen haec omnia sponte mea facio. Mox enim maximum mihi dabitur praemium: civitas. Tum vobis posterisque nostris item civitas erit. Hoc praemio omnibus amicis praestabimus. Valete!

[1] salūtem dīcit *m. Dat.* er (sie, es) grüßt

Bronzenes Militärdiplom des Bojers Mogetissa nach 25-jährigem Militärdienst in einer römischen Reitereinheit. 30. Juni 107 n. Chr. München, Prähistorische Staatssammlung.

a) 1. Wie verstehen die in T vorkommenden Personen jeweils den Begriff barbarus? 2. In Z. 11 gebraucht Mogetissa das Wort mirum. Erkläre, warum er seine Situation so einschätzt.
3. Schlüpfe in die Rolle des Vaters und überlege dir Gründe für seine Vorwürfe.

b) Bilde Satzgefüge. Setze dabei ut oder ne ein.
1. Prohibeor: Finem transeo. 2. Te oro: Usque mihi ades. 3. Postulo: Ludi incipiunt. 4. Pater nos rogat: Amicitiam nostram restituimus. 5. Imperamus: E domo fugitis. 6. Oro: Vires mihi desunt. 7. Postulo: Amicus ad me venit. 8. Prohibemur: Comitibus adsumus.

V

c) Disziplin im römischen Heer (340 v. Chr.)
1. Torquatus imperator exercitum contra hostes ducit. Sed filius eius, cum gloriam cupiat, sponte sua aliis quiescentibus e castris exit. 2. Deinde cum hostibus pugnat, ut ceteris militibus praestet et posteris exemplum (Beispiel) virtutis sit. 3. At Torquatus filium suum, quamvis victoriam eius laudet, ferro exstingui iubet, ut alios milites prohibeat, ne item imperium neglegant.

E

1. Quamvis tribunus milites moneat, multi hodie quiescere volunt.
   Quamvis tribunus eos heri monuerit, hodie quiescere volunt.
2. Cum vires defecerint, milites pugnare non iam possunt.
3. Miles: „Quiesco, cum magnos labores sustinuerim.
4. Novam pugnam timeo, cum saepe violatus sim.“

Ü

a) Buchstabensuppe. Ordne die Buchstaben so an, dass Formen des Konjunktiv Perfekt entstehen:

mis-
fug-
timu-
i-
didic-

b) Variatio delectat – Abwechslung macht Freude. Bilde den Konjunktiv Perfekt, indem du für jede Form das angegebene Verb verwendest:

	Aktiv	Passiv
1. Sg.	(narrare)	(accusare)
2. Sg.	(aperire)	(alere)
3. Sg.	(sentire)	(ducere)
1. Pl.	(currere)	(prodere)
2. Pl.	(videre)	(movere)
3. Pl.	(ostendere)	(convertere)

c) Aus Aktiv wird Passiv.
Verwandle nach dem Muster und übersetze:
1. cum dux exercitum monuerit ... → cum exercitus a duce monitus sit ... 2. cum Romani hostem vicerint ... 3. quamvis civitatem defenderim ...

d) Verräter
1. „Tres milites in vinculis sunt, cum hostibus adfuerint.“ 2. „Di magni! Cur victoriam hostium petunt, quamvis pro patria nostra pugnaverint?“ 3. „Germani sunt. Semper dixi: ‚Illi viri nos prodent, cum patriam eorum occupaverimus eosque oppresserimus ac amicos eorum occiderimus.‘“ 4. „Quamvis multos Germanos in castris nostris convenerim, neminem hostem puto.“ 5. „... cum te fefellerint.“ 6. „Certe vera dicis – sed ... nonne avus tuus erat Gallus?“

I

Römische Technik
Die römische Ingenieurskunst war sehr hoch entwickelt. Vermessungstechniker waren in der Lage, Straßen so anzulegen, dass sie die natürlichen Gegebenheiten des Geländes optimal nutzten und – oft über viele hundert Kilometer – schnurgerade zum Ziel führten. Römische Bergleute legten Tunnel so perfekt an, dass man sich heute noch fragen muss, wie dies ohne GPS und Lasermessgerät möglich war. Die Trinkwasserversorgung der Städte sicherten aufwändige Wasserleitungs- und Zisternensysteme, die das kostbare Gut über große Distanzen in die Ballungsgebiete leiteten – z. B. in das römische Köln aus 150 km Entfernung – und dort speicherten bzw. in die einzelnen Stadtviertel verteilten.

Ein gigantisches Bauwerk

T

Der Offizier Lucius, der nach Biriciana versetzt worden ist, erzählt Mogetissa von seinen Dienstjahren im Legionslager Bonna (Bonn). Er berichtet auch von einer Reise in die Hauptstadt der Provinz Niedergermanien, Colonia Claudia Ara Agrippinensium (Köln). Die Stadt verfügte über eine der aufwändigsten Fernwasserleitungen des römischen Reiches.

Lucius: „Romani multa et utilia aedificia faciunt, quibus artem suam demonstrant. Non dubitamus, quin hanc artem ab Etruscis didicerimus, quin Etrusci magistri nostri fuerint. Ab iis arcus[1] aedificare didicimus.“ Mogetissa: „Ingenium Etruscorum, quamvis architectura[2] ab iis inventa sit, me non movet. Narra tandem de Colonia, cum de eius magnitudine iam multa audiverim.“

Lucius: „Hoc bene scis: Ruri facile est fontem adire. Sed in urbe difficile est tot milibus hominum aquam praebere, cum fontes absint. Itaque aquaeductu[3] aqua in urbem ducitur. In urbe Colonia autem miraculum[4] aspexi. Audi! Coloniam peto, cum iam diu hunc aquaeductum videre cupiverim. Et quasi monstrum aspicio: Ille aquaeductus centum milia passuum[5] longus est! Quodam loco paene trecenti[6] arcus locati sunt! Nemo dubitat, quin ille omnibus aquaeductibus imperii praestet. Vides: Romani arte sua naturam ipsam superant.“

[1] arcus, arcūs *m* Bogen
[2] architectūra Baukunst
[3] aquaeductus, ūs *m* Wasserleitung
[4] mīrāculum Wunder
[5] mīlia passuum Meile (1,5 km)
[6] trēcentī, ae, a dreihundert

Reste eines römischen Aquädukts bei Mechernich in der Eifel. Die Eifelwasserleitung wurde im 2. Jh. n. Chr. zur Versorgung der Stadt Köln erbaut.

V

a) 1. Nenne die Motive der Römer, technische Großbauten wie Aquädukte zu errichten. Belege deine Beobachtungen am Text.
2. Recherchiert, wo es noch heute Reste von römischen Aquädukten gibt. Gestaltet eine Ausstellung mit euren Ergebnissen.

b) Bilde jeweils die richtige Verbform im Gliedsatz. Beachte das Zeitverhältnis.
1. Ira impulsus sum, cum mihi auxilio non (venis). 2. Non dubito, quin amico adesse (vis). 3. Pater, cum (comperit) me negotia mea neglegere, me reprehendit. 4. Non dubito, quin aquaeductus Romanis utiles (sunt).

c) Umweltzerstörung in der Antike
1. Cum artes Romanorum semper laudatae sint, tamen eos quasi contra naturam egisse apparet. 2. Romani enim, cum maxima copia materiae (Holz) ad multas res necessaria esset, multa milia arborum ceciderunt. 3. Postremo toto in imperio silvae deletae sunt. 4. Adhuc difficile est silvas in his regionibus restituere.

83

E

1. Quia murus aedificatus erat, Germani Romanos temptare dubitaverunt.
Muro aedificato Germani Romanos temptare dubitaverunt.

2. Quamquam murus bene munitus erat, tamen ab hostibus superatus est.
Murus bene munitus tamen ab hostibus superatus est.

Ü

a) Dekliniere:
1. urbs munita 2. hostis invadens

b) Umbaumaßnahmen. Verwandle die Gliedsätze in Ablativi absoluti (1–2) und umgekehrt (3–4).
1. Postquam pons aedificatus est, Romani fluvium transierunt. 2. Dum milites castra muniunt, hostes impetum fecerunt. 3. Hostibus moenia delentibus tamen Romani non desperaverunt. 4. Turribus aedificatis impetus hostium statim nuntiatus est.

c) Sicherungsmaßnahmen. Damit die Grenzanlage sicher steht, müssen die Teile des Satzes jeweils sinnvoll verbunden werden. Übersetze zur Kontrolle; verwende dabei auch den Präpositionalausdruck und die Beiordnung.

d) Nicht nur die Römer haben Grenzmauern gebaut. Finde heraus, welche hier gemeint sind:
1. Eo muro aedificato homines unius nationis convenire non iam potuerunt. Hic murus a Germanis ipsis collocatus est. Multis annis praeteritis et multis hominibus interfectis murus a populo deletus est.
2. Is murus magnificus non in finibus imperii Romani positus tamen a Caesaribus collocatus est: a Caesaribus Asiae. Saevis gentibus in imperium invadentibus Caesares magnum murum e terrā saxisque aedificaverunt. Hic murus maximus omnium est: Etiam orbe relicto aspici potest.

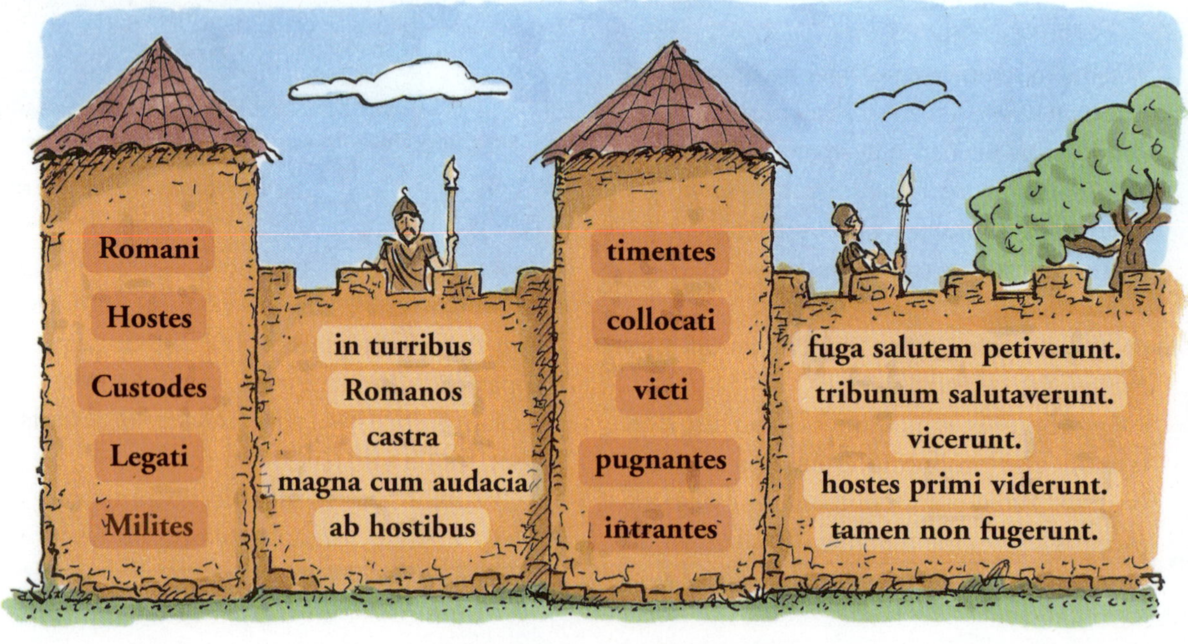

Der Limes – ein Bollwerk gegen die Barbaren

T

Gallia et Germania usque ad Rhenum[1] occupatis Augustus consilium cepit etiam in Raetiam[1] invadere, ut provincia Germania cum Norico[1] iungeretur[2]. Nullo resistente copiae Romanorum Druso Tiberioque ducibus Raetiam occupaverunt. Postea Augustus exercitum in regiones Germaniae misit, quae trans Rhenum erant. Sed tribus legionibus[3] a Germanis interfectis Romani magnam cladem acceperunt. Augustus hac clade perterritus ab incepto destitit bellumque finivit.

[1] Rhēnus, Raetia, Noricum: vgl. Karte im Buchdeckel
[2] iungere verbinden
[3] legiō Legion

Hierauf waren der Rhein und die Donau lange Zeit die natürlichen Grenzen zwischen dem römisch besetzten Gebiet und dem freien Germanien.

Sed commeatus inter provinciam Germaniam et Noricum adhuc difficilis fuit: Nam mons Abnoba[4] obstitit et prohibuit, ne exercitus subsidiaque transportarentur. Itaque Vespasianus bellum iterum gerens fines imperii auxit. Is finis novus, qui iam illis temporibus „limes“ appellabatur, primo via tantum erat. Postea Romani stationibus secundum[5] limitem distributis murum locaverunt eumque turribus muniverunt. Incolae impetum finitimorum cottidie metuentes tamen cum iis libenter negotia egerunt.

[4] mōns Abnoba Schwarzwald
[5] secundum *m. Akk.* entlang

Im 3. Jh. jedoch konnte der Limes den starken Siedlungsdruck aus dem Norden nicht mehr aufhalten. Germanische Stämme drangen in das Limesgebiet ein, siedelten sich dort an und nannten es „Alamannia“.

Kaiser Augustus erhält von seinen Stiefsöhnen Drusus und Tiberius den Siegeslorbeer: Symbolische Darstellung der Eroberung der Provinz Raetia im Jahre 15 v. Chr. Römischer Denar.

V

a) 1. Erschließe aus den Eigennamen und dem vorherrschenden Sachfeld den geografischen Raum und die historische Phase, von denen in Z. 1–7 die Rede ist. 2. Achte in Z. 8–15 auf die Hauptsatzprädikate und die zugehörigen Subjekte und rekonstruiere daraus die weitere geschichtliche Entwicklung des Limes. 3. Welche Absichten verfolgten die Römer mit dem Bau des Limes? Belege deine Aussagen am Text.

b) Vokabel-Limes. Einer von euch nennt eine Vokabel, der Nachbar schließt sich mit einer Vokabel an, die mit dem letzten Buchstaben der zuvor genannten Vokabel beginnt, usw. Wie lang ist der Vokabel-Limes, den ihr bauen könnt?

c) Das Abwehrsystem am Limes

1. Stationes limitis erant turres, e quibus milites incolas Germaniae liberae custodiverunt commeatumque observaverunt. 2. Hostibus appropinquantibus milites, qui in turri erant, eis obstiterunt vel subsidia arcessiverunt, ut adversarii ab impetu desistere cogerentur. 3. Cum hostes in provinciam invadebant, igne aut sono signum datum est, quod a militibus finitimae turris animadversum et ad proximam (nächste) stationem traditum est. 4. Catena (Kette) signorum facta sine mora copiae mittebantur et barbari ab incepto prohibebantur.

Die Varusschlacht

T

Im Jahre 9 n. Chr. werden drei römische Legionen unter ihrem Befehlshaber Publius Quinctilius Varus von Germanen vernichtend geschlagen. Anführer der Germanen ist der cheruskische Fürstensohn Arminius, der als Offizier im römischen Heer gedient hat. Nach der Niederlage des Varus herrschen in Rom Angst und Entsetzen. Man fürchtet sogar, dass sich die Germanen mit den Galliern verbünden und Rom angreifen könnten. Einer der wenigen Überlebenden berichtet, wie es zu der Katastrophe gekommen ist:

„Publius Quinctilius Varus contendit, ut toti Germaniae imperaret. Sed nonnullae nationes amore libertatis ita commotae sunt, ut contra nos coniurarent[1]. Tum Arminius se amicum sociumque Romanorum esse dicens Varum fefellit eumque adduxit, ut difficiles regiones Germaniae adiret. O quam stultus est imperator gloriae tantum serviens! Nonne scivit barbaros numquam fidem servare?

Regionem Germaniae intravimus, quae silvarum montiumque plena est. Saltus[2] alti fluviique lati agmen impediunt. Ventis vehementibus et frequentibus nimbis[3] timor etiam augetur. Eae res, quae nobis perniciem parant, Germanis magno sunt usui: Cum vias sciant, nocte in silvis latent, ut prima luce subito cum ingenti clamore impetum in nos faciant.

[1] coniūrāre sich verschwören

[2] saltus, ūs *m* Schlucht

[3] nimbus Regenguss

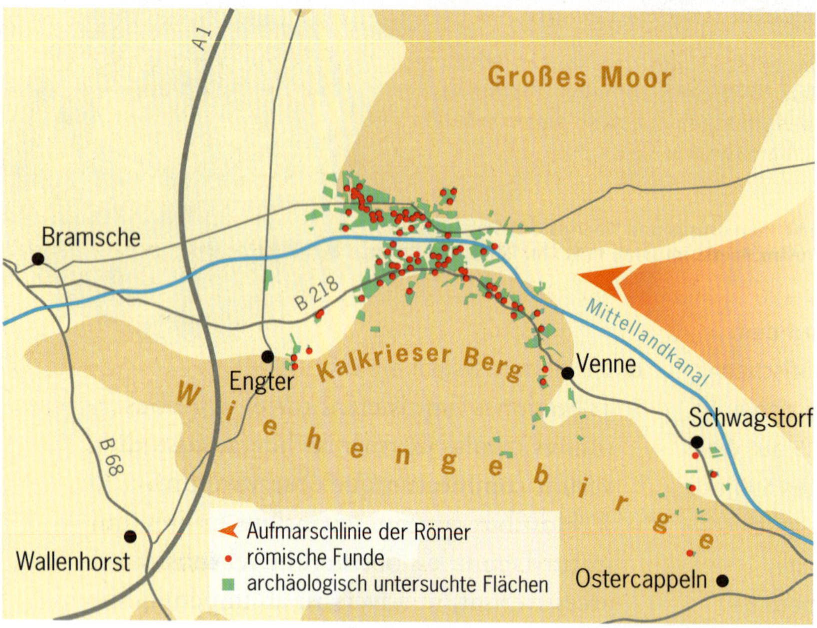

Kartierung der Funde im Untersuchungsgebiet in der Kalkrieser-Niewedder Senke. Die römischen Fundstellen sind über ein Areal von mehr als 30 km² verteilt.

Bei dem heutigen Dorf Kalkriese ist zwischen den Hängen des Wiehengebirges im Süden und einem Moor im Norden nur ein schmaler Durchgang, der wie ein Trichter nach hinten immer enger wird. An der engsten Stelle haben die Germanen einen rund 400 m langen, 2 m hohen und 4 m breiten Wall errichtet, hinter dem ihre Krieger stehen. Als die Germanen die hinteren Legionen angreifen, drängen diese in ihrer Panik die vor ihnen Flüchtenden in diesen Trichter hinein, genau auf den Wall der Germanen zu:

Cum subito undique clamorem audimus, perterriti sumus. Quid facere possumus – fugere an pugnantes vitam nostram servare? Quia prohibemur a fuga, procedimus. Et Varus dux nos iterum atque iterum procedere iubet, cum dolum Germanorum non cognoverit. Ita exercitus noster in insidias cucurrit et paene totus exstinctus est."

XXIV *plus*

Nach dreitägigem Kampf sind fast alle Römer tot, nur wenige können entkommen, die meisten Gefangenen werden von den Germanen getötet. Varus stürzt sich selbst in sein Schwert, als er die Ausweglosigkeit der Lage erkennt.

An dem von den Germanen errichteten Wall fanden die heftigsten Kämpfe statt. Hier werden noch heute von Archäologen die meisten Waffenteile und Knochenstücke gefunden. Durch die chemische Analyse von Bodenproben lässt sich auch nachweisen, dass hier viele Leichen lange lagen und schließlich verwesten.

Rekonstruktion des germanischen Walls mit Durchlässen. Museum Kalkriese, Archäologischer Park.

a) Suche Überschriften für die drei Absätze des Textes. Dabei können dir die im Text vorkommenden Eigennamen, Wortfelder oder die verwendeten Tempora eine Hilfe geben.

b) Richtig oder falsch?
Sortiere nach einem konzentrierten Durchlesen von T die falschen Aussagen aus:

- Varus war mit einem Teil Germaniens zufrieden.
- Varus ließ sich von Arminius täuschen.
- Die Römer kamen mit den geografischen Gegebenheiten in Germanien gut zurecht.
- Das römische Heer geriet in einen Hinterhalt.

c) An welchen Indizien kann man erkennen, dass der Bericht über die Schlacht den Erzähler immer noch stark bewegt? An welchen Stellen des Textes sind seine Emotionen besonders deutlich erkennbar?

d) Nach römischen Quellen ereignete sich die Katastrophe im saltus Teutoburgensis („Teutoburger Wald"), doch bis heute ist nicht sicher geklärt, wo genau die Schlacht stattfand. Mehr als hundert Orte erheben den Anspruch, Schauplatz der Varusschlacht gewesen zu sein. Derzeit spricht vieles für den Ort Kalkriese bei Osnabrück.
Ihr findet in der Bibliothek, im Geschichtsbuch oder im Internet eine Fülle von Informationen über die Varusschlacht. Sammelt diese und stellt auf Plakaten oder durch Referate die verschiedenen Theorien über die Ursache, den Ort und den Ablauf der Varusschlacht vor.

V

ANTIKE FUNDSTÜCKE
ERZÄHLEN EINE GESCHICHTE

Neben den überlieferten Texten können die Archäologen auch antike Fundstücke untersuchen, um Informationen über ein historisches Ereignis zu gewinnen. Durch solche Quellen kann das Bild, das die Texte bieten, oft ergänzt werden. Wie man solche Quellen interpretieren und welche zusätzlichen Informationen man aus ihnen gewinnen kann, erfährst du an einigen Fundstücken, die zur Varusschlacht gehören.

INSCHRIFTEN

Durch den Grabstein des Caelius, der bei Xanten gefunden wurde, kennen wir einen Gefallenen der Varusschlacht namentlich. Abgebildet auf diesem Stein ist Caelius, ein Offizier der 18. Legion, der hier als Hauptmann der 1. Kohorte bezeichnet ist. Neben ihm sind seine Freigelassenen zu sehen, die offenbar mit ihm umkamen. Ihre Leichen blieben verschollen, es handelt sich also um ein leeres Grab.

Lateinische Inschriften sind schwer zu lesen, weil es in ihnen zwischen den Wörtern keinen Zwischenraum gibt, weil Teile der Inschrift häufig zerstört sind (die ergänzten Buchstaben sind hier durch [ ] angedeutet), und weil außerdem aus Platzgründen viele Abkürzungen verwendet werden (die zu ergänzenden Buchstaben sind hier in hellerer Schrift angegeben); die senkrechten Striche geben das Zeilenende an. Der vollständige lateinische Text der Inschrift lautet:

Marco Caelio Titi filio Lemonia tribu Bononia | [I] ordinis legionis XIIX annorum LIIIS | [oc]cidit bello Variano; ossa | [libertorum [i]nferre licebit. Publius Caelius Titi filius | Lemonia tribu frater fecit.

Die Namen der Freigelassenen:
Marcus Caelius | Marci libertus | Privatus
Marcus Caelius | Marci libertus | Thiaminus

Deutsche Übersetzung:
„Für Marcus Caelius, Sohn des Titus von der Tribus Lemonia, aus Bononia (Bologna), Hauptmann der 1. Kohorte der 18. Legion; mit $53\frac{1}{2}$ Jahren ist er im Krieg des Varus gefallen; (auch) die Gebeine (der Freigelassenen) dürfen (hier) bestattet werden. Publius Caelius, Sohn des Titus von der Tribus Lemonia, sein Bruder, hat (das Grabmal) errichten (lassen)."

Unter den Bildnissen der beiden Freigelassenen:
„Marcus Caelius Privatus, Freigelassener des Marcus. – Marcus Caelius Thiaminus, Freigelassener des Marcus."

STUMME ZEUGEN

Seit 1987 graben Archäologen bei Kalkriese, einem kleinen Dorf nördlich von Osnabrück. Vor allem die große Zahl von militärischen Gegenständen und Waffen, die man bislang dort gefunden hat, deutet darauf hin, dass an diesem Ort eine große Schlacht stattfand. Daneben wurden vor allem Münzen entdeckt, mit denen die Soldaten bezahlt wurden. Da sich die Münzen sehr genau datieren lassen – einige tragen die Inschrift VAR(us) und keine ist später als 10 n. Chr. geprägt worden –, muss es sich um eine Schlacht gehandelt haben, die kurz vor 10 n. Chr. stattfand und bei der viele Römer starben.

Unter den Fundstücken ist auch die abgebildete Glocke, die unter einem Maultierskelett lag. Sie gehörte also zu diesem Maultier, das die schweren Ausrüstungsgegenstände römischer Soldaten trug und das im Kampf ebenfalls getötet wurde. In diese Glocke war abgerissenes Gras gestopft worden, wahrscheinlich deshalb, weil die Römer nachts versucht hatten, aus der germanischen Falle zu fliehen. Dabei sollte sie das Läuten der Glocke nicht verraten. Aus den Überresten des Grases konnte man bestimmen, dass es im Herbst abgerissen worden war. Das passt zu den Angaben in den schriftlichen Quellen, die übereinstimmend aussagen, dass die Varusschlacht im Herbst des Jahres 9 n. Chr. stattgefunden hat.

Außerdem wurden die Überreste des Walls gefunden, der von den Germanen errichtet worden war (Abb. S. 35). Er war ca. 400 m lang, 4 m breit und 2 m hoch, war aus Erde, Sand, teilweise auch Steinen errichtet und mit Rasenstücken belegt. In Abständen von ca. 15 m gab es Durchgänge im Wall, durch die die Germanen schnelle Angriffe starten und sich dann wieder zurückziehen konnten. Besonders viele Knochenfunde in der Nähe des Walls zeigen, dass hier die heftigsten Kämpfe stattgefunden haben.

---

a) Beschreibe den Grabstein. Beantworte dazu folgende Fragen: Wie wirken Caelius und seine Freigelassenen? Welche Details kannst du erkennen? Wie lassen sich diese Details deuten?

b) Sucht in eurer Umgebung nach lateinischen Inschriften oder Grabsteinen (z.B. in Kirchen, alten Gebäuden, auf Friedhöfen oder in Museen). Sammelt die gefundenen Inschriften und versucht sie zu übersetzen.

c) Versucht, durch den Vergleich von XXIV T mit den archäologischen Zeugnissen ein möglichst genaues Bild der geschilderten Ereignisse zu gewinnen. Auch wenn sich die Archäologen in diesen Fragen nicht einig sind, vielleicht sogar niemals einig werden, solltet ihr keine Angst haben, eure eigenen Meinungen zu äußern: Wie verlief die Schlacht, hatten die Römer eine Chance zu entkommen, hätte Varus die Falle bemerken müssen, passen die „stummen Zeugnisse" zu dem, was ihr aus dem Text erfahren habt?

d) Vielleicht habt ihr ein Museum in eurer Nähe, in dem archäologische Fundstücke aus römischer Zeit ausgestellt sind. Bereitet zusammen mit eurer Lehrerin oder eurem Lehrer eine Exkursion in ein solches Museum vor. Informiert euch zuvor im Internet, was ihr dort sehen könnt.

84

E

1. Romanus: „Quid tecum portas?“
   Germanus: „Semper interrogas, quid mecum portem:
2. Heri iam interrogavisti, quid portarem.
3. Semper arbores porto.
   Nunc me interrogabis, aliasne res portem.“
4. Romanus: „Ita est. Dic, utrum solum arborem an etiam alias res portes!“
5. Germanus: „Di magni! Nescio, cur illi viro oculos dederitis.“
6. Romanus: „Nonne audivisti, quid te interrogavissem? Responde!“

Ü

a) Verwandle dem Beispiel entsprechend alle direkten Fragen in indirekte, ordne sie sinnvoll den Hauptsätzen zu und übersetze dann:
1. Romanus Germanum interrogat, cur semper arbores portet. 2. Puella interrogat, 3. Vir vino turbatus rogat, 4. Magister scire vult, 5. Miles ex alieno quaerit, 6. Sacerdos interrogat, 7. Imperator e tribunis quaerit, 8. Discipulus nescit

A. Cur semper arbores portas?
B. Quis hoc fecit?
C. Acceperuntne dei sacra?
D. Quid hodie didici?
E. Quando amicus redit?
F. Quis sum et ubi sum?
G. Vincere possumus an non?
H. Hostisne an amicus es?

b) Verwandle die unter a) gebildeten Sätze erneut, indem du sie nach dem folgenden Muster in die Vergangenheit setzt. Übersetze dann erneut:
Romanus Germanum interroga**t**, cur semper arbores port**et**. → Romanus Germanum interroga**vit**, cur semper arbores port**aret**.

c) Worum geht es eigentlich?
1. „Quid est, amici?“ - „Ille me interrogavit, cur se interrogarem. Itaque ego interrogavi, cur ille hoc interrogaret.“
2. „Vera non dicis. Ego te non interrogavi, cur tu me interrogares, sed tu me interrogavisti, cur ego te interrogarem, quamvis te non interrogavissem.“
3. „Tacete, amici! Non intellego, de qua re pugnetis.“
4. „Bono animo es, amice! Neque nos intellegimus, de qua re pugnemus.“

I

Steuern – damals und heute

Heutzutage kümmern sich Finanzbeamte darum, dass jeder Bürger seine Steuern an den Staat ordnungsgemäß abführt. Bei den Römern funktionierte das Steuersystem anders. Ein Beispiel: Heutzutage beaufsichtigen Zollbeamte die Bezahlung der Einfuhrsteuer, wenn Waren in ein Land importiert werden. Der römische Staat beschäftigte keine solchen Beamten, vielmehr wurde im Vorjahr geschätzt, wie hoch die Steuereinnahmen einer bestimmten Zollstation im nächsten Jahr ausfallen dürften. Diesen Betrag bezahlte ein Zöllner (portitor) der Regierung im Voraus – und musste nun das Geld wieder hereinbringen, indem er selbst den Zoll (portorium) kassierte. Dieser Zöllner handelte damit als freier Unternehmer; er konnte – als „Steuerpächter“ – auch weit mehr einnehmen, als er dem Staat im Voraus bezahlt hatte.

„Big business" am Limes

T

Der Zöllner Publius treibt an verschiedenen Grenzübergängen der römisch-germanischen Grenze die ihm zustehenden Steuern ein. Es gibt aber seit längerem Schwierigkeiten mit den römischen Grenzsoldaten. Daher reist er in das Legionslager nach Mogontiacum (Mainz), um beim Legionskommandeur Silius vorstellig zu werden.

Cum Publius Mogontiacum[1] pervenisset, servus Silii ex eo quaesivit, cur venisset et quid vellet. Publius autem Silium ipsum adiit: „Salve! Tune scis, cur huc perrexerim et quid poscam? Milites tui, qui nihil agere debent nisi ad finem stare puellasque Germanas spectare, me impediunt, ne negotia agam. Saepe enim evenit, ut mercatores improbi contendant se portorium[2] solvere non posse. Quoniam milites tui mihi non adsunt, scire cupio, quo modo portorium parare possim. Profecto ab omnibus aes poscere debeo; nam ego ipse magnā pecuniā portorium ab imperatore emi. Nunc incertum est, num portorium emptum a mercatoribus accipiam. Nisi pecuniam imperatori datam recuperabo[3], ipse maximum aes alienum faciam. Tu quoque scis, quam necesse sit vectigalia[4] ab omnibus exigi. His vectigalibus viae restituuntur, munitiones aedificantur, civibus ludi eduntur – et stipendia[5] militum solvuntur! Inde comperire volo, mihine adesse velis. Dic mihi, utrum milites tuos moneas, ut auxilio mihi veniant, an sinas nos omnes pecuniam perdere!"

[1] Mogontiācum nach Mainz
[2] portōrium Zoll
[3] recuperāre wiederbekommen
[4] vectīgal, vectīgālis *n* Steuer
[5] stīpendium Sold

Ein Steuerpächter bei der Arbeit. Römisches Relief. 2./3. Jh. n. Chr. Trier, Rheinisches Landesmuseum.

a) 1. Erschließe das Sachfeld, um das Publius' Gedanken kreisen, und sammle die in diesem Zusammenhang vorkommenden Wendungen. 2. Auch im Evangelium spielen Zöllner eine Rolle (z.B. Mt 9, 9–13, Lk 5, 27–32). Schlage an den genannten Stellen nach und erkläre ihren Sinn. 3. Darf man beim Steuernzahlen betrügen? Diskutiert diese Frage und berücksichtigt dabei die Sichtweise eines Steuerpächters.

b) Im Jahre 1527:
Kaiser Karl V. verkauft Venezuela (Venetiola).
1. Carolus maximum aes alienum fecit, ut a ducibus Germaniae imperator crearetur. 2. Magna igitur in calamitate fuit, cum creditor (Geldgeber) id aes, quo Carolus fidem ducum emerat, posceret. 3. Imperator enim nescivit, quo modo aes exactum redderet. 4. Inde Carolus, quoniam in America (!) regionibus divitibus imperabat, Venetiolam creditori pro pecunia tradidit. 5. Multis viris improbis a creditore in Venetiolam missis rapinae (Raubzüge) crudeles ibi evenerunt. 6. Sic Carolus pecuniam debitam sanguine hominum solvit.

V

85

E

1. Publius: „Equum celerem emere cupio.“
   Mercator: „Hic equus celeriter currit, domine.“
2. Publius: „Suntne eius oculi acres?“
   Mercator: „Hic videt tam acriter quam tu et ego.“
3. Publius: „Nisi currere vult, pellisne eum vehementer?“
4. Mercator: „Tibi clare dico: Hunc numquam pepuli.
5. Nam bonus equus est: Libenter paret.“

Ü

a) Welche Endung passt zum Adverb:
-e, -er oder -iter?
infelic-, mal-, grav-, sapient-, long-, frequent-, ver-, fort-, turp-

b) Bilde Adverbien und übersetze die Ausdrücke:
1. (certus) scire 2. (dulcis) cantare 3. (felix) pugnare 4. (praeclarus) dicere 5. (beatus) vivere 6. (sapiens) agere 7. (placidus) movere 8. (fortis) defendere 9. (celer) invenire 10. (mirus) vincere

c) Adjektiv oder Adverb? Entscheide und übersetze:
1. Publius (celer / celeriter) Coloniam petit. 2. Prima luce ad urbem (claram / clare) pervenit. 3. Equum (celerem / celeriter) laudat: 4. „Hoc (bonum / bene) fecisti.“ 5. Primo equum (diligentem / diligenter) curat. 6. Tum amicum (celerem / celeriter) adit.

d) Die Römer hatten Recht.
1. In foro Publius virum a multis hominibus circumdatum vidit, qui de legibus Romanis sapienter dixit: 2. „Qui nullas leges habent, barbare vivunt; turpiter vivunt, qui malas habent. 3. Romanus autem populus omnibus aliis longe praestat, quia – ut certe scitis – non solum multas et bonas leges habet, sed etiam diligenter eas curat. 4. Haec autem summa lex est: NULLUM CRIMEN SINE LEGE. Id est: Nemo scelerate facit, nisi lex hoc factum vetuit.“

I

Rechtsprechung in römischer Zeit

Für die Rechtsprechung waren in Rom die Prätoren als Richter zuständig. Ihnen kam daher eine wichtige Bedeutung zu, die man bereits äußerlich beim Prozess erkennen konnte. Während nämlich die Streitparteien stehen mussten, hatte der Prätor als gewählter Beamter das Recht, auf einem Richterstuhl zu sitzen. So war dieser Stuhl bereits ein Zeichen seiner Würde. In der Stadt Rom gab es zwei Prätoren, welche sich um zwei Gruppen von Prozessen kümmerten: Der praetor peregrinus urteilte in Prozessen, in die Fremde verwickelt waren; dem praetor urbanus wurden die Streitfälle vorgelegt, die römische Bürger untereinander austrugen.

Kaiser Claudius auf einem Amtssessel, der sog. sella curulis. Römischer Sesterz. 1. Jh. n. Chr. Berlin, Staatliche Museen.

Ein schwieriger Rechtsfall

T

Publius reist nach Köln, um mit dem Provinzstatthalter (praefectus) über einen neuen Steuerpachtvertrag zu verhandeln. Während er im Vorzimmer sitzt, plaudert er mit dem Sekretär (scrība) des Statthalters über die verschiedenen Probleme, die die Rechtspflege in der Provinz mit sich bringt. Publius bittet den Sekretär, von einem kniffligen Rechtsfall zu erzählen. Flavus, der germanische Sklave des Publius, hört interessiert zu.

Scriba: „Nonnulli homines in via pilam[1] iactaverunt. Unus ex illis, cum celeriter curreret, pilam acriter iactavit. Itaque manus tonsoris[2], qui prope servum radebat[3], pilā vehementer pulsa est. Tonsor ergo cultro[4] servum occidit. Hac calamitate aspecta undique auditus est clamor hominum. Alii dixerunt: ‚Hoc forte evenit! Nemo in culpa est.‘ Alii contenderunt omnes stulte egisse atque pariter in culpa esse. Tune clare dicere potes, quis horum trium scelerate egerit? Nonne ambo parum diligenter egerunt, et homo, qui pilam vehementer iactavit, et tonsor? An culpa est in servo? Nonne ille scire debuit se in periculo esse? Existimo illum minime in culpa esse. Equidem, si praetor essem, nescirem, quem damnarem.“

Flavus: „In mea quidem patria causa aliter ageretur. Nos magistratus, qui iudicant, non habemus, sed scelerati apud concilium[5] gentis accusantur. Tum ab omnibus poena pro facinore constituitur. In hac causa is, qui pilam iactavit, domino servi occisi aes solvere deberet.“

[1] pila Ball
[2] tōnsor Friseur
[3] rādere rasieren
[4] culter, cultrī Rasiermesser
[5] concilium Versammlung

Beim Friseur. Griechische Terrakottagruppe. 5. Jh. v. Chr. Berlin. Antikensammlung.

a) 1. Begründe die Meinung des Germanen Flavus (Z. 15–17). 2. Diskutiert in der Klasse, wer Schuld hat. 3. Versucht zu klären, wer nach dem bei uns geltenden Recht schuldig ist.

b) Bilde jeweils das Adverb und übersetze den Satz:
1. Nemo (aeternus) vivit. 2. Milites (turpis) fugiunt. 3. Navis (felix) in portum pervenit. 4. Avus fabulam (praeclarus) narravit.

V

c) Salomo, der weise Richter
1. Duae feminae, quae de puero parvo contendebant, Salomonem regem adierunt. 2. Haec iuravit puerum a se partum esse – illa pariter contendit se matrem eius esse. 3. Salomo servos iussit puerum scindere (zerschneiden) et partes feminis tribuere. 4. Cum haec puerum scindi concederet, illa vehementer flevit regemque obsecravit, ne id ageret: 5. „Hoc facinus, hanc culpam numquam sustinebo. Da filium meum isti!“ 6. Tum Salomo iudicavit: „Ea, quae mortem poposcit, minime mater vera est; nam puerum parum amat.“

86

E

1. Parvus: „Videte! Hic vir omnia ferre potest."
2. Magnus: „Hodie unum saxum fero, mox duo feram."
3. Populus: „Nonne magnas arbores fers?"
4. Parvus: „Ut vos parvas res fertis, ita hic arbores fert. Ab hoc etiam ingentia animalia feruntur."
5. Populus: „Quod animal ab eo fertur?"
6. Parvus: „Equum iam tulit; nuper elephantus (!) ab eo latus est."

Ü

a) Ein ferre-Pfirsich. Suche alle Formen von ferre heraus und bestimme sie.

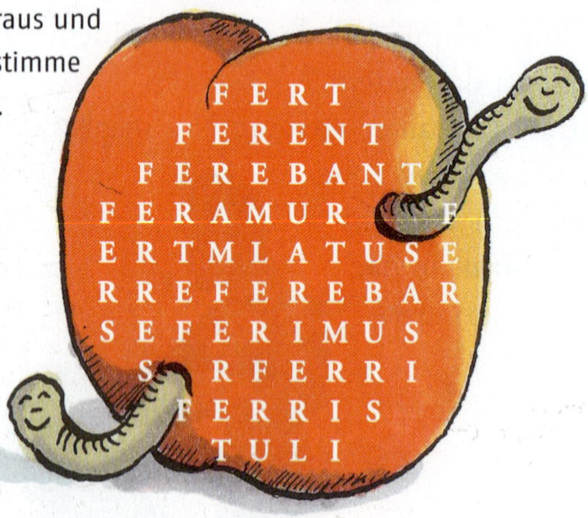

b) Aus Tragen wird Tragen. Verwandle alle Formen von portare in solche von ferre und übersetze:
1. „Quid portatis?" 2. „Multa portavimus, nunc nihil portamus." 3. „Omnia ad me celeriter portate!" 4. „Poscimus, ut etiam tu pauca portes." 5. „Vobiscum pauca portarem, nisi multa iam portavissem." 6. „Quidnam a te portatum est?" 7. „Tot res huc portaveram - sed ubi sunt?"

c) Erschließe mit Hilfe der anderen Verben die Bedeutung einiger Komposita von ferre:
1. convenire et conferre 2. inire et inferre 3. exire et efferre 4. reddere et referre 5. adducere et afferre 6. deducere et deferre

d) Im Amtszimmer des Statthalters (praefectus):
1. Postquam Publius consedit, servus vinum tulit. 2. Praefectus bibit et clamavit: „Serve! Vinum, quod tulisti, acerbum est. Celeriter fer novum!" 3. Vix servus vinum novum tulerat, cum praefectus iterum clamavit: 5. „Servi! Ferte novum! Dulce enim vinum non fero." 6. Nunc aliud vinum latum est. 7. Praefectus: „Baaah! Cur aquam tulistis?" 8. Bono tandem vino lato praefectus e Publio quaesivit, quid cuperet.

I

Wenn Pflanzen auf Wanderschaft gehen

Die Römer brachten nicht nur die Errungenschaften von Technik, Baukunst und Verwaltung in die entlegensten Winkel ihres riesigen Reiches; auf ihren Straßen und Handelswegen führten sie auch lebendige Dinge mit sich: Sie brachten ihre Gartenkultur und ihre Nutzpflanzen aus dem Mittelmeerraum in die Provinzen nördlich der Alpen. Römische Schriftsteller berichten, dass die Germanen schon in vorrömischer Zeit verschiedene Getreidesorten, Erbsen, Linsen und Möhren angebaut hatten. Mit den Römern fanden nun auch Obstbäume den Weg über die Alpen: Kirschen, Pflaumen, Aprikosen, Mandeln und – vor allem – die Weinrebe. Sogar erste Zierpflanzen – Rosen und Lilien – brachten die Römer in den kalten Norden.

Pfirsiche in Germanien

T

Publius hat mit dem Statthalter (praefectus) einen neuen Vertrag ausgehandelt, der ihm die Einnahme der Zölle entlang der römisch-germanischen Grenze auch für die kommenden Jahre sichert. Gut gelaunt verlässt er das Dienstgebäude des Statthalters.

In foro Publius mercatorem quendam eiusque servum poma[1] ferre vidit. Nesciens, qualia poma essent, dixit: „Quae poma fertis? Quo ea fertis?" Responderunt: „Haec mala Persica[2] sunt. Ea ad praefectum afferimus." Publius: „Horum species mira et aliena est." Mercator: „Recte dicis. Haec poma a nostris differunt; cum his conferri non possunt. Amicus mihi rettulit Romanos ea ‚mala Persica' appellavisse, cum haec primum in Persia[3] cognovissent. Tum ab iis in Italiam illata sunt. Adhuc solum Persica, quae in Italia creverant, a me vendita sunt. Nunc autem, postquam arbores in Germaniam inferri iussi, agri etiam nostri Persica efferunt. Hoc anno primum Persica huius regionis offerre possum. Homines enim poma recentia praeferunt. Omnem pecuniam contuli, omnia pertuli, ut arbores sub caelo aspero Germaniae crescerent et poma ferrent. Sed nunc rem non iam differam. Ad praefectum detuli mea Persica bene crevisse. Nos iam exspectat!"

[1] pōmum Frucht

[2] (mālum) Persicum Pfirsich (persischer Apfel)

[3] Persia Persien

Stillleben mit Pfirsichen. Wandmalerei aus Herkulaneum. 1. Jh. n. Chr.

V

a) 1. Welche Informationen über Pfirsiche und Pfirsichzucht erhältst du in T? 2. Der römische Historiker Sallust kritisierte die Verschwendungssucht seiner Landsleute mit folgenden Worten: „Für Leckerbissen durchsuchte man alles zu Lande und im Meer." Lässt sich diese Kritik auch auf T anwenden? 3. Sammelt Informationen zur Herkunft der folgenden, uns völlig geläufigen Pflanzen: Tomaten, Mais, Paprika, Tulpen, Orchideen. Gestaltet im Klassenzimmer eine Ausstellung, in der ihr eure Ergebnisse präsentiert.

b) Überlege, an welchen Stellen von T ferre bzw. dessen Komposita durch bedeutungsähnliche Verben ersetzt werden können; füge das passende Verb entsprechend ein.

c) Laura und Anna – ungleiche Schwestern
1. Laura ira recenti commota erat: Adhuc de avi verbis asperis cogitavit, qui eam cum Anna contulerat et sororem summis verbis extulerat. 2. Profecto avus Annam Laurae praetulit. 3. Sed cur Laurae tantum dolorem intulit? 4. Nonne vidit mores sororum differre? 5. Nonne scivit Lauram se ipsam obtulisse, cum ad eam relatum esset neminem avo adesse? 6. At Anna auxilium in aliud tempus distulit. 7. Tamen avus Laurae gratiam non habuit. Quae fuit causa?

87

E

1. Sacerdos sum: In silvas sacras eo deisque dona fero. Pronuntio, quid numina possint et velint.
2. Constat me id scire, quod facere licet ac oportet.
3. Multi me sapientem ducunt, pauci me turbatam putant.

Ü

a) Analysiere die folgenden Formen den Beispielen entsprechend – wenn nötig, mit Hilfe von Tabellarium und Register:

Form	Markierung der Form	Nachschlagen im Tabellarium	Markierung des Stammes	Nachschlagen im Register
potui	potui	→ 1. Pers. Sg. Ind. Perf.	pot- / pos-	→ posse können

Form	Markierung des Stammes	Nachschlagen im Register	Markierung der Form	Nachschlagen im Tabellarium
fertur	fer-	→ ferre bringen, tragen; ertragen	fertur	→ 3. Pers. Sg. Ind. Präs. Pass.

1. itis 2. ferebam 3. possint 4. velimus 5. distributum est 6. cecini

b) Ein römischer Priester berichtet von einem Erlebnis, das er gerade hatte. Übersetze und ergänze, was er vor Aufregung verschluckt hat:

1. Cellam templi in■ et dona in■. 2. Vix ad statuam dei ad■ et frumentum at■, cum sensi deum ad■. 3. Deus pronuntiavit: „Red■ ad homines et re■ haec mea verba: 4. Nisi homines imperium immortalium per■, per■." 5. Tum deus a■ et ego ab■. 6. Nunc verba dei vobis de■; nullum verbum de■.

esse - est - fuit - i - ibunt - ieram - ii (2x) - fer - ferent - tuleram - tuli (2x)

c) Zwei Priester im Gespräch:

1. „Verba deorum mira esse apparet." - „Ego ea non mira puto." 2. „Num clara ea aestimas?" - „Deos clare dicere aestimo." 3. „Putasne immortales placidos esse?" - „Nonnullos asperos puto." 4. „Sapientem te duco, amice. Nam scis, quo dei nos ducant."

d) Heilige Wälder

1. Romani Germanos crudeles putabant, quia deis non solum frumentum et alia dona tulerunt, sed etiam homines in silvis sacris interfecerunt. 2. Nonnullae silvae tam sacrae erant, ut inire hominibus non liceret. 3. Nam Germani deos dominos et homines servos ducebant. 4. Qui in silva sacra forte ceciderat, ei surgere non licuit. 5. Iacens – si potuit – eum locum relinquere debuit, quia numen violaverat.

Fremde Götter – fremder Kult

Apparet Romanos religiosos fuisse neque deos earum gentium, quas subegerant, contempsisse. Cum putarent in deis alienorum populorum easdem virtutes inesse, quae in suis erant, fana condiderunt, in quibus deos suos et deos indigenarum[1] pariter coluerunt. Exemplum[2] est Apollinis Granni templum, quod in finibus Raetorum[3], apud limitem, erat. Et Apollo, quem Romani deum firmum duxerunt, et Grannus, deus Raetorum, saluti hominum consuluerunt. Itaque ex his duobus unus deus factus est; et Romani et indigenae hunc deum adierunt, cum morbis[4] vexabantur.

Cum populis subactis liceret superos suos suis moribus colere, tamen Romani cultum crudelem non toleraverunt. Id ex hoc intellegi potest: Claudius[5] imperator druides homines immolare[6] vetuit. Imperator enim destinaverat omnes deos solum hostiarum sanguine coli. Apparet druides – metu poenarum aut exemplo Romanorum commotos – mutavisse deorum cultum, quem imperator perniciosum aestimavit. Ergo severitas[7] Romanorum gentibus ipsis profuit: Humanitatem cognoverunt et acceperunt.

[1] indīgena Einheimischer
[2] exemplum Beispiel
[3] Raetus Räter, Einwohner von Rätien
[4] morbus Krankheit
[5] Claudius: röm. Kaiser (41–54 n. Chr.)
[6] immolāre opfern
[7] sevēritās Strenge

Der keltische Hirschgott Cernunnos zwischen den Göttern Apollo und Merkur. Gallorömisches Relief. 1. Jh. n. Chr. Reims, Musée de Ville.

a) 1. Stelle aus T ein Sachfeld zum Thema „Religion“ zusammen. 2. Finde mehr heraus über die Druiden und ihren Götterkult. 3. Informiere dich, wie ein römischer Tempel ausgesehen hat und wie man die verschiedenen Bauteile nennt.

b) Vokabelgeschichte
Erfinde eine Geschichte, in die du möglichst viele neue Lernvokabeln auf Lateinisch einbindest.

c) Großvater erzählt eine Werwolfgeschichte
1. „Cum iuvenis essem, amicam formosam habui, quae ruri vitam agebat. 2. Desiderio amicae vexatus villam eius petivi. 3. Quia nox erat, militem, qui in domo mea habitabat, mecum duxi, hominem firmum et ferocem. 4. Subito autem comes abest. 5. Invenio eum post fanum: Vestes deposuerat, lunam (Mond) observabat. 6. Tum in lupum (Wolf) immanem mutatus est; ululare (heulen) coepit et in silvas cucurrit. 7. Perterritus iter perrexi et ad amicam perveni. 8. Ea mihi narravit lupum perniciosum villam intravisse, sed vi subactum et ense violatum esse; tum eum fugisse dixit. 9. Rediens ad domum meam militem vulneratum in cubiculo iacere et cruciatus maximos tolerare animadverti. 10. Tum intellexi lupum in eo inesse.“

Warum Varus verloren hat

T

Kurz nach der Varusschlacht beriet in Rom der Senat darüber, wie es zu der Katastrophe kommen konnte und wie es in Germanien weitergehen solle. Nachdem viele Senatoren dem Statthalter Varus die Schuld gegeben hatten, ergriff erneut ein Senator das Wort:

„Vos multa crimina Varo obtulistis. Iste enim superbe in Germanos vindicavit, bellum minime diligenter gessit, dolum Germanorum non cognovit. Sed priusquam Varum accusamus, nos quaerere oportet, utrum culpa in Varo solum sit an alii quoque accusari debeant. Primum igitur quaero, quae fuerit causa calamitatis nostrae. Equidem nos omnes pariter in culpa esse puto."

In seiner Rede verweist der Senator auch auf das, was der berühmte Feldherr Gaius Julius Cäsar über die Germanen geschrieben hat:

„Nam ante multos annos C. Iulius Caesar de moribus Germanorum narravit eosque barbaros appellavit. Nullas enim leges, nullam rem publicam, nullas litteras artesque eis esse dixit. Itaque duces imperatoresque nostri, cum provinciam Germaniam adeunt, putant Germanos minime a bestiis differe seque nationes Germanas superare posse.
Sed omnes Germani, ut Caesar item refert, fortiter pugnant, nonnulli etiam homines docti sunt, quia diu cum Romanis vivebant.
Itaque non fortuna mala, non inertia[1] imperatoris, non dolo barbarorum, sed superbia[2] nostra victi sumus. Iterum atque iterum Germaniam in servitutem mittere studuimus.
Nescio, cur hoc non intellegamus: Germania numquam vincetur!"

[1] inertia Unfähigkeit
[2] superbia Hochmut

Römischer Sesterz. Unter einer Trophäe hockt links auf zwei gekreuzten Schilden eine trauernde Germanin. Rechts steht ein gefangener Germane in Hosentracht und Mantel, neben ihm ein Schild und ein Helm. Auf einem Baumstumpf ist die Trophäe aufgebaut: Sie besteht aus einem Mantel, Schilden, Lanzen und einem Hörnerhelm. 85 n. Chr. Berlin, Staatliche Museen, Münzkabinett.

V

a) Nutze die dir bereits bekannten Textmerkmale (Pronomina, Tempusprofil, Konnektoren, Wort- bzw. Sachfelder), um dir vor der Übersetzung einen Überblick über den Inhalt und den groben Aufbau des Textes zu verschaffen.

b) Welche der im Folgenden genannten Ursachen für die Niederlage werden in T angeführt?
- Varus erkannte die List der Germanen nicht.
- Varus war allein an dem Unglück schuld.
- Die Germanen sind ein tapferes Volk.
- Die Niederlage war vom Schicksal verursacht.

c) Informiere dich über das Verhältnis der Römer zu den Germanen. Wann hatten sie erstmals miteinander Kontakt, welche weiteren Begegnungen gab es? Ist es den Römern jemals gelungen, Germanien zu erobern?

XXV *plus*

Die Aufgaben **a)** bis **d)** sind als **Lernzirkel** zum Thema **„Konjunktiv"** gestaltet; ihr könnt sie eigenständig bearbeiten. Das Arbeitstempo wählt ihr selbst; ihr entscheidet auch, ob ihr die Aufgaben allein, zu zweit oder in einer Gruppe lösen wollt. Wenn ihr etwas nicht verstanden habt, solltet ihr das entsprechende Thema im Grammatikteil wiederholen und die Aufgabe noch einmal bearbeiten. Zum Abschluss solltet ihr in der Klasse die Lösungen vergleichen und offene Fragen besprechen.

a) Konjunktivformen erkennen

Schreibe die Formen heraus, die Konjunktiv sind, und bestimme sie. Solltest du dir nicht sicher sein, kannst du auf S. 113 f. bzw. S. 116 die Bildungsweise des Konjunktiv Präsens und Perfekt nachlesen. Den Konjunktiv Imperfekt und Plusquamperfekt findest du im Tabellarium auf S. 170 ff.; bei den Formen des Perfekts und Plusquamperfekts musst du evtl. im Vokabelverzeichnis den Perfektstamm nachschlagen.

debeat – discerem – uxorem – dem – ducas – ducis – duces – appellavissent – aspexerunt – aspexeris – fuissetis – inventae sitis – cecidistis – amiserit – motae eramus – moveramus – moveremus – moveremur – moti sitis.

b) Konjunktive im Deutschen wiedergeben

Überlege, ob die lateinischen Konjunktive im Deutschen wiedergegeben werden müssen; übersetze dann:

1. Romani limitem aedificaverunt, ut imperium Romanum ab hostibus defenderent. 2. Nisi limitem aedificavissent, barbari in provinciam Romanam invasissent. 3. Cum autem limes aedificatus esset, non solum hostes, sed etiam mercatores impediti sunt, ne provinciam adirent. 4. Romani contendebant, ut impetus hostium rarius (seltener) acciderent; nam timebant, ne merces (Waren) barbarorum non iam acciperent.

Zusatzaufgabe: Welches Satzglied wird durch die Gliedsätze jeweils ausgedrückt?

c) Lateinische Konjunktive begründen

Überlege, warum im Lateinischen der Konjunktiv steht; übersetze dann:

1. Maritus incertus uxori dicit: 2. „Volo, ut mihi adsis consiliumque des." 3. Uxor: „Te oro, ut ambules (ambulāre spazierengehen)!" 4. Maritus: „Nescio, cur me ambulare velis." 5. Uxor: „Si ambulares, me non impedires." 6. Maritus: „Dubito, utrum me ambulare velis an manere. 7. Timeo, ne sero (zu spät) sit. 8. Si antea abissem, iam diu in via essem. 8. Te interrogo, num nunc abire possim." 9. Uxor: „Fac (‚ut) abeas!"

d) Konjunktivformen bilden

Ergänze in den folgenden Sätzen die fehlenden Verbformen; in Klammern steht das Verb, das du verwenden sollst. Entscheide, ob Indikativ oder Konjunktiv stehen muss und welches Tempus du verwenden musst (vgl. S. 121, S2):

1. Mercator Romanus Coloniam petit, ut frumentum (**emere**). 2. Quoniam frumentum nondum maturum (reif) (**esse**), timet, ne magno pretio frumenti (**terreri**). 3. In foro virum Germanum invenit, qui frumentum vendere (**velle**). 4. „Pretium tuum magnum est", mercator clamat, „deos oro, ut te (**vindicare**)!" 5. Germanus respondet: „Pretium meum bonum est. Nisi enim frumentum (**vendere**), familia mea misera (**esse**). 6. Nescio, quid tu antea (**solvere**). 7. Sed audi: Cum ego solus frumentum hic (**vendere**), hodie solvere debes, quod ego (**postulare**)."

Ü

Dichten, Denken, Deuten – die Griechen als Vorbild

1

Wenn ihr etwas nicht versteht, behauptet ihr, es sei unlogisch. Logisch ist das, was man mit seinem Verstand erklären kann. Menschen früherer Zeiten haben sich die Welt, wie ihr wisst, mit Hilfe mythischer Geschichten erklärt, in denen Helden und Götter eine wichtige Rolle spielten. Im 6. Jh. v. Chr. aber bekam diese Art des Denkens Konkurrenz. Einige große griechische Denker wollten die Erscheinungen der Natur mit Hilfe des Verstandes (griech. logos) erklären.

Vom Mythos zum Logos

fundamentum

In der Antike erklärte man sich von jeher die jährliche Nilüberschwemmung damit, dass ein Gott die Schleusen der in den Nil einströmenden Flüsse geöffnet habe – das ist die mythische Vorstellung, die ein Naturereignis vom Willen der Götter abhängen lässt. Der Grieche Thales dagegen vermutete, dass der Nil durch entgegenwehende Passatwinde gestaut werde und es so zum Anstieg des Wasserspiegels und zur Überschwemmung komme. Thales versuchte also mit Hilfe des Verstandes eine naturwissenschaftliche Erklärung des Geschehens.

Dieses Umdenken gilt als Geburt der Philosophie in Europa. Philosophie heißt eigentlich „Liebe zur Weisheit" und meint zunächst das Streben nach verstandesgeleiteter Erkenntnis der Welt. Später befasste sich die Philosophie auch mit dem Menschen, etwa mit der Frage nach dem Glück und mit dem menschlichen Zusammenleben (mit der Ethik).

2

3

1 Nachdenkende Athene. Griechisches Weiherelief. Um 460 v. Chr. Athen, Akropolismuseum.

2 Brunnen am Michael-Fischer-Platz in Deggendorf.

3 Der ägyptische Flussgott Hapi, Personifikation des Nils und der Nilüberschwemmungen, eine Schale mit Früchten in den Händen. Relief um 1480 v. Chr. Medinet Habu, Theben (Oberägypten).

4 Das römische Theater von Taormina (Sizilien). Im 2. Jh. v. Chr. wurde der Bau über einem kleineren, griechischen Theater aus dem 3. Jh. v. Chr. errichtet.

5 Fragment einer apulischen Vasenmalerei, sog. Schauspielerscherbe. Um 350 v. Chr. Würzburg, Martin-von-Wagner-Museum.

6 Marmorporträt der Dichterin Sappho („Sappho aus Eresos"). Römische Kopie eines griechischen Originals aus dem 5. Jh. v. Chr. Das Porträt zeigt – wie unzählige andere römische Kunstwerke – die Übernahme griechischen Kulturgutes durch die Römer. Rom, Musei Capitolini.

4

fundamentum

Griechisches und römisches Theater

Mit dem Aufkommen philosophischen Denkens hatte der Mythos keineswegs ausgedient: Viele künstlerische Schöpfungen der Griechen sind ohne den Mythos nicht denkbar. In den Schauspielen zum Beispiel wurden Probleme des Einzelnen und der Gemeinschaft im Spiegel mythischer Gestalten und Geschichten dargestellt.
Griechisches Theater war stets Freilufttheater: Meist war in einen Berghang ein Halbrund mit Sitzplätzen für die Zuschauer geschlagen worden. Vor der eigentlichen Bühne befand sich die sog. Orchestra, ein runder Platz, auf dem vor allem der Chor auftrat. Dahinter lag die Bühne für die Schauspieler mit dem Bühnenhaus, einer Fassade mit Hauseingängen, die den Schauspielern zum Auftritt bzw. Abgang dienten.
Die Römer übernahmen die Bühnentechnik und die Formen der Theaterstücke von den Griechen, entwickelten aber beides weiter.

fundamentum

Die Dichtung der Griechen als Vorbild

Die römische Literatur ist ohne die griechische Dichtung nicht denkbar. Römische Dichter nahmen sich ganz selbstverständlich berühmte griechische Dichter und deren Werke zum Vorbild und suchten diese zu übertreffen. Römische Schriftsteller wollten also nicht etwas gänzlich Neues erfinden und damit berühmt werden, sondern durch kunstvolle Nachahmung eines griechischen Originals die eigene Kenner- und Meisterschaft unter Beweis stellen: So nahm sich Vergil für seine *Äneis* die Epen Homers zum Vorbild, der Dichter Catull die Gedichte der griechischen Lyrikerin Sappho.

5

6

E

1. Magister: Quis istum orbem fecit? Quid iste orbis indicat?
2. Discipulus: Nescio. Aliquis orbem fecit. Et orbis certe aliquid indicat.
3. Magister: Certe isti viro claro aliquod nomen est. Scisne nomen alicuius viri magni?
4. Discipulus: Aliqua nomina virorum clarorum mihi in mentem veniunt. Ii aliquas res invenerunt.
5. Magister: Narra tandem, si quid scis! Responde, ne quem alium interrogem!
6. Discipulus: Num quis me iuvare potest?

Ü

a) Buchstaben-Rechnen. Löse die folgenden Gleichungen dem Beispiel entsprechend und bestimme die neuen Formen:
1. aliquis - s + d = aliquid 2. aliquis - q + c - s = ? 3. aliquis - i - s + o = ? 4. aliquis - i + e - s + m = ? 5. aliquis - q + c + u = ?

b)

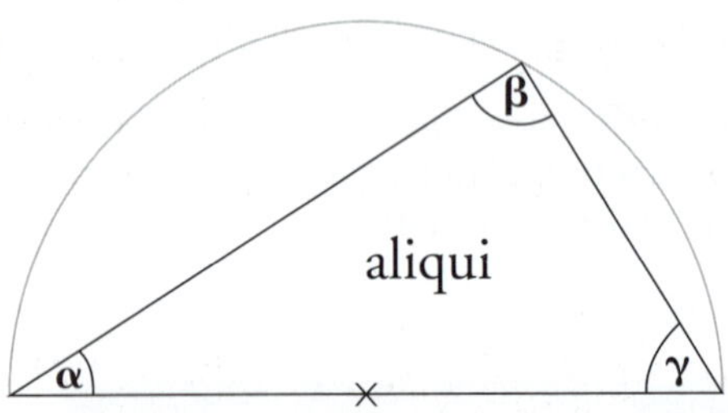

Bilde die Formen anhand der Vorgaben:
1. α = Akk. | β = *m* | γ = Sg.
2. α = Gen. | β = *f* | γ = Sg.
3. α = Abl. | β = *n* | γ = Sg.
Wie lauten die Formen, wenn jeweils gilt: γ = Pl.?

c) Thales hat wissbegierige Schüler. Wähle das jeweils passende Pronomen aus und übersetze.
1. Narra nobis (**aliquid** / **quid**) de caelo, Thales! 2. Si (**aliquid** / **quid**) narraveris, multa discemus. 3. (**Aliquos** / **Quos**) numeros in arena scriptos videmus. 4. Num (**aliquis** / **quis**) scit, quid indicent, nisi tu?

d) Philosophie macht reich
1. Aliquo die Thales cives de se dicere audivit: 2. „Certe Thales nobis aliqua consilia sapientia dare potest. 3. Sed num quod commodum ex ea re cepit? Ecce, vir pauper est.“ 4. His verbis motus Thales aliquod mirum fecit: Hieme (im Winter) haec parvo pretio emit, quae nemo quaesivit: trapeta (Olivenpressen). 5. Aestate autem ea magno pretio vendidit et dixit: „Videtis sapientes, si quid appetere volunt, hoc appetere posse.“

I

Thales von Milet

Thales, geboren um 600 v. Chr., stammte aus Milet in Kleinasien. In der Antike galt er als einer der Sieben Weisen. Berühmt wurde er nicht nur wegen des Thaleskreises, sondern auch, weil er als Erster die Frage nach einem gemeinsamen Ursprung aller Dinge gestellt haben soll. Damit gilt er als einer der Begründer der sogenannten Naturphilosophie: Sie versuchte das Wesen und die Entstehung der Welt nicht mehr mit Hilfe von Mythen oder der Religion zu erklären, sondern mit Hilfe der Physik. Während Thales das Wasser als das Urelement ansah, vermuteten die Philosophen nach ihm das Feuer, die Erde oder die Luft als Grundelement der Dinge.

Thales und der Forscherdrang

Thales vir doctus erat; homines eum „sapientem“ nominaverunt. Aliquis certe scit, quibus rebus imprimis studuerit: Thales cum cupidus esset scientiae[1], quaerebat, e quibus rebus terra constaret. Haec cogitabat: „Aliquid omnibus in rebus latet! Omnia ex eadem causa creata sunt; aliqua causa omnibus rebus communis est.“

Thales quidem putabat non aliquos deos terram creavisse nec mundum aliquo casu factum esse. Haec erat eius opinio: „Si quid omnibus rebus commune est, certe est aqua. Num quod animal sine aqua vivere potest?“

Thales etiam motum caeli servabat. Quondam autem res mira ei accidit: Dum motum alicuius sideris clare lucentis[2] servat, in puteum[3] cecidit. Aliqua serva, cum id vidisset, eum risit: „O vir docte! Vere non sapis: Omnia misces. Si quis non cernit ea, quae in terra ipsa sunt, non oportet eum cursum siderum nocturnorum servare!“

[1] scientia Kenntnis, Wissen

[2] lūcēre leuchten

[3] puteus Grube, Brunnen

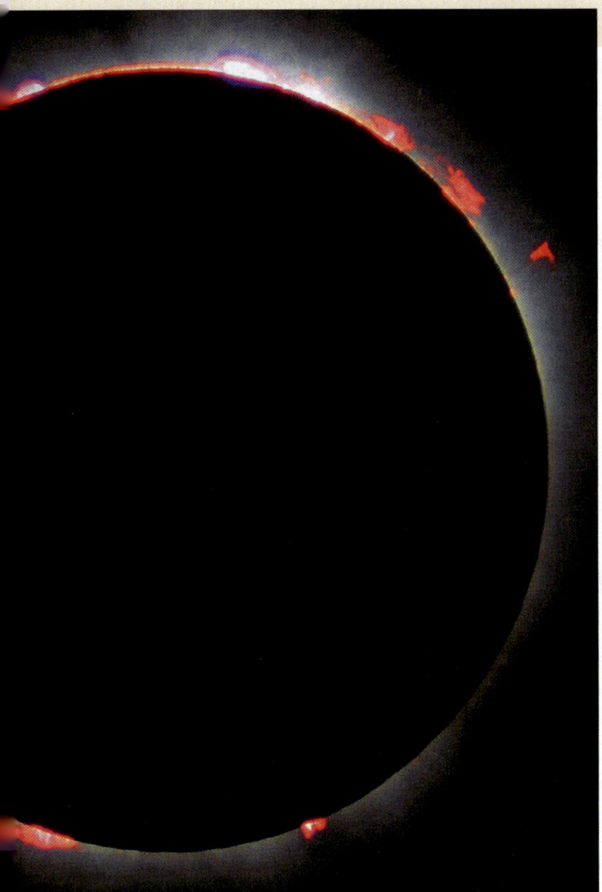

Zum größten Erstaunen seiner Landsleute sagte Thales die totale Sonnenfinsternis vom 28. Mai 585 v. Chr. voraus.

a) 1. Überlege, in welchem Zusammenhang die Formen des Indefinitpronomens (Z. 4–9) vorkommen. Was sagt dies über das Forschen des Thales aus? 2. Welche Einstellung vieler Menschen gegenüber Philosophen zeigt sich in der Äußerung der Sklavin (Z. 12 ff.)? Beurteile diese Einstellung.

b) Vokabelmathematik
et + iam = etiam. Addiere dem Beispiel entsprechend zwei Wörter oder Wortformen. Bilde so mindestens acht richtige Wörter oder Wortformen.

c) 1. Haec erat quondam opinio multorum hominum, etiam doctorum: 2. „Id, quod cernimus, non casu creatum est, sed a deis. 3. Mundus e terra et mari constat. 4. In caelo carrus Solis (des Sonnengottes) ab equis trahitur. 5. Aliqua sidera cursum circum solem faciunt, aliqua sine motu in caelo haerent. 6. Haec omnia aliqui dei creaverunt. 7. Si quis aliam causam rerum esse putat, errat.“

89

E

1. Thales vir clarus erat: Unus e septem sapientibus vocabatur.
2. Quis erat clarior quam Thales? Quis erat sapientior?
3. Cui erat nomen clarius? Quis consilia sapientiora dabat?
4. Quis illo tempore erat vir clarissimus, quis sapientissimus?
5. Multi homines sapientissimi sunt.
6. Thales clarior erat; clarissimus omnium non erat.

Ü

a) Drei Philosophen im Vergleich. Steigere die Adjektive und dekliniere die Ausdrücke:
oculus clarus, os laetum, barba (Bart) longa.

b) Irrläufer
1. altum - altior - altius - altissimum
2. stultis - stultioris - stultissimus - stultioribus
3. forte - fortia - fortissima - fortiora

c) Ein Grieche auf Reisen schwärmt gegenüber einem Römer von seiner Heimat. Bilde die jeweils passende Form im Komparativ und übersetze.
1. Patria mea (**pulcher**) est quam tua.
2. Templa (**ingens**) sunt. 3. Carmina (**dulcis**) audis. 4. Ibi ora puellarum (**pulcher**) cernis quam hic. 5. Sole (**clarus**) gaudemus.
6. Nos (**laetus et felix**) sumus quam vos.

d) Der schlimmste Ort auf Erden. Verwandle die Adjektive jeweils in Superlative und übersetze:
1. Hoc loco homines **infelices** vivunt.
2. Vitam **tristem** agunt. 3. Bestiis **saevis** terrentur. 4. Regi **stulto** parent. 5. Labores **graves** sustinent.

e) Ein ziemlich dummer Weiser. Überlege für die Übersetzung jeweils, ob ein Vergleich vorliegt.
1. Multos homines conveni: sapientissimos et stultissimos. 2. Sed stultissimus erat is, qui se sapientissimum omnium putavit.
3. Quamquam verba stultiora dicebat, semper confirmavit: 4. „Nemo est sapientior.
5. Primo fueram sapientior – ut multi –, deinde – ut pauci – sapientissimus, sed nunc omnes superavi: 6. Ecce, sapientissimus sapientissimorum sum." 7. Sed non dubito, quin ille fuerit stultissimus stultissimorum.

f) Durchblick ist wichtig.

Felix, qui potuit rerum cognoscere causas.

I

Solon von Athen

Zu den Sieben Weisen wurde auch Solon gezählt. In seiner Vaterstadt Athen wurde er um 600 v. Chr. zum Reformer und Streitschlichter: Er beseitigte die Schulden der armen Kleinbauern, unterteilte die Bevölkerung in vier Klassen und richtete ein Volksgericht ein, an das sich jeder freie Athener wenden konnte. Nach Durchsetzung seines Reformwerks hat er die Athener zur Einhaltung der neuen Gesetze verpflichtet und das Land verlassen. Mit anekdotenhaften Zügen wurde sein Besuch beim lydischen König Krösus ausgestattet.

Solon, Krösus und das Glück

T

Anfang des 6. Jh.s v. Chr. galt Krösus, der König von Lydien, als der reichste Mann im Mittelmeerraum. Dieser hatte Solon, dessen Erfahrung und Weisheit sich herumgesprochen hatten, zu sich eingeladen.

Athenis[1] nemo sapientior erat quam Solo; immo Solo etiam extra Graeciam sapientissimus omnium vocabatur. Proinde Croesus, rex Lydiae[2], eum in domum regiam invitaverat magnisque cum honoribus receperat. Interea servos suos iussit Soloni omne aurum omnesque opes regni sui ostendere, quas intra domum clauserat.
Croesus – credens neminem divitiorem, neminem beatiorem esse quam se ipsum – e Solone quaesivit: „O Solo, qui multas terras vidisti et omnes res humanas divinasque cognovisti, dic mihi aperte: Quis est homo beatissimus?"

Solon antwortete zu Krösus' Verblüffung: Tellos. Dieser – ganz unbekannte – Athener habe prächtige Kinder und Enkelkinder gehabt, die alle noch am Leben waren, als er selbst beim Kampf für seine Vaterstadt ruhmreich gefallen sei. An zweiter Stelle nannte er das Brüderpaar Kleobis und Biton: Sie seien in der Blüte ihrer Jugend, beim Dienst für ihre Mutter, eine Herapriesterin, ohne Schmerzen gestorben.

Rex tristis quaesivit: „Quin me beatissimum nominavisti, cum maximae sint opes mihi, illis Atheniensibus[3] autem minimae fuerint? Num me cum Atheniensibus pauperibus comparavisti?"
Solo respondit: „Nullum regem vidi divitiorem, nullum potentiorem quam te; nunc feliciorem vitam agis, sed fortasse[4] brevissimo tempore iam infelix eris. Ego neminem beatum vocabo, priusquam ad vitae finem venerit: Tum demum licebit fatum iudicare, quod dei ei dederunt."

[1] Athēnīs in Athen
[2] Lȳdia Lydien (Landschaft Kleinasiens)
[3] Athēniēnsēs *m Pl.* die Athener
[4] fortāsse *Adv.* vielleicht

Kleobis und Biton. Griechische Plastiken. Um 590 v. Chr. Delphi, Museum.

a) 1. Stelle vor der Übersetzung der ersten Texthälfte die Adjektive im Komparativ und Superlativ zusammen. 2. Erläutere mit Hilfe ihrer Bedeutung die Frage, um die es Krösus und Solon geht.

V

b) Kleobis und Biton
1. Solo dixit illos fratres felicissimos fuisse. 2. Matri suae, cum pedibus ire non iam posset, opem tulerant et matrem ipsi carro gravissimo ad templum Iunonis deae traxerant. 3. Sacro ibi facto mater a dea petivit, ut filii neque magnas opes neque regna, sed summum bonum (Glück) acciperent. 4. Subito post vitam breviorem eodem die fratres vitam amiserunt. 5. Sic illos neque aurum regium neque gloria in bello parta beatissimos fecerat, sed fatum divinum.

E

1. Croesus Soloni filias suas ostendit:
„Omnes pulchrae sunt. Sed quae pulcherrima est?“
2. Solo: „Miser sum, amice, immo miserrimus omnium.
3. Nam non solum difficile, sed etiam difficillimum est tibi respondere.
4. Omnes enim pulcherrimae sunt.
5. Prima est pulchrior quam secunda.
Secunda est pulchrior tertiā.
Sed tertia est pulchrior primā.“
6. Croesus: „Di magni, nemo est Solone sapientior.“

Ü

a) -li-, -ri- oder -issi- ?
pulcher[?]mus, facil[?]ma, miser[?]mum, brev[?]mae, pauper[?]mo, potent[?]mi, superb[?]ma, veter[?]mis, asper[?]mos, difficil[?]marum, diligent[?]ma, celer[?]mis

b) Die erste Tochter des Krösus liebt den Tanz. Ihre Verehrer überbieten sich mit Komplimenten. Ergänze dem Beispiel entsprechend:
1. „Motus tui pulchri sunt.“ - „Immo pulcherrimi.“ 2. „Difficile est corpus sic movere.“ - „Immo ...“ 3. „Tuos pedes celeres amo.“ - „Immo ...“ 4. „Facile est te amare.“ - „Immo ...“ 5. „Miser est, qui te non amat.“ - „Immo ...“

c) Die zweite Tochter musiziert gern. Ihre Verehrer loben sie mit mehr oder weniger gelungenen Vergleichen. Übersetze und verwandle die Konstruktion mit quam in einen Ablativ des Vergleichs:
1. „Vox tua est clarior quam lux.“ 2. „Manus tuae sunt celeriores quam venti.“ 3. „Os tuum est latius quam porta.“ 4. „Sonus vocis tuae est dulcior quam vinum.“ 5. „Carmina tua mihi sunt cariora quam vita mea.“

d) Die dritte Tochter dichtet zur Freude ihres Vaters.
1. „Tuum carmen novum pulcherrimum est .“ 2. „Tamen me miserrimam puto.“
3. „Difficile est carmina scribere, sed difficillimum est verba divina invenire.
4. Tu hanc artem difficillimam didicisti.
5. Itaque nulla puella est beatior te.“
6. „Nulla puella est beatior eā, quae haec verba scripsit. 7. Neque enim ego hoc carmen scripsi, sed Sappho.“

I

Sappho von Lesbos
Neben Naturwissenschaft und Philosophie blühten im Griechenland des 7. und 6. Jh.s v. Chr. auch die Künste. Es war der Höhepunkt der griechischen Lyrik, also kleinerer Gedichte, die zur Lyra (einem Saiteninstrument) vorgetragen wurden. Die bedeutendste Lyrikerin war die Dichterin Sappho von der Kykladeninsel Lesbos. Sie unterrichtete in der Stadt Mytilene die Mädchen der reichen Adligen in Poesie, Musik, Gesang und Tanz. Zeitweise lebte sie – wohl aus politischen Gründen – auf Sizilien in der Verbannung. Als Dichterin wurde sie schon in der Antike so sehr geschätzt, dass sie als „zehnte Muse“ bezeichnet wurde.

Sappho – die zehnte Muse

T

Zur gleichen Zeit wie Sappho dichtete in Mytilene Alkaios, der sich mit den Politikern anlegte und nach Ägypten ins Exil gehen musste. An ihn richtet Sappho aus der Verbannung in Sizilien einen Brief, mit dem sie auf ein Gedicht des Alkaios antwortet:

Sappho Alcaeo amico salutem dicit.

Epistula tua versus pulchros mihi attulit. Pulcherrima autem sunt illa verba, quibus crines[1] meos cum violis[2] comparavisti: „O violiplexa[3] Sappho!“ Nemo mihi umquam carmen pulchrius misit. Hi versus pulchriores sunt omnibus carminibus, quae cognovi. Quis nunc me est beatior? Equidem scio, quam difficile sit verba poetica[4] invenire; paulo difficilius est versus pulchros componere, difficillimum autem est carmina tam pulchra perficere, ut hominibus tristibus solacio sint. Hoc tu versibus tuis effecisti.

Prioribus quidem annis carmina de bello et de re publica composuisti, ego de amore et nuptiis, de gaudiis et de puellis. Tales autem versus mihi in exilio miserrimo vix contingunt. Ab omnibus deserta sum. Multi homines huius insulae carmina mea mollia vocant; molliora sunt, ut ipsi aiunt. Quid ego desiderem, vetus carmen meum tibi ostendet, cuius initium huic epistulae addidi. Vale!

[1] crīnis, crīnis *m* Haar
[2] viola Veilchen
[3] violiplexus veilchenlockig
[4] poēticus dichterisch

„Alii exercitum equitum[5], alii peditum[6],
alii navium aiunt terra in nigra
esse pulcherrimum; sed ego aio illud,
quod quis amarit[7].“

[5] eques, equitis Reiter
[6] pedes, peditis Fußsoldat
[7] amārit ~ amāverit

Alkaios und Sappho. Griechische Vasenmalerei. Um 470 v. Chr. München, Antikensammlungen.

V

a) 1. Stelle die Adjektive zusammen, die Sappho in Verbindung mit Gedichten und Versen nennt.
2. Siegfried Obermeier lässt in seinem Sappho-Roman (2001) die Dichterin Folgendes sagen: „Alle waren sich darin einig, dass es dem weiblichen Geschlecht nicht gestattet sei, die gleichen Freiheiten wie die Knaben, Jünglinge und Männer zu genießen. Mein Traum war es, dies zu ändern." Recherchiere, wie Sappho dies erreichen wollte.

b) S-A-P-P-H-O
Suche zu jedem Buchstaben eine zu Sappho passende Vokabel aus dem Register heraus. Begründe deine Entscheidungen.

c) Sappho schreibt aus dem Exil an ihre Tochter:
1. „O mea filia dulcissima et pulcherrima! 2. Nemo vitam tristiorem agit matre tuā. 3. Hic nullae nuptiae amicarum mihi solacio sunt. 4. Difficillimum mihi est versus componere. 5. Neque initium vitae novae facere mihi contingit. Vale!“

Männer und Frauen – zwei Welten?

T

Wegen ihrer ausgezeichneten Ausbildung waren die von Sappho erzogenen Mädchen hoch angesehen. Viele Adlige suchten sich ihre zukünftigen Ehefrauen aus diesem Kreis. Die Heirat mit einem Adligen bedeutete zwar ein Leben in Reichtum, aber auch den Abschied vom bisherigen Leben. Eunike ist eine dieser jungen Frauen; die Heirat mit einem attischen Aristokraten wird sie schon bald über das Meer ins weit entfernte Salamis führen.

„Ut initio veris hyacinthus[1] pedes pastorum[2] timet, sic ego nuptias timeo et cunctas res futuras. Multa enim de marito meo comperi: Litteras non amat, nihil honestius putat gloria belli. Viri nobilis[3] esse existimat equos exercere bestiasque necare. Maxime gaudet, si cum sociis vitam in castris agit, si quos hostes vincit aut aliqua urbe capta virtutem suam laudari audit. Ei arma et agmina gaudio sunt, non ars nec litterae. Si quos auctores amat, si quos versus legit, certe delectatur crudelibus carminibus Homeri[4], crudelioribus Alcaei aut illis omnino crudelissimis Tyrtaei, qui milites adducere studet, ut sua sponte mortem petant. Nam ille pulcherrimum putat virum fortiter pro patria pugnantem vitam amittere.

Equidem talibus carminibus non delector, nostra carmina alia sunt: Mollia, dulcissima, laetissima sunt, de amicitia, de gaudio, de amore composita sunt. Ea comprehendi non possunt, nisi quis intellegit tales versus signa nostrae amicitiae et societatis[5] esse. Inde carmina nostra adversis in rebus solacium laborum esse possunt."

[1] hyacinthus: *vgl. Fw.*

[2] pāstor Hirte

[3] nōbilis, e adelig, vornehm

[4] Homērus, Alcaeus, Tyrtaeus: s. Eigennamenverzeichnis

[5] societās, ātis *f* Gemeinschaft

V

a) Ein Wissenschaftler beschreibt die Dichtung Sapphos so: „Sappho wusste, dass sie durch ihre Liedkunst die Mädchen in eine Welt hineinführte, die unzerstörbar war. Es ist bis heute nicht gelungen und wohl auch nicht möglich, diese außerordentliche Kunst fassbar zu machen. Sie muss vom heutigen Leser – so wie damals von den Mädchen – selbst erspürt werden." Versuche, die in Sapphos Gedichten dargestellte Welt zu „erspüren", und stelle sie der „Männerwelt" gegenüber. Gehe dabei von den Abbildungen aus und überprüfe, ob deine Vermutungen sich im Text bestätigen lassen.

b) Welche Aufgabe hat die Dichtung in der Welt Sapphos (Z. 13–16) und welche in der Welt der Männer (Z. 7–11)? Welche Beispiele aus der heutigen Zeit kennst du dafür, dass Literatur eine ähnliche Bedeutung wie im antiken Griechenland hat?

Sappho und drei ihrer Schülerinnen. Griechische Vasenmalerei. Um 440 v. Chr. Athen, Archäologisches Nationalmuseum.

XXVI *plus*

Die Übungen **a)** bis **d)** könnt ihr in **Gruppenarbeit** lösen:

1. Teilt euch auf in Gruppen zu je vier Schülern. Jede Gruppe bearbeitet eine der Aufgaben **a)** bis **d)**. Achtet darauf, dass alle Aufgaben verteilt sind.
2. Nachdem alle Gruppen ihre Aufgabe gelöst haben, bleibt aus jeder Gruppe ein Schüler sitzen (Schüler 1), die anderen gehen jeweils zum Schüler 1 einer anderen Gruppe. Dieser erklärt ihnen nun die Lösung der Aufgabe, die er vorher in seiner Gruppe bearbeitet hat.
3. Wenn alle Schüler die Lösung verstanden haben, kehren sie wieder in ihre alte Gruppe zurück. Jeder stellt nun die Lösung, die er erfahren hat, den anderen vor und beantwortet ihre Nachfragen.
4. Dann klärt ihr offene Fragen in der Klasse. Besprecht die Vor- und Nachteile dieses Verfahrens.

Ü

a) Krieg und Frieden.
Bilde jeweils den Superlativ und übersetze:
1. bellum **turpe** gerere 2. pacem **dulcem** desiderare 3. milites **crudeles** timere 4. civibus **miseris** adesse 5. proelium **asperum** exspectare 6. rem **difficilem** temptare 7. hostem pugna **brevi** vincere 8. vulnera **gravia** accipere 9. victoria **celeri** gaudere 10. vitam **placidam** agere

b) In der Dichterwerkstatt. Stelle zunächst acht sinnvolle Sätze zusammen und übersetze sie. Überlege dann, welche Kombination die lustigste wäre.

A	Mors est nigrior	1	vento.
B	Oculi tui sunt clariores	2	mari.
C	Tu es saevior	3	verbis.
D	Nemo est potentior	4	sideribus.
E	Fama est celerior	5	leone.
F	Hic labor erat gravior	6	saxo.
G	Nulla arma sunt acriora	7	nocte.
H	Nihil est incertius	8	deis.

c) Formenstaffel
1. aliquis → Gen. → Akk. → *n* → Nom. → Dat.
2. aliquos → *f* → Dat. → *n* → Gen. → Sg.
3. aliquā → Pl. → Nom. → Sg. → Akk. → *m*
4. si quam → *n* → Dat. → Pl. → Abl. → *m*

d) Erschließe das Bild mit Hilfe folgender Fragen:
1. Ubi est Sappho? 2. Quid Alcaeus facit? 3. Quod praemium in parva mensa positum est? 4. Num ceterae puellae amicae Alcaei sunt? 5. Utrum Alcaeus in patria sua an loco alieno cantat?

Sir Lawrence Alma-Tadema: Sappho und Alkaios. 1881. Privatsammlung.

e) Vokabelgedichte. Informiere dich darüber, was ein „Elfchen" ist, und schreibe eines auf Lateinisch.

E

1. „Hic versus bonus est.
Inveniamne versum, qui melior est quam hic?
Optimum versum quaero.
2. Versus novus malus est.
Is peior est quam ceteri.
Puto me pessimum versum omnium scripsisse.
3. Iam multos versus scripsi.
Sed necesse est plures scribere.
Laetus ero, si plurimos scripsero.
4. Quid est melius: magna an parva carmina scribere?
Ego maiora carmina minoribus praefero.
Amo maxima, minima mihi odio sunt.“

Ü

a) Dichterstreit. Bringe die Buchstaben in die richtige Reihenfolge und übersetze:
1. „Ego ROMLEI sum quam tu.“ 2. „Nemo RELIMAO carmina scripsit quam ego.“ 3. „LEPRUS versus scripsisti quam ego, sed POREISE.“ 4. „Versus tui MIESSIP sunt.“ 5. „RIPUMLI boni sunt, nonnulli TIPIMO sunt.“

b) Gegensätze. Bilde dem Beispiel entsprechend jeweils die gleiche Form des Gegenteils:
1. maximum carmen ↔ minimum carmen 2. optimi homines ↔ [?] 3. peiora verba ↔ [?] 4. minoribus versibus ↔ [?] 5. maiorem partem ↔ [?] 6. meliori solacio ↔ [?]

c) Ein Dichter erzählt drei Leuten von einer Reise. Jedes Mal steigert er das Erlebte etwas mehr. Steigere die Adjektive erst im Komparativ, dann im Superlativ und übersetze jeweils:
1. **Multa** pericula subii. 2. Cum **magnis** bestiis pugnavi. 3. Domus **bonorum** et **malorum** hominum intravi. 4. **Parvas** insulas et **magnas** silvas vidi. 5. A **multis** sceleratis me defendi.

d) Übersetze und zeichne nach den folgenden Angaben Fahndungsbilder:
Tres sceleratos componimus: 1. Primus sceleratus maius caput habet secundo, sed minus tertio. 2. Tertio scelerato aures minimae sunt. 3. Dexter oculus primi scelerati minor est. 4. Tertius sceleratus plura vulnera in capite accepit quam ceteri. 5. Secundus peiores dentes (Zähne) habet quam primus, sed meliores quam tertius. 6. Os tertii scelerati paulo minus est quam primi, sed maius quam secundi.

I

Ibykos und die Kraniche
Im süditalischen Rhegion (heute: Reggio di Calabria) wurde Anfang des 6. Jh.s v. Chr. der griechische Dichter Ibykos geboren. Er war Verfasser leidenschaftlicher Gedichte. Bekannt wurde er durch sein tragisches Ende, dem Friedrich Schiller (1759–1805) die berühmte Ballade „Die Kraniche des Ibykus“ widmete.

Die Kraniche des Ibykos

T

Um an den Festspielen in Korinth teilzunehmen und seine Lieder vorzutragen, war Ibykos nach Griechenland gesegelt. Einige Stunden von Korinth entfernt war er an Land gegangen.

Ibycus ad urbem Corinthum paene pervenerat, cum complures scelerati – cupiditate auri impulsi – eum in silva obscura oppresserunt. Poeta sceleratis, cum plures et fortiores essent, resistere non potuit. Magna voce Ibycus deos hominesque auxilio vocare vult, sed nemo in silva obscura adest. At subito nonnullae grues[1] per aerem volant et locum sceleris petunt. Eos poeta advocat[2]: „O grues divinae, nuntii Iovis Optimi Maximi! Nisi quis mihi adest, vos este testes ultoresque[3] necis meae!“

Die Mörder flüchten sich in den Trubel der Spiele. Der Leichnam des Ibykos wird bald gefunden, die Nachricht vom Mord schockiert alle Besucher. Wenige Tage später findet in Korinth eine Theateraufführung statt, die von der Rache der Götter handelt. Auch die Täter sitzen im Theater. Als ein Kranichschwarm über die Zuschauer hinwegfliegt, durchbricht eine entsetzte Stimme aus den hintersten Rängen die gespannte Stille des Theaters:

„Ecce, amici: grues Ibyci!“ Nomine Ibyci audito maior pars hominum horruit[4]. Nam plurimis fatum crudele poetae adhuc in animo erat. Minor autem pars eorum subito cognovit eum, qui illa verba ediderat, aliquid de nece Ibyci scire. Ergo una cum sociis ad iudicem ductus et interrogatus est. Id, quod scelerati pessimi denique dixerunt, peius erat, quam iudex exspectaverat. Postremo enim illi scelerati non gruibus, sed maiore et meliore vi victi sunt: conscientia[5].

Kraniche (lat. Grus grus) im Flug.

[1] grūs, gruis *f* Kranich
[2] ad-vocāre herbeirufen
[3] ultor Rächer
[4] horrēre schaudern
[5] cōnscientia Gewissen

V

a) 1. Bildet Gruppen zu je vier Schülern. Eine Hälfte der Gruppen übersetzt Z. 1–7, die andere Z. 8–21. 2. Wenn ihr fertig seid, bildet neue Vierergruppen zusammen mit Schülern, die die jeweils andere Texthälfte übersetzt haben. Tragt die Übersetzung der Textteile vor und erläutert sie. 3. Übersetzt T noch einmal in der Klasse und klärt folgende Fragen: Warum rief Ibykos die Kraniche um Hilfe? Wie wurden die Täter überführt?

b) Im Theater von Korinth sang der Chor, der die Rachegöttinnen darstellte, Folgendes:
1. „Nos amicae optimae eius sumus, qui culpa caret. 2. Nemo maiores fortioresque amicas vidit. 3. At si quem cupiditas peior et obscura ad necem impulerit, tum nos testes facinoris pessimi erimus. 4. Is vitam meliorem non iam aget, sed lucem solis fugiet nec post mortem liber poena erit!“

DIE GRIECHEN

ERFINDER DES DRAMAS

1

DER URSPRUNG DES DRAMAS

Das Drama (griech. „Handlung") ist eine Erfindung der Griechen – viele griechische Begriffe wie Theater („Schaustätte") oder Szene („Bühnenbau") erinnern daran. Das Drama erfüllte in Griechenland wichtige gesellschaftliche Aufgaben: Natürlich war es zur Unterhaltung da, aber es diente auch der Belehrung. Es erinnerte an religiöse und staatsbürgerliche Pflichten und machte auf soziale Widersprüche aufmerksam. Die im Drama dargestellten Figuren und ihre Schicksale sollten bei den Zuschauern Emotionen wecken und sie dazu anregen, ihr Verhalten zu überdenken.

Man geht davon aus, dass das Drama seinen Ursprung in Umzügen und Liedern zu Ehren des Weingottes Dionysos hatte. Dabei traten mit Masken verkleidete Begleiter des Dionysos auf: flötenspielende Satyrn, dazu tanzende Silene mit Bocksbärten und Pferdeschwänzen. Um 530 v. Chr. wurde diesem Chor ein Schauspieler hinzugefügt, später kamen ein zweiter und dritter hinzu, sodass neben Chorgesang und Tanz auch Dialoge als Elemente eines Theaterstücks möglich wurden.

CHOR UND SCHAUSPIELER

Typisch für griechische Dramen blieb der Auftritt eines Chors. Er griff zwar nicht in die Handlung ein, kommentierte aber das Geschehen, sprach Warnungen und Ratschläge aus, äußerte die Gedanken und Gefühle des Publikums bzw. des Dramendichters. Die Schauspieler traten mit Gesichtsmasken auf, um das Rollenspiel zu vereinfachen. Alle Rollen wurden von Männern gespielt.

GELDGEBER UND THEATERWETTBEWERBE

Die Kosten für die Inszenierung eines Theaterstücks (Kostüme, Bühnenausstattung, Chorproben) wurden von den reichsten Bürgern Athens übernommen. Gewann solch ein Sponsor mit seinem Theaterstück einen Wettbewerb, hatte er das Recht, ein Denkmal mit dem bronzenen Dreifuß aufzustellen, den er als Preis erhielt. Jeder Autor musste in einem solchen Wettbewerb, der am Fest der Großen Dionysien in Athen stattfand, drei Tragödien und als Abschluss ein heiteres Satyrspiel präsentieren.

2

3

4

TRAGÖDIE UND KOMÖDIE

Tragödien sind ernsthafte Schauspiele, deren Handlung sich an einem einzigen Tag und einem einzigen Ort abspielt. Sie zeigen einen Sagenhelden oder historische Gestalten in einer tiefen Krise, die oft in eine Katastrophe mündet. Die berühmtesten Tragödiendichter waren Aischylos, Sophokles und Euripides. Der Ablauf eines tragischen Dramas war stets der gleiche: Auf die Vorrede (den Prolog), die dem Publikum die Handlung kurz vorstellte, folgte das Einzugslied des Chores (die Parodos), dann das Theaterstück in drei bis fünf Akten (sog. Epeisodia *n Pl.*). Getrennt wurden die einzelnen Akte durch ein Standlied des Chores (Stasimon). Den Schluss bildete das Auszugslied des Chores (die Exodos).

Die **Komödie** war ein heiteres Theaterstück, in dem ursprünglich nicht nur menschliche Fehler und Schwächen im Allgemeinen, sondern vor allem auch das Fehlverhalten von Politikern öffentlich verspottet und gescholten wurde. Die Komödie hatte damit eine wichtige Bedeutung für die Demokratie. Nachdem die athenische Demokratie untergegangen war, wandten sich die Komödiendichter dem Alltagsleben zu, indem sie bestimmte Menschentypen dem Spott des Publikums preisgaben, wie den geizigen Alten oder den liebestollen jungen Mann. Im 17. Jh., also fast zwei Jahrtausende später, schrieb der berühmte französische Dichter Molière Komödien nach eben diesem Vorbild.

1 **Tragische Maske. Mosaik aus der Casa del Fauno in Pompeji. 1. Jh. n. Chr. Neapel, Museo Archeologico Nazionale.**

2 **Der Weingott Dionysos und sein Gefolge. Griechische Vasenmalerei. Um 520 v. Chr. Paris, Musée du Louvre.**

3 **Tragödienchor. Szenenbild aus dem Film „Mighty Aphrodite". USA 1995.**

4 **Rekonstruktion des Dionysos-Theaters in Athen. Der im 6. Jh. v. Chr. am Südhang der Akropolis errichtete Bau gilt als Geburtsstätte des griechischen Theaters und des Dramas überhaupt.**

5 **Vorbereitungen zu einem Satyrspiel. Griechische Vasenmalerei aus Apulien. Um 410 v. Chr. Neapel, Museo Archeologico Nazionale.**

5

92

E

1. „Aqua! Bona aqua!“ - „Tace!“ - „Cur bibere non vis?“
2. „Fabulam aspicere volo. Aquam emere nolo.“
3. „Et dominus, qui apud te sedet?“ - „Etiam ille non vult.“
4. „Vultisne cibos?“ - „Etiam cibos nolumus.“
5. „Cur non vultis? Boni sunt.
6. Hodie homines oculos a fabula avertere nolunt.
7. Heri autem multi fabulam aspicere noluerunt.“
8. „Tace! - Noli dicere! - Ne quid dixeris!“

Ü

a) Dramatische Lücken. Ergänze die jeweils fehlenden Formen:
1. nolunt, non vis, nolumus, nolo 2. noluisti, noluerunt, noluit, noluistis 3. nolebas, nolebamus, nolebam, nolebat 4. nolemus, nolam, nolet, noletis 5. nolint, nolit, nolitis, nolis 6. nollem, nollet, nollent, nolles

b) la-le-li-lo-lu. Setze die passende Silbe ein (jede darf nur einmal verwendet werden) und bestimme die Form:
1. no●● 2. nol●●mus 3. no●●te 4. no●●erunt 5. no●●m

c) Ein Drama im Zuschauerraum. Formuliere dem Beispiel entsprechend und übersetze:
1. Filius surgit. Mater: „Noli surgere!“ 2. Filius sororem terret. Mater: „...!“ 3. Filius et filia flent. Mater: „...!“ 4. Filia fratrem ridet. Mater: „...!“ 5. Mater desperat. Aliae matres: „...!“

d) Der Regisseur gibt den Schauspielern letzte Anweisungen. Übersetze diese und verwandle sie in Prohibitive mit ne und Konj. Perf.:
1. Noli parva voce dicere! 2. Noli populum metuere! 3. Noli te celeriter movere! 4. Nolite populo terga ostendere! 5. Nolite verba mutare! 6. Nolite superbi esse!

e) Ein junger Mann will Schauspieler werden.
1. Pater et mater: „Te mala verba stultorum poetarum recitare nolumus.“ 2. Filius: „Talia verba discere nolam.“ 3. Pater: „Avus tuus et ego mercatores sumus: Cur hanc vitam agere non vis?“ 4. Filius: „Dei me obscurum esse noluerunt.“ 5. Pater et mater: „Noli nobis resistere!“ 6. Filius: „Ne me prohibueritis!“

I

Die „Antigone“ des Sophokles

Im 5. Jh. v. Chr. wirkten in Athen die Tragödiendichter Aischylos, Sophokles und Euripides. Eines der berühmtesten Stücke ist die „Antigone“ des Sophokles (440 v. Chr.). Diese Tragödie spielt in der Stadt Theben in sagenhafter Frühzeit: Die Stadt war von einer feindlichen Truppe unter Führung des Polyneikes angegriffen worden, der seine ehemalige Heimatstadt erobern wollte. Sein Bruder Eteokles war in der Stadt geblieben und verteidigte sie. Die beiden Brüder fielen im Zweikampf. Der neue Herrscher Kreon, der Onkel der Gefallenen, verbot nun ausdrücklich, die Leichen der Feinde, also auch die des Polyneikes, zu bestatten. Dem widersetzte sich Antigone, die Schwester von Eteokles und Polyneikes.

Ein unmenschliches Verbot

Antigone wurde dabei ertappt, als sie über die Leiche des Polyneikes Staub streute und ihn damit symbolisch bestattete; sie wird nun vom König zur Rede gestellt:

Creon: Ne negaveris te scelus impium fecisse! Mea praesidia te aspexerunt.
Volumus te aperte respondere; te tacere nolumus.
Antigona: Nolo tacere: Id feci, sed factum iustum fuit.
Quisnam vetare vult me fratrem carum in terra condere?
Creon: Ego rex sum, qui statuit leges; eas transcendere[1] non licet.
Antigona: Sed tu noli dare leges, quas dei nobis imponere noluerunt!
Maiores et meliores sunt divinae leges: Rex, noli transire has leges!
Creon: Tace, pessima! Ne quid dixeris! Ne contra regem peccaveris!
Superbia te impulit nec pia mens: Id ne negaveris!
Regis sententiam legemque neglexisti: Cave poenam regiam!
Antigona: Poenas duras deorum timeo, non sententias hominum.
Creon: Is autem homo, qui terram patriam oppressit, „hostis" vocatur.
Hostis, etsi occisus est, mihi tamen odio est.
Antigona: At ego non odii causa, sed ut amarem, nata[2] sum.
Creon: Ergo ama mortuos et inferos; sed vivis ne restiteris!

[1] trānscendere überschreiten

[2] nātus, a, um geboren

Kreon lässt Antigone verhaften und in den Palast führen. Ihr droht die Todesstrafe, da Kreon ein Exempel statuieren will. Über dem Geschehen schwebt wie eine Mahnung der Satz des Chores: „Vieles ist schrecklich; nichts aber ist schrecklicher als der Mensch."

Antigone wird von einem Wächter vor Kreon geführt. Süditalisches Vasenbild. Um 380 v. Chr. London, British Museum.

a) 1. Stelle anhand der Formen von nolle aus dem Text zusammen, was Kreon bzw. Antigone nicht wollen. 2. Welche Substantive oder Adjektive sind Attribute der leges, von denen Kreon und Antigone jeweils sprechen? 3. Wie rechtfertigt Antigone ihr Verhalten, wie Kreon das seine?

b) Ismene warnt ihre Schwester Antigone:
1. „Non iustum, sed impium est contra leges regis peccare; noli neglegere id, quod ille statuit! 2. Ne credideris te fortiorem rege esse! 3. Regi licet duriorem poenam tibi imponere, quam leges divinae volunt. 4. Cave regis iram! Ne me reliqueris, sed audi sororis piam sententiam! 5. Nolo te amittere superbiae tuae causa."

E

1. Rex civibus imperat:
„Tacete et audite legem novam!"
2. Populus se ipsum monet:
„Taceamus et regem audiamus!
Ne quid dicamus, dum rex dicit!"
3. Rex iubet: „Omnes homines legi
novae pareant! Is, qui resistet, óccidat!
Ne venia detur scelerato!"

Ü

a) Strenge Vorschriften. Suche nur die Formen heraus, die im Konjunktiv Präsens stehen:
1. imperamus, petamus, petemus, videmus, speremus, animus, simus 2. audiat, peccat, prohibeat, eat, prematur, servatur 3. intellegant, statuant, nuntiant, ferant, teneantur, sollicitantur, imponantur

Kreon und Haimon in einer Szene des Brecht-Stückes „Die Antigone des Sophokles" am Berliner Ensemble. 2006.

b) Lasst uns dem Beispiel entsprechend Hortative bilden und übersetzen!
Regi parere volumus. → Regi pareamus!
1. Legi resistere nolumus. 2. Vivere volumus.
3. Meliorem legem postulare volumus.
4. Liberi a timore esse volumus.

c) Wähle die passende Form aus und übersetze:
1. Rex: „Custodes eos, qui non parent, (**capiant** / **capiantur**)!" 2. Cives: „Ne rex leges deorum (**transeat** / **transeant**)!"
3. Rex: „Omnes scelerati poenas duras (**timent** / **timeant**)!" 4. Filius regis: „Sententiae civium (**audiant** / **audiantur**)!"
5. Cives: „Dei nobis auxilio (**veniant** / **veniunt**)!" 6. Rex: „Lex omnibus sceleratis perniciei (**sit** / **esset**)!" 7. Filius regis: „Ne (**necatur** / **necetur**) virgo, quae capta est!"

d) Vir sapientissimus dixit:
1. „In theatrum (!) eamus! 2. Ibi videamus, quid homines iusti ac pii sustineant!
3. Sed fabula nos non solum delectet!
4. Bona fabula etiam timorem et lacrimas efficiat! 5. Animus noster moveatur!
6. Fabula nos ita terreat et moveat, ut liberi a metu ac curis theatrum relinquamus!"

Antigone – eine tragische Heldin

T

Antigone ist nicht nur Kreons Nichte, sondern auch die Verlobte seines Sohnes Haimon. Ihm hält der König eine Moralpredigt, um seine Strenge zu rechtfertigen. Haimon aber will den Vater zur Einsicht bringen. Im Hintergrund steht währenddessen der Chor der thebanischen Greise.

Haemon: O pater, ne id tantum audiveris, quod tu iustum aestimas!
Sed audiamus, quid cives cogitent, quid cives dicant!
Ne neglegamus sententias civium nostrorum!
Creon: Quid? Tune, adulescens, regem docere vis? Hoc incredibile est!
Haemon: Iam cives dicunt Antigonam esse innocentissimam[1];
nam fratrem impie offerri canibus feris noluit.
Creon: Illa peccavit contra ius legesque, commisit scelus.
Numquam illam tecum iungam; nec dos dabitur vobis.
Haemon: Furore caecus[2] es, pater! Ergo pereamus ambo, Antigona
atque ego!
Creon: Indigne fili! Te huius sermonis mox pudebit!
Custodes! Adducatur statim illa virgo ex aedibus! Ne in custodia
maneat! Statim occidatur sub oculis sponsi[3]!
Haemon: Sub oculis meis ea non occidetur. Istud ne speraveris!

Nun schaltet sich der Chor, der scheinbar unbeteiligt zugesehen hatte, ein:

Chorus: O ingens factum! Rex, qualem mortem decrevisti virgini?
Creon: Claudatur viva, sola intra sepulcrum saxeum[4],
quod nullus umquam pes humanus attinget. Eamus!

Antigone wird in einem Felsengrab eingemauert. Der verblendete König nimmt die Drohung Haimons nicht ernst.

[1] innocēns, ntis unschuldig
[2] caecus, a, um blind
[3] spōnsus Bräutigam
[4] sepulcrum saxeum Felsengrab

V

a) 1. Ordne die Konjunktive in Z. 2–13 den beiden Hauptfiguren zu. Welche Verteilung ergibt sich? 2. Was sagt diese Verteilung über Haimons Haltung aus, was über Kreon? 3. Welche Zeile zeigt, dass sich Kreon von seinem Sohn schon distanziert hat? 4. Stellt Z. 9–11 in einem Standbild dar (Kreon und Haimon). Erörtert, was die Haltung der Personen ausdrücken soll. Vergleicht damit das Szenenbild auf S. 64. 5. Überlege, wie der Chor (Z. 15) zum Geschehen Stellung bezieht.

b) Vokabeltheater
Stellt euch die neuen Lernwörter gegenseitig vor, indem ihr sie pantomimisch darstellt.

c) Erfolglos beschwört die Königin ihren Mann Kreon: 1. Ne te pudeat verba uxoris audire! 2. Incredibiles sermones in aedes regias allati sunt. 3. Quin filium cum Antigona iungere vis, cur virgini dotem negas? 4. Ne commiseris tale scelus! 5. Cedamus amori, omittamus vetus odium!“

E Sacerdos:

1. „Eamus ad regem, puer!
2. Ne timueris!
3. Rex cognoscat, quid dei decreverint!
4. Nisi ille leges sanctas contempsisset, dei placidi essent.
5. Nunc timeo, ne illum vehementer puniant.
6. Oro, ut rex hoc periculum cognoscat.
7. Cum rex nefarius sit, tamen stultus non est."

Ü

a) Lege auf jeden Altar die passende(n) Form(en).

Konj. Präs. **Konj. Impf.** **Konj. Perf.** **Konj. Plusqpf.**

sciat, contemneret, accipiant, audiant, accidisset, iungam, manseris, faciam, temptet, transeat, esses, dixisses, attingamus, destinaverint, eamus

b) Die Worte des Priesters (vgl. E) gehen dem Jungen im Kopf herum und verwandeln sich. Übersetze und unterscheide die Bedeutungen des Konjunktivs:

1. Eamus! • Ne ieritis! • Eant! • Iremus. • Issemus. 2. Ne timueris! • Timeat! • Timuisses. • Timeres. • Ne timeamus! 3. Cognoscat! • Cognovisset. • Cognoscamus! • Ne cognoveris! • Cognosceret. 4. Contempsisset. • Contemneret. • Ne contempseritis! • Contemnant! • Contemnamus! 5. Placidi essent. • Placidi simus! • Ne placidi fueritis! • Placidi fuissent. • Placidi sint!

c) Schwere Entscheidungen. Unterstütze den Jungen, indem du das Zeitverhältnis beachtest und die richtigen Formen wählst. Übersetze dann.

1. Puer: „Hodie sacerdotem ad fanum duxi, ut deis sacra (faciat / faceret). 2. Sed cum sacerdos eximia sacra (fecerit / fecisset), tamen dei ea non acceperunt. 3. E sacerdote quaesivi, cur dei dona (recusaverint / recusavissent). 4. Nunc timeo, ne magna miseria (immineat / immineret).
5. Periculum est, ne dei perniciem regis (destinaverint / destinavissent)."

d) Warum Teiresias blind wurde.

1. Diana dea cum comitibus ad fluvium venerat: „Consistamus et aqua delectemur, amicae!" 2. Celeriter mulieres vestes deposuerunt, ut in undas descenderent. 3. Forte adulescens - nomine Tiresias - ad eum locum venit, ut biberet. 4. Statim Diana clamavit: „Ne me aspexeris!" 5. Tiresias autem dixit: „Timeo, ne oculos avertere non possim, dea pulcherrima." 6. Tum Diana ira commota: „Tu me nudam (nackt) vidisti. Ideo lux oculorum tuorum exstinguatur!" 7. Sed pro oculis corporis dea ei oculos animi dedit, ut res futuras providere posset.

Hochmut kommt vor dem Fall

T

Ein einziger Mann in Theben erkennt den Frevel Kreons und sieht das Verhängnis kommen: der greise, blinde Seher Teiresias. Von einem Jungen lässt er sich zum König führen.

Creon: Qualem nuntium affers, o senex Tiresias, cum regem adeas vultu tristissimo?

Tiresias: Licetne mihi indicare, quid vates sciat?

Creon: Age, dic aperte! Ne quid me celaveris!

Tiresias: In sacrificiis visa sunt pessima omina. Timeo, ne dei sacra nostra non accipiant piasque preces nostras non iam audiant.

Creon: Infandas res dicis; haec audire horreo[1].

Tiresias: Visne, ut dicam, cur id nobis accidat? Hominibus commune est errare; sed si quis erraverit, ne superbus in fatali[2] errore maneat!

Creon: Dic, quid suadeas mihi, ut id faciam statim!

Tiresias: Desine furere in Polynicem[3], qui iam pridem óccidit!

Creon: Numquam ille malus sepelietur[4]. Postulo, ne quis legem meam transeat, cum rex sim.

Tiresias: Iam saepe cecidit is, qui altius volaverat.

Creon: Tu nisi senex esses, id impune non dixisses.

Tiresias: Verum tibi dicam: Sanguinem tuorum dabis pro illo mortuo, priusquam cursum sol finiverit. Videamus, quid dei tibi destinaverint! Eamus, puer!

Teiresias zieht sich zurück. Doch Kreon bleibt bei seiner unerbittlichen Haltung gegenüber Antigone. Seinem Frevel folgt der Fall: Haimon nimmt sich vor der Gruft Antigones mit dem Schwert das Leben. Seine Mutter, die Königin, folgt ihm in den Tod.

[1] horrēre schaudern

[2] fātālis, e verhängnisvoll

[3] Polynīcēs, is: Bruder der Antigone

[4] sepelīre bestatten

Teiresias prophezeit Kreon nahendes Unheil. Berliner Ensemble. 2006.

V

a) 1. Was wirft Teiresias dem König vor? 2. An welcher Stelle zeigt sich die Uneinsichtigkeit Kreons?

b) Teiresias spricht zu dem Jungen, der ihn führt:
1. Age, puer, properemus ad regem, ne eum omina infanda celemus! 2. Ne cessaveris! 3. Audiantur imperia deorum a rege, priusquam fatum sentiat! 4. Iam pridem furere desiisset, si errorem cognovisset. 5. Dei nos iuvent!

c) Eine schlimme Prophezeiung
1. Cassandra, filia regis Troianorum, vates fuit. 2. Cum furens res futuras provideret, ne infanda quidem celavit. 3. Cum Agamemnonem conspiceret, ei suasit, ne domum rediret: 4. „In patria insidiae tibi destinantur. 5. Non impune sanguinem filiae tuae effudisti."
Informiere dich in einem Lexikon über Agamemnon und erkläre den Inhalt der Sätze 4 und 5.

Kann der Mensch seinem Schicksal entfliehen?

T

Die griechische Tragödie zeigt häufig Helden, die unverschuldet schuldig werden. Als die perfekte Tragödie schlechthin galt schon in der Antike der „Ödipus" des Sophokles: Ödipus, der König von Theben, muss erkennen, dass er unwissend schreckliche Verbrechen begangen hat. Im Laufe des Stückes wird ihm schrittweise die Wahrheit enthüllt. Mit dieser Schuld können die Verantwortlichen nicht leben: Ödipus sticht sich die Augen aus, seine Mutter Iokaste erhängt sich. Nach der Katastrophe spricht Ödipus mit dem Seher Teiresias, der ihm die Wahrheit schon am Anfang des Stückes verkündet hatte:

Oedipus: Quae causa est, cur dei me perdiderint? Quid feci?

Tiresias: Ne putaveris te umquam fatum effugere posse. Non dei, sed superbia tua maxima te perdidit.

Oedipus: Nonne ego omnia feci, ut perniciem vitarem? Nam mihi adulescenti oraculum[1] pessima nuntiavit: „Tu patrem interficies matremque uxorem facies!" Etiam sacerdotes perterriti erant et me e templo expulerunt; statimque domum reliqui, ut novam patriam quaererem.

Tiresias: Sed domus, quam tum celerrime reliquisti, patria vera non erat. Videamus, quae deinde feceris: Nonne oraculo cognito senem occidisti? Ne dixeris hoc factum sapiens fuisse! Si illum hominem non necavisses, facillime prohibuisses, ne eae res, quas timueras, acciderent. Postea, cum regem Laium, patrem tuum, necavisses, nos a Sphinge[2] liberavisti rexque novus factus Iocastam uxorem fecisti. O factum stultum! Si quis prohibere vult, ne matrem uxorem faciat, uxorem quaerere debet, quae aetate minor[3] est.

Oedipus: Quo modo haec scire potui? Ne me damnaveris!

Tiresias: Profecto haec scire non potuisti. Ego tamen te damno. Nam scire debuisti fatum et fortunam in deorum potestate esse.

[1] ōrāculum: *vgl. Fw.*

[2] Sphinx, ingis: Fabelwesen, das die Gegend um Theben in Furcht versetzte und von Ödipus getötet wurde

[3] aetāte minor jünger

Ödipus löst das Rätsel der Sphinx. Griechische Vasenmalerei. Um 470 v. Chr. Rom, Musei Vaticani.

V

a) Informiert euch über die Details der Ödipussage.

b) Diskutiert, ob Ödipus an seinem Verhängnis unschuldig oder schuldig ist: Hat er alles getan, um das Eintreten der Prophezeiung zu verhindern, oder hat er es erst ermöglicht? Sind die Vorwürfe des Teiresias berechtigt?

c) Was glaubt ihr: Steht eure Zukunft heute schon fest oder könnt ihr sie beeinflussen?

XXVII *plus*

Die Aufgaben dieser Seite können in **Freiarbeit** erledigt werden. Ihr solltet wenigstens sechs Aufgaben bearbeiten, die Reihenfolge ist euch überlassen.

Ü

a) Formenstaffel

1. bonus → *n* → Komparativ → Pl. → Superlativ
2. malos → Komparativ → Gen. → Sg. → Superlativ
3. magnarum → Sg. → Superlativ → Abl. → Komparativ
4. parvus → Dat. → Superlativ → *f* → Komparativ
5. multas → Komparativ → *n* → Abl. → Superlativ

b) Versteckt. Welche Formen von nolle findest du im Buchstabenraster?

N	O	N	V	I	S
O	N	O	L	L	E
N	O	L	I	T	E
V	L	U	N	O	N
U	E	I	O	N	O
T	B	M	L	O	L
I	A	U	I	L	U
S	M	S	M	I	I

c) Was wäre, wenn? Führe die Gedanken des Ödipus zu Ende.

1 Nisi pater mihi ignotus fuisset, ...
2 Nisi patrem necavissem, ...
3 Si mater me cognovisset, ...
4 Si dei me iuvissent, ...

A ... liber a culpa essem.
B ... eum non necavissem.
C ... beatam vitam agerem.
D ... mihi non nupsisset.

d) Was ist möglich? Welche Formen von ferre lassen sich mit Hilfe der folgenden Buchstaben bilden? Mehrfachverwendung ist erlaubt.

F · E · I · N · B · A · U · S · T · R · O · M

e) Aus zwei mach eins. Verbinde die Sätze nach dem Beispiel und übersetze:
1. Rex necatus erat. Omnes sceleratum quaesiverunt. → Rege necato omnes sceleratum quaesiverunt. 2. Iniuria facta erat. Sceleratus inventus non est. 3. Oppidum captum est. Cives fugerunt.

f) Vokabelorakel
Bei diesem Spiel werden drei Spieler benötigt: Einer von euch stellt eine Frage (auf Deutsch oder Latein); der zweite ist das Orakel und antwortet mit drei – möglichst unzusammenhängenden – Vokabeln, die aus den letzten drei Lektionen stammen müssen. Der dritte ist ein Priester, der die Vokabeln übersetzt und den Sinn des Orakelspruchs erläutert. Nach jeder Runde wechseln die Rollen.

g) Italienisch – ganz einfach. In einem italienischen Lexikon steht unter dem Stichwort „Ödipus":

> Edipo uccide suo padre Laio, re di Tebe, e sposa sua madre Giocasta.

1. Welche lateinischen Wörter und griechischen Namen erkennst du wieder?
2. Was bedeutet wohl das italienische Wort „sposare" (von lateinisch spondēre - geloben, versprechen)?

Zwischen Anpassung und Auflehnung – große Römer im Konflikt

1

Die folgenden Lektionen umspannen rund zwei Jahrhunderte der römischen Geschichte – von der Blütezeit der römischen Republik im 2. Jh. v. Chr. über ihre Krise im 1. Jh. v. Chr. bis zum Beginn der Kaiserzeit unter Augustus. Diese Zeit war geprägt durch das Aufeinandertreffen unterschiedlicher Interessen und Wertvorstellungen: Das römische Reich wurde im 2. und 1. Jh. v. Chr. immer größer und mächtiger, gleichzeitig drangen neue kulturelle Einflüsse nach Rom, die mit den althergebrachten Sitten der Römer nur schwer vereinbar waren. In der Spätphase der Republik kam es daher zu Konflikten um den Stellenwert der griechischen Kultur, zwischen Jung und Alt – und auch im vielgepriesenen Goldenen Zeitalter unter Kaiser Augustus war nicht alles Gold, was glänzte ...

Rom und Griechenland

fundamentum

„Das eroberte Griechenland eroberte den unzivilisierten Sieger" – so beschrieb der römische Dichter Horaz das Verhältnis zwischen Rom und Griechenland. Rom hatte aufgrund seiner militärischen Überlegenheit Griechenland zu einer Provinz des Reiches gemacht, hatte aber in kultureller Hinsicht gegenüber den Griechen eine Menge aufzuholen. Die stolzen römischen Sieger sahen sich einem Volk gegenüber, das auf den Gebieten von Literatur, Philosophie, Redekunst, Architektur und Wissenschaft Gewaltiges geleistet hatte. Damit umzugehen war für manchen konservativen Römer zunächst nicht einfach. Später waren gebildete Griechen als Lehrer und Ärzte in den Haushalten römischer Adeliger sehr begehrt.

2

3

4

Alt und Jung – Politik und Dichtung

fundamentum

Rom war eine patriarchalische Gesellschaft, in der die Männer alle führenden Positionen besetzten. So wie der *pater familias* in der Familie den Ton angab, sah man es auch im Staat als selbstverständlich an, dass junge Männer Älteren zu weichen hatten, wenn es um die Besetzung politischer Ämter ging.
Zur Zeit Cäsars wurden wichtige Staatsämter zunehmend auch über große militärische Taten errungen. Damit verloren junge Adelige die Hoffnung auf eine politische Karriere, die ihnen früher zugestanden hatte. Manche von ihnen zogen sich daher gänzlich ins Privatleben zurück. Nicht wenige versuchten sich auch als Schriftsteller und wagten es, Würdenträger in ihren Dichtungen öffentlich zu kritisieren – wie der junge Catull, der in seinen Gedichten über Größen wie Cicero und Cäsar spottete.

Die Zeit des Augustus

fundamentum

Augustus war es gelungen, das Jahrhundert der Bürgerkriege in Rom zu beenden und den innenpolitischen Frieden wiederherzustellen. Dies hatte einen hohen Preis, denn die Herrschaft des Augustus bedeutete den Beginn des Kaisertums und das Ende der Republik. Auch wenn Augustus öffentlich so tat, als fielen die politischen Entscheidungen noch im Senat – tatsächlich bestimmte er allein die Richtlinien der Politik. Augustus wurde als vorbildlicher Herrscher und Friedenskaiser gerühmt, er führte aber auch blutige Eroberungszüge gegen andere Völker – und gegen seine persönlichen Widersacher. Durch eine strenge Ehe- und Sittengesetzgebung wollte er die Moral seiner Landsleute heben. Wer sich diesen Vorstellungen entgegenstellte, wurde hart bestraft, so z. B. Augustus' eigene Tochter Julia und der Dichter Ovid, die er beide in lebenslange Verbannung schickte.

5

1 Augustus von Prima Porta. Panzerstatue des Kaisers, gefunden in der Villa seiner Frau Livia bei Prima Porta. Um 20 v. Chr. Rom, Vatikanische Museen.

2 Augustus auf der sella curulis. Vor ihm ein Germane, der ihm ein Kind reicht. Römischer Denar, geprägt in Lyon (Gallien). 8 v. Chr. Berlin, Münzkabinett.

3 Bankettszene. Römische Wandmalerei. 1. Jh. n. Chr. Neapel, Museo Archeologico Nazionale.

4 Priesterkollegium in feierlicher Prozession. Relief von der Ara Pacis Augustae (Altar des Augustusfriedens) in Rom. Eingeweiht 9 v. Chr.

5 Kaiserin Livia Drusilla (58 v. Chr.–29 n. Chr.), Ehefrau des Augustus. Als tugendhafte Ehefrau und vorbildliche Mutter war sie die lebende Verkörperung der von Augustus propagierten gesellschaftlichen und moralischen Erneuerung. Porträtbüste aus dem 1. Jh. v. Chr. Paris, Musée du Louvre.

95

E

1. Romanus: „Multa de Graecis audivi.
Utinam haec omnia vera sint!
(Velim haec omnia vera sint!)
(Haec omnia vera sint!)“
2. Graecus: „Utinam (Velim) nihil falsum audiveris!“
3. Romanus: „Vos vitam dulcissimam agere audivi.
Utinam (Vellem) Graecus essem!“
4. Graecus: „Di magni! Utinam (Vellem) plus de nobis audivisses!“
5. Graecus secum: „Quam stulti sunt Romani! Utinam ne in Italiam venissem!“

Ü

a) Setze in den Konjunktiv:
agebant - vales - composuerunt - feceramus - relinquunt - volebam - fuerat - volo - vocat

b) Unterscheide und übersetze!
1. Utinam taceres! - Taceas! - Utinam tacuisses! - Utinam tacueris! 2. Utinam ne interrogavisset! - Utinam ne interrogaverit! - Utinam ne interroget! - Utinam ne interrogaret! 3. Velim amici adsint! - Vellem amici adessent! - Vellem amici adfuissent!

c) Wähle die passende Form aus und übersetze:
1. Graeci urbem intrant et sperant: „Utinam Romani (gauderent / gaudeant), quod venimus!“ 2. Multi Romani Graecos desiderant: „Utinam Graeci iam (adessent / adfuissent)!“ 3. Nonnulli senatores sollicitati sunt: „Utinam ne Graeci mores malos (attulerint / attulissent)!“

d) Griechischlehrer gesucht! Bilde jeweils die passende Form im Konjunktiv und übersetze:
1. Utinam hanc linguam celeriter (discere)! 2. Utinam litteras iam (discere)! 3. Utinam amici mei Graeci (esse)! 4. Bonum magistrum mox (invenire)! 5. Vellem eum iam (invenire)! 6. Velim ille sapiens (esse)!

e) … Zeta, Eta …
1. Discipulus: „Has litteras didici: α, β, γ, δ, ϵ … Utinam litteram proximam (den nächsten) certe scirem! 2. Dubito, utrum ζ an η sit. Utinam verba magistri memoria tenuissem! 3. Velim amicus hoc sciat!“ 4. Amicus: „Primum ζ, deinde η.“ Discipulus secum: „Utinam ne erraverit! 5. Nunc septem litteras scio. Ceteras nescio. Ne magister me interroget!“

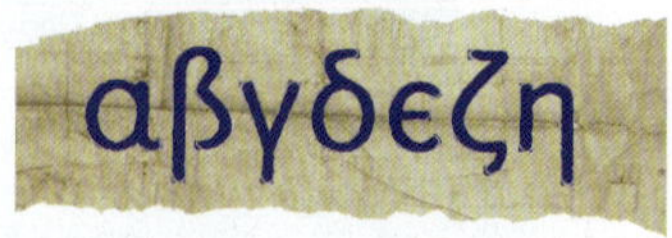

I

Cato Censorius

Cato (234–149 v. Chr.) machte zunächst als Offizier der römischen Armee, später in der Politik eine große Karriere, die ihn bis zum Amt des Zensors führte – mit der Aufgabe, auch auf angemessenes Verhalten seiner Mitbürger zu achten. Dabei zeigte er sich als besonders sittenstrenger und konservativer Römer, als vir vere Romanus. Er wurde nicht müde, seine Landsleute vor dem Einfluss griechischer Denk- und Lebensart zu warnen. Auf der anderen Seite lernte er selbst Griechisch und nutzte die Erkenntnisse der griechischen Wissenschaft für seine Schriftstellerei.

Griechenland hat uns verändert

T

Auf dem Weg zu einem Freund trifft der Feldherr und ehemalige Konsul Flamininus unvermutet den etwas missmutigen Zensor Marcus Porcius Cato.

Flamininus: Salve, Marce! Quid agis? Utinam valeas!

Cato: Equidem valeo, sed urbem nostram non iam cognosco. Nonne vides in omnibus viis Romae Graecos esse? Opto, ut mecum venias! Ecce! Hic philosophi Graeci orationes periculosas[1] habent. Modo dicunt iustitiam[2] civibus usui esse, modo negant iustitiam necessariam esse – et populus istis orationibus levibus credit. Hoc modo mentes civium vehementer perturbantur. Velim isti philosophi Romam mox relinquant! Abeant! Nam cives nostri voluptates Graecorum amant, libros Graecos legunt, potius disputare[3] quam laborare cupiunt, per totam noctem more Graecorum bibunt, vinum fundunt. Utinam ne vitia Graecorum Romanos corrumperent! Utinam ne Graeciam cepissemus! Facile enim Graecia capta victores nunc capit. Utinam mos maiorum plus valeret!

Flamininus: Vellem ne tam durus in cives esses! Tu ipse cultum Graecorum amare coepisti. Nonne ego apud te multa opera Graeca vidi? Nonne ipse linguam Graecam didicisti?

Cato: Recte dicis: Ego virtutes Graecorum colo, alii vitia eorum diligunt. Utinam cuncti cives more meo vitam agerent! Vale!

[1] perīculōsus: Adj. zu perīculum

[2] iūstitia Gerechtigkeit

[3] disputāre diskutieren

Bankettszene auf der Innenwand eines griechischen Sarkophags. Um 480 v. Chr. Pästum, Museo Archeologico Nazionale.

a) 1. Was wirft Cato den in Rom lebenden Griechen, was seinen römischen Mitbürgern vor? 2. Erscheint dir Catos Haltung gegenüber den Griechen konsequent? Begründe deine Meinung.

b) Was Flamininus bei der Begegnung mit Cato dachte:
1. Utinam nostrum quoque tempus diligas! 2. Utinam ne de moribus maiorum semper narrares! 3. Utinam eadem humanitas tibi sit quae virtus! 4. Utinam artes litterasque Graecorum iam antea laudavisses!

V

c) Römer und Griechen – zwei Welten
1. Nonnulli philosophi Graeci existimabant nihil melius esse quam voluptatem. 2. Itaque otium (Freizeit) diligebant. 3. Multis Graecis in urbe Roma viventibus senatores inter se dixerunt: 4. „Utinam ne hic modus vitae populum nostrum corrumpat! 5. Optamus, ut populus noster more maiorum vitam agat. 6. Utinam Romani magis officium quam voluptatem diligerent!“

E

1. Cato neminem salutat. Nam in curiam properat.
   Cato in curiam properans neminem salutat.
2. Cato curiam petit. Nam senatores monere vult (monebit).
   Cato senatores moniturus curiam petit.
3. Cato: „Periculum instat: Carthago bellum gestura est."

Ü

a) Bilde jeweils das Partizip Futur Aktiv:
delere - diligere - perturbare - capere - facere - pervenire - corrumpere - dare

b) Aus zwei mach eins! Verbinde die Sätze dem Beispiel entsprechend und übersetze dann:
Cato orationem habuit. **Senatoribus persuadere voluit.** → Cato **senatoribus persuasurus** orationem habuit.
1. Cato bellum poposcit. **Carthaginem exstinguere voluit.** 2. Senatores dubitaverunt. **Pacem servare voluerunt.** 3. Consules in curiam venerunt. **De periculo referre voluerunt.**

c) Unterscheide und übersetze:

1. Cato ... curiam intrat.
   - Carthaginem reprehendens
   - Carthaginem reprehensurus
2. Senatores ... convenerunt.
   - a magistratibus arcessiti
   - magistratus arcessituri
3. Populus ... tacuit.
   - orationem auditurus
   - orationem audiens
4. Carthago ... exercitum coegit.
   - hostes appetitura
   - ab hostibus appetita

d) Die Gefahr rückt näher. Cato will das in der folgenden Rede deutlich machen. Verwandle darum wie im Beispiel das Futur in Formen mit -urus und esse. Übersetze dann.
Carthago arma capiet. →
Carthago arma captura est.
1. Carthago milites conscribet. 2. Hostes Romanos ridebunt. 3. Carthago Africam opprimet. 4. Auctoritatem nostram amittemus.

e) Schützt unseren Feind!
1. Senator sapiens orationem habiturus surgit. 2. „Vos omnes, senatores, bellum aut pacem censuri in curiam venistis. 3. Non solum de sorte hostium, sed etiam de sorte nostra decreturi sumus. 4. Cato Carthaginem deleturus poscit, ut hostem exstinguamus. 5. Equidem Romam servaturus posco, ne hostem exstinguamus. 6. Nam ii, qui hostibus carent, superbi futuri sunt."

I

Der jüngere Scipio Africanus
Scipio war der Sohn des berühmten Feldherrn Lucius Aemilius Paullus. Seinen Namen trug er, weil ihn ein Sohn des Scipio Africanus, des Siegers über Hannibal, adoptiert hatte, um das Weiterleben seiner vom Aussterben bedrohten Adelsfamilie zu gewährleisten. Der jüngere Scipio trat in die Fußstapfen des Vaters und wurde selbst ein erfolgreicher Feldherr. 146 v. Chr. besiegte er Karthago endgültig. Später bemühte er sich, zusammen mit anderen adligen Römern die griechische Kultur in Rom heimisch zu machen.

Ein trauriger Sieger

T

Nach der Niederlage Hannibals hatte Rom den Karthagern verboten, je wieder Krieg zu führen. Als aber der afrikanische König Masinissa in das Gebiet der Karthager eindrang, setzten sich diese zur Wehr. Da sie damit gegen den Friedensvertrag gehandelt hatten, griffen die Römer unter der Führung des jüngeren Scipio Karthago an und machten es 146 v. Chr. dem Erdboden gleich. Von einem Hügel aus blickt Scipio mit seinem Freund Laelius auf die rauchenden Überreste der einst so stolzen Stadt hinab.

Scipio: Trans mare veneramus Carthaginem capturi, non deleturi. Qui hoc accidere potuit?

Laelius: Scio, amice, te hoc noluisse. Semper in senatu sententiam Catonis reppulisti, qui iterum atque iterum dicebat: ‚Ceterum censeo: Carthaginem delere necesse est.' Cato multique nobiles timebant, ne Poeni vires colligerent bella nova adversus nos gesturi.

Scipio: Cur Poeni foedus[1] ruperunt? Cur tam diu nobis restiterunt? Utinam legatio eorum ad me venisset pacem petitura! Libenter Poenis pepercissem, nisi per tantum spatium temporis milites nostros occidissent.

Laelius: Nemo tibi crimini dabit, quod officium imperatoris Romani praestitisti: Imperatorem enim oportet hostes superbos exstinguere eorumque munitiones delere.

Scipio: Huc veni Poenos poena affecturus. Certe urbem deleturus non eram. At spes me fefellit. Ecce! Illic magna incendia magnam urbem exstinctura sunt: Fuit Carthago!

Laelius: Amice, te lacrimas fundere video.

Scipio: Flere me non pudet. Timeo enim, ne hoc fatum crudele etiam urbi nostrae instet. Nonne memor es fabulae de pernicie Troiae? Etiam Hector flens perniciem Troiae patriae providerat.

[1] foedus, eris *n* Vertrag

Hektors Tod – kurz vor dem ntergang Trojas. Griechische Vasenmalerei. 5. Jh. v. Chr. Paris, Musée du Louvre.

V

a) 1. Wie wird die innere Zerrissenheit Scipios sprachlich deutlich? 2. An welcher Stelle von T erscheint Scipio als ein in der griechischen Kultur bewanderter Mann (vgl. I)? 3. Überlege, warum Scipio weint.

b) Achte auf die Übersetzung des Partizip Futur:
1. Scipio Carthaginem oppressurus magnum numerum militum colligere studuit. 2. Itaque iussit etiam iuvenes nobiles intra paucos dies armis ornatos in castra convenire. 3. Sed ii memores periculorum bellum timebant. 4. Tamen hoc spatio illic aderant – at pugnaturi non erant.

97

E

1. Iuvenis ridens: „Lege hoc carmen, amice!“
Amicus: „Te hoc diligere video.
Etiam me hoc dilecturum esse spero.“
2. Iuvenis: „Puto nos magna voce risuros esse.“
3. Amicus legit - nec ridet:
„Hoc carmen senatorem honestum laedit.
Puto id turpe esse et senatorem tristem futurum esse.“

Ü

a) Setze die passenden Endungen ein und übersetze:
1. Audivi senatores mox in curiam vent■■■■ esse. 2. Scio senatum bona consilia capt■■■■ esse. 3. Puto consules nos a periculis servat■■■■ esse. 4. Spero iuvenes auctoritatem senum respect■■■■ esse.

b) Bilde dem Beispiel folgend jeweils einen AcI und übersetze dann:
Poeta scit: „Populus ridebit.“
→ Poeta populum risurum esse scit.
1. Poeta putat: „Carmina nonnullos homines laedent.“ 2. Senatores sperant: „Poeta carmina non iam componet.“ 3. Populus conicit: „Poeta plura carmina scribet.“ 4. Mercatores sperant: „Plurimi homines libros novos ement.“

c) Stelle aus den Wortschätzen 89–96 alle Komposita zusammen und ordne sie ihren Grundwörtern zu.

d) Wähle die sinnvollste Fortsetzung und übersetze:
1. Poeta carmen malum scripsit. Audit ...
A se reprehendere. **B** se reprehendi.
C se reprehensurum esse.
2. Periculum instat. Cives sperant ...
A consulem se servare. **B** consulem se servavisse. **C** consulem se servaturum esse.
3. Senator tristis est. Scit ...
A se laesurum esse. **B** se laesum esse.
C se laedere.

e) Durch Loben beleidigen
1. Poeta: „Senator, de quo carmen novum scribam, se optimum omnium civium putat; sperat multos poetas se laudaturos esse.
2. Equidem cives eum risuros esse cupio.
3. Itaque gloriam eius specie (zum Schein) augebo: Contendam neminem meliorem quam illum futurum esse (fore). 4. Spero hoc modo homines illius superbiam cognituros esse.“

I

Cicero und Catull
Cicero (106–43 v. Chr.) stammte aus der Kleinstadt Arpinum und galt in Rom als homo novus, als unbekannter Außenseiter ohne senatorische Vorfahren. Er stieg jedoch durch seine Redegabe zum berühmtesten Anwalt Roms und sogar zum höchsten Staatsamt, dem Konsulat, auf. Als Konsul des Jahres 63 v. Chr. schlug er eine innenpolitische Verschwörung nieder. Catull (84–54 v. Chr.), eine Generation jünger als Cicero, kam ebenfalls aus der Provinz, aus Verona, nach Rom, interessierte sich aber nicht für eine politische Laufbahn, sondern lebte ausschließlich für seine Dichtkunst. Für ältere Römer wie Cicero war dieser alternative Lebensentwurf eine Provokation – Catull seinerseits stichelte in seinen Gedichten gerne gegen die Vorstellungen und Werte der Älteren.

Diese Jugend von heute!

T

Cicero Attico suo salutem dicit.

O tempora, o mores! Verba mihi desunt: Catullus poeta me carmine malo risit – non putavi istum adulescentem me palam verbis laesurum esse. Mihi quidem, cum iuvenis Romam venissem, tanta audacia non erat. Immo auctoritatem nobilium colebam, consilia senum libenter audiebam. Tunc sperabam me unum ex illis viris claris futurum esse. Post evenit, quod optaveram: Consul clarus civitatem a coniuratione civium corruptorum conservavi.

Sed quid volunt Catullus eiusque familiares, qui poetae novi appellantur? Negant se umquam ad rem publicam accessuros esse; ostendunt se usque vitam otii plenam acturos esse. Isti iuvenes inter se convivia laeta habent, libellos et amorem diligunt, rem publicam virtutemque militarem neglegunt. Quotiens conveniunt, carmina sua tantum recitant. Te teste, Attice, confirmo me numquam habiturum tempus, ut legam carmina istorum poetarum. Etiamsi[1] vita mihi esset aeterna, carmina inania istorum certe non legerem. Satis dixi. Vale!

[1] etiamsī auch wenn

Stephan Bakalowitsch: Catull liest aus seinen Gedichten. 1885. Moskau, Tretjakow-Galerie.

a) 1. Ciceros Brief gliedert sich in zwei Teile, die jeweils von einem Tempus beherrscht werden. Überprüfe, ob diese Zweiteilung auch inhaltlich zu begründen ist. 2. Erschließe aus T, was Cicero vom Verhalten eines jungen Mannes gegenüber Älteren erwartet. 3. Was bemängelt Cicero im Einzelnen an Catull und seinen Freunden?

b) Setze jeweils den Infinitiv Futur ein und übersetze dann:
1. Cicero: „Promitto me numquam carmina Catulli (legere). 2. Spero istos iuvenes non iam carmina, sed res gestas (conscribere). 3. Iuro me poetas talia carmina recitantes non iam (audire). 4. Exspecto et alios viros sapientes item (agere)."

V

c) Die Sichtweise Catulls und der poetae novi:
1. Quotiens Cicero vitam nostram palam reprehendit! 2. Ad rem publicam accedere nolumus, etsi scimus Ciceronem otium nostrum semper reprehensurum esse. 3. Carmina, convivia, amores magis nos delectant quam honores aut officia militaria. 4. Neque enim senatorum neque imperatorum, sed poetarum gloriam petimus.

98

E

1. Catullus: „Cenemus et gaudeamus, amici!
2. Servi cibos optimos nobis afferant!"
3. Amici: „Utinam tam laeti essemus quam tu, Catulle!
4. Utinam ne curis sollicitati essemus!
5. Utinam ne Caesar carmina tua legerit!
6. (Utinam) ne sciat se a te laesum esse!"

Ü

a) Die anderen und wir. Bilde, wie im Beispiel gezeigt, Jussive und Hortative und übersetze dann:
Alii (laborare)! Nos vitam dulcem (agere)!
→ Alii **laborent**! Nos vitam dulcem **agamus**!
1. Alii in forum (ire)! Nos in otio (vivere)!
2. Alii carmina (legere)! Nos ea (scribere)!
3. Alii bellum (gerere)! Nos (vivere et amare)!

b) Ordne der Situation (1–4) jeweils einen Wunsch der Freunde Catulls (A–D) zu und übersetze:

1	Caesar carmina heri lēgit. Amici Catulli hoc sciunt.
2	Caesar carmina heri lēgit. Amici Catulli hoc nesciunt.
3	Caesar carmina nunc legit. Amici Catulli hoc sciunt.
4	Caesar carmina nunc legit. Amici Catulli hoc nesciunt.

Amici:

A	„Ne ea legat!"
B	„Utinam ne ea lēgerit!"
C	„Vellem ne ea legeret!"
D	„Utinam ne ea lēgisset!"

c) Ein Bekannter Catulls findet es elegant, immer den Buchstaben „e" auszulassen. Vervollständige seine Ermahnungen und übersetze sie:
1. N snators honstos lasris! 2. N carmina turpia scripsris! 3. N homins potnts rprhndris! 4. N Casarm contmpsris!

d) Catulls Vater schreibt an seinen Sohn:
1. In carmine infando Caesarem impudicum (Lustmolch) et voracem (Vielfraß) et aleonem (Spieler) nominavisti: Utinam ne haec verba scripsisses! 2. Caesar non solum vir potens, sed etiam amicus meus est: Utinam ne amicitia nostra laesa sit! 3. Caesar videat, utrum tibi ignoscat an non! 4. Speremus Caesarem te non puniturum esse! 5. Ne talia verba iterum scripseris!

I

Cäsar und Catull
Auch wenn Catull an einer Karriere als Politiker, Anwalt oder Offizier nicht interessiert war, beobachtete er doch das Verhalten der großen Männer genau, wie seine Spottgedichte auf den berühmten Redner und Anwalt Cicero, den mächtigen Feldherrn Cäsar und dessen Offizier und engen Vertrauten Mamurra beweisen. Eine reizvolle Besonderheit stellt der Umstand dar, dass Cäsar mit Catulls Vater befreundet war und diesen auf seinen Reisen nach Gallien gern in Verona besucht haben soll.

Zu weit gegangen!

T

Cäsar besucht gerade Catulls Vater – seine Miene ist aber recht ernst.

Pater Catulli: Salve, Caesar! Gaudeo, quod sanum et felicem te video. Utinam tibi iter pulchrum fuerit! Zum Hausverwalter gewandt: Coqui cenam parent vinumque optimum e cella afferant! Eamus in triclinium, Caesar!
Caesar: Scio te sodalem familiarissimum esse. Itaque doleo, quod hodie nuntios non laetos affero. Scis me filio tuo semper favisse. Saepe ingenium eius defendebam contra eos, qui carmina Catulli leviora esse contendebant. Filio tuo ne crimini quidem dabam, quod carminibus ineptis me reprehenderat. Nunc autem Catullus extra modum peccavit. Me enim et Mamurram familiarem tam turpibus carminibus lacessivit, ut etiam consulares nos riderent. Vellem ne ista carmina scripsisset!
Pater Catulli: Ne tanta ira commotus sis, Caesar! Imperabo filio, ut te adeat veniam petiturus.
Caesar: Ne dubitaveris, quin filio tuo libenter ignoscam. Si vitium suum intellexerit, ad me veniat: Clementiam[1] Caesaris ilico cognoscet. Catullus certe scit me iam antea poetis adulescentibus ignovisse.

[1] clēmentia Milde, Sanftmut

Gaius Julius Cäsar. Porträtbüste.
Um 20 v. Chr. Rom, Vatikanische Museen.

a) 1. Cäsar spricht in T von sich in der ersten Person – bis auf eine Ausnahme. Finde sie heraus und versuche zu erklären, was diese Abweichung ausdrücken soll. 2. Worüber beschwert sich Cäsar beim Vater Catulls? 3. Wie reagiert Catulls Vater auf Cäsars Worte? Welche Schlüsse kannst du daraus auf das Verhältnis der beiden zueinander ziehen?

b) Übersetze die folgenden Sprüche und erkläre die Verwendung des Konjunktivs:
1. Ein Stoßgebet in schwieriger Lebenslage: Deus bene vertat! 2. Ein Lebensmotto in einem Studentenlied: Gaudeamus igitur, iuvenes dum sumus! 3. Eine Aufforderung an den Gast eines Gelages: Bibat aut abeat! 4. Auf einem Grabstein: Sit tibi terra levis!

V

c) Auch Cäsars Freund Mamurra ärgert sich, weil Catull ihn in mehreren Gedichten beleidigt hat:
1. Iste adulescens me, sodalem Caesaris, carminibus ineptis lacessivit et laesit.
2. Certe Catullus sanus non est: Scripsit amicam meam turpem esse, scripsit me carmina componere non posse. 3. Utinam istum nocte obscura convenirem! 4. Iuvenes, qui verba tantum faciunt, ilico taceant!

Catull provoziert

T

Vivamus, mea Lesbia, atque amemus,
rumoresque senum severiorum
omnes unius aestimemus assis!
Soles occidere et redire possunt:
nobis, cum semel occidit brevis lux,
nox est perpetua una dormienda.

Lass uns leben, meine Lesbia, und uns lieben,
und das Gerede der allzu strengen Greise
soll uns alles zusammen keinen einzigen Cent wert sein!
Sonnentage können vergehen und wiederkehren;
wir aber, wenn einmal unser kurzes Lebenslicht erloschen ist,
müssen eine einzige endlose Nacht schlafen.

Catulls Moralvorstellungen waren für konservative Römer eine Provokation. Als besonders empörend empfanden sie, dass er ein Verhältnis mit einer vornehmen Römerin hatte, der er den Namen „Lesbia" gab, und dass er dieses Verhältnis offen in seinen Gedichten beschrieb. Doch Catull scherte sich wenig um die Ansichten anderer (vgl. das abgedruckte Gedicht). Als Catull seinem Freund Licinius einen Entwurf seiner Gedichte zeigte, warnte ihn dieser:

Porträt eines Dichters. Römische Wandmalerei. 1. Jh. n. Chr. Pompeji, Haus des Menander.

Licinius: Cur tales versus scribis? Cur tam aperte de amore Lesbiae dicis? Nam certe scis te versibus tuis multos senatores aliosque viros nobiles maxime violaturum esse.

Catullus: Utinam ne fama mea tibi curae esset! Equidem „omnes rumores senum severiorum unius assis aestimo"! Spero etiam te carmina mea tandem intellecturum esse. Ne quaesiveris, quos „senes severiores" versibus meis laesurus sim; immo quaeras, cur eos laesurus sim! „Vivamus, mea Lesbia, atque amemus": Bene scio tales versus „senibus" magno odio esse. Eorum enim vita non ex amore, sed e negotiis, officiis, honoribus constat. Eiusmodi vitam et mores reprehendo atque repello. Dei mihi dent, ut aliam vitam agere possim. Velim vitam sine armis, sine bello agam! Amore aeterno captus puellam meam canto. Una gloria mihi tribuatur: gloria poetae! Ideo puellam meam „Lesbiam" nominavi. Illo nomine illa praeclara Sappho in mentem veniat, quae carminibus suis mores virorum reprehendit!

V

a) Wogegen richtet sich Catulls Protest? Belege deine Antwort am Text.

b) Informiere dich über den historischen Hintergrund zu Catulls Leben und versuche zu erklären, warum Catull in seiner Dichtung „protestieren" wollte.

XXVIII *plus*

Ü

a) Stimmengewirr beim Gastmahl

1. Utinam ne tempus fugeret! 2. Servi bonos cibos afferant! 3. Utinam ne vinum tantum bibissem! 4. Puella me amet! 5. Vellem numquam huc venissem! 6. Velim puella amorem meum cognoverit!

b) Übersetze und unterscheide:

1. puella amans / amata / amatura
2. amici reprehendentes / reprehensi / reprehensuri
3. poeta laudans / laudatus / laudaturus

c) Übersetze dem Beispiel entsprechend ins Englische.

Carmen scribam. → I will write a poem.
Carmen scripturus sum. → I am going to write a poem.

1. Id faciam. Id facturus sum. 2. Carmina legemus. Carmina lecturi sumus. 3. Duo carmina comparabo. Duo carmina comparaturus sum.

d) Bilde jeweils den Infinitiv Futur Aktiv.

violare - sollicitare - agere - intellegere - legere - esse - venire - cognoscere - inferre - respondere

e) Zu viel des Guten! Entferne alle überflüssigen Buchstaben, damit Adverbien entstehen.

1. dulciterr 2. fortiitter 3. sapienterter 4. honestee 5. diligenteterer 6. miseree

f) Ein wichtiger Rechtsgrundsatz:

Audiatur et altera (der / die andere) pars!

g) Die Steigerungsmaschine. Steigere mit ihrer Hilfe die angegebenen Adjektive.

h) Übersetze die Fortsetzung des Catullgedichts (von S. 80 oben):

Da mi basia mille, deinde centum,
dein mille altera, dein secunda centum,
deinde usque altera mille, deinde centum.
Dein, cum milia multa fecerimus,
conturbabimus illa, ne sciamus ...

mī - mihi
bāsium - Kuss
dein - deinde
altera - weitere
conturbāre - turbāre

i) Italienisch – ganz einfach!
Vergleiche die Verse Catulls aus Aufgabe h) mit der italienischen Übersetzung.

Dammi mille baci, poi cento,
poi altri mille, poi altri cento,
poi di seguito altri mille, poi cento.
Poi, quando avremo fatto molte migliaia,
conturbiamoli, per non conoscere ...

AUGUSTUS –
EINE GOLDENE ZEIT FÜR KUNST UND LITERATUR

1

DIE GESCHICHTLICHE LEISTUNG DES AUGUSTUS

Nach einem Jahrhundert andauernder Bürgerkriege und Machtkämpfe (133–31 v. Chr.) waren ganze Landstriche Italiens verwüstet, die meisten Bürger verängstigt, das Vertrauen in die Politik geschwunden. Recht und Ordnung lagen darnieder.

Es ist die große Leistung des ersten Kaisers von Rom, für eine Wende gesorgt zu haben: Man rühmte sein Zeitalter als eine Epoche des Friedens, auch wenn diese pax Augusta mit viel Blut bezahlt worden war. Augustus gelang es außerdem, die in den Wirren der Bürgerkriege fast vergessene Religion wiederzubeleben, indem er verfallene Tempel renovieren ließ und alte Priesterschaften wieder einsetzte.

2

DIE LITERATUR

Charakteristisch für die augusteische Erneuerung ist ihre Rückwärtsgewandtheit: Man suchte sich Vorbilder in der Frühzeit der römischen Republik. Die Werte, die Rom in dieser „guten alten Zeit" bestimmt hatten, sollten wieder ins Bewusstsein der Römer gebracht werden: Fleiß, Bescheidenheit, Opferbereitschaft, Sittlichkeit und eheliche Treue.

Die Schriftsteller der augusteischen Zeit griffen diese Themen auf: **Horaz** schwärmt von den Freuden des einfachen Landlebens und beschwört in seinen Gedichten die Werte, die Rom groß gemacht haben. Der Historiker **Livius** blickt in seinem Geschichtswerk auf die sagenhaften Anfänge der römischen Republik zurück. **Vergil** erinnert mit seinem Epos an Äneas, den trojanischen Vorfahren der Römer, den er als Inbegriff der pietas zeichnet – als Muster eines Mannes, der bestimmt ist von Ehrfurcht vor den Göttern und von Pflichterfüllung gegenüber seiner Heimat.

Ein genialer Mittler zwischen den Dichtern und dem Kaiserhaus war der aus altem etruskischem Adel stammende **Mäzenas**: Er entdeckte dichterische Talente, unterstützte sie finanziell und führte sie in die kaiserlichen Kreise ein. Sein Name lebt bis heute im Begriff „Mäzen" fort.

1 Büste des Kaisers Augustus, bekränzt mit der Bürgerkrone aus Eichenlaub. 40–50 n. Chr. München, Staatliche Antikensammlung.

2 Charles François Jalabert: Die Dichter Horaz, Vergil und Varius im Haus des Mäzenas. 19. Jh. Nîmes, Musée des Beaux-Arts.

3 Die sog. „Gemma augustea". Das kostbare Schmuckstück, das sich ursprünglich im Besitz des Kaiserhauses befand, besteht aus zwei geschnitzten Edelsteinschichten. 19 x 23 cm. Um 10 n. Chr. Wien, Kunsthistorisches Museum

3

KUNST UND ARCHITEKTUR

Zahlreiche Kunstwerke und Bauten der augusteischen Epoche wurden vom Kaiser in Auftrag gegeben, finanziert und allen Bürgern Roms zugänglich gemacht. Wie die Literatur kündeten auch Kunst und Architektur von den Wertvorstellungen und den politischen Erfolgen des Augustus: Die Künste boten damit allen Schichten des römischen Volkes Identifikationsmöglichkeiten mit der Herrschaft des Prinzeps.

Die im Auftrag des Senats errichtete Ara pacis Augustae feierte den Frieden und Wohlstand unter Augustus. Die Reliefs dieses Altars zeigen u. a. eine feierliche Prozession von Priestern und von Angehörigen des Kaiserhauses und rücken so die Mission Roms als von den Göttern gesegnete, friedensstiftende Macht in den Mittelpunkt der Betrachtung.

Eine riesige Sonnenuhr ließ den Schatten ihres Zeigers, eines Obelisken, am Geburtstag des Augustus auf den Eingang der Ara pacis fallen, als Symbol dafür, dass dieser Kaiser der von den Göttern auserkorene Friedensbringer war.

Der Apollotempel auf dem Palatin setzte der persönlichen Schutzgottheit des Augustus ein Denkmal, auf dem Augustusforum waren in langen Reihen Ehrenstatuen für vorbildliche Politiker und Feldherren der Republik zusammen mit den mythischen Gründerfiguren Äneas und Romulus aufgestellt.

Auf der „Gemma augustea" (Abb. oben) wird Augustus schließlich sogar als göttliches Wesen dargestellt: Die Stadtgöttin Roma persönlich hat neben Augustus Platz genommen und feiert zusammen mit den Göttinnen des Sieges und des Friedens die Errungenschaften des Kaisers und seiner Familie.

E

1. Prima puella dulciter cantat.
2. Secunda dulcius quam prima cantat.
3. Sed tertia dulcissime cantat.
4. Populus primam puellam multum, secundam plus, tertiam plurimum laudat.

Ü

a) So ein Angeber! Setze das Adverb in den Komparativ und übersetze:

1. (Pulchre) dico quam Cicero. 2. (Fortiter) pugno quam Caesar. 3. (Honeste) vivo quam Augustus. 4. (Sapienter) iudico quam Solo. 5. (Diligenter) cogito quam Thales. 6. Carmina (bene) compono quam Sappho. 7. Cultum Graecum (multum) amo quam Scipio.

b) Ich Armer! Fülle die Lücken auf, indem du die Adverbien jeweils in den Superlativ setzt:

1. Multi homines misere vivunt, ego [?] vivo. 2. Nonnulli crudeliter opprimuntur, ego [?] opprimor. 3. Alii celeriter desperant, ego [?] despero. 4. Nonnulli infeliciter vivunt, ego [?] vivo. 5. Multi facile sollicitantur, ego [?] sollicitor. 6. Omnes multum laborant, ego [?] laboro.

c) Entscheide jeweils, ob ein Adverb oder ein Adjektiv vorliegt, und übersetze:

1. verbum diligentius quaerere - verbum pulchrius quaerere 2. carmen turpius scribere - carmen celerius scribere 3. ingenium maius laudare - ingenium plus laudare

d) Bestimme und unterscheide:

fecisse - felicissime - fefellissem - felicissimi

e) Ein schneller Mensch

1. Audite de viro miro! Ille omnia celerrime fecit: 2. Celerius per vias cucurrit quam equus; celerius in foro amicos salutavit quam illi eum; celerius respondit quam interrogatus erat. 3. Nam facillime ea cognovit, quae alii dicturi erant. 4. Frequentius verba pauca quam multa fecit. 5. Mox autem omnino tacuit: Vitam non solum celerrime egit, sed etiam celerrime amisit.

I

Mäzenas und Augustus

Mäzenas stammte aus altem etruskischem Adel und war lange Zeit die rechte Hand des Augustus. So war er sein Stellvertreter in Rom, wenn sich der Kaiser im Ausland aufhielt. Mäzenas scharte die bedeutendsten Dichter und Denker seiner Zeit wie Vergil, Horaz und Properz um sich, ohne dabei auf die Herkunft und gesellschaftliche Stellung der Auserwählten zu achten. Dank seiner charmanten, geistreichen Art und seiner Großzügigkeit, die bis heute im Begriff „Mäzen" für einen Förderer der Künste weiterlebt, gewann Mäzenas die klügsten Köpfe der Zeit dafür, die Politik des Augustus in ihren Werken positiv darzustellen.

Nimm mich mit!

T

Horaz, einer der bedeutendsten Dichter der augusteischen Zeit, ist in Rom unterwegs.

Ibam forte per forum diligentius aliquid cogitans, cum quidam vir mihi occurrit: „Quid agis“, inquit, „optime? Nonne me scis? Poeta clarus sum.“ – „Bene est“, inquam, „sed mihi non est tempus, quia quam celerrime amicum quendam visere volo.“ Dum celerius currere incipio, ille: „At poeta magni ingenii sum. Nemo me celerius centum versus scribere potest. Praeterea dulciter cantare et saltare[1] possum. Ecce! Quis membra mollius movere potest?“ Tunc ego: „Cur haec omnia mihi narras?“ Et ille manum meam prehendens: „Cum Maecenate familiarius vivis. Nemo vitam feliciorem agit quam ille.“ „Quid“, inquam, „ergo vis?“ – „Certe Maecenati me commendare[2] potes. Quin illuc me ducis?“ Respondi: „Maecenatem adire difficilius est quam putas.“ At iste: „Facillime mihi aditum parabo: Muneribus servos eius corrumpam. Ut vides, omnes paene dolos scio.“ – „Non ita“, aio, „vivimus istic, ut tu existimas. Apud Maecenatem non ii plurimum valent, qui se sapientissimos putant. Neque is valet, qui aut multum possidet aut celerius carmina componere potest. Plurimum valet is, quem Musae[3] diligunt. Vale!“

*impudicum Lustmolch

[1] saltāre tanzen

[2] commendāre empfehlen

[3] Mūsae die Musen (Göttinnen der Künste)

Stephan Bakalowitsch: Im Atrium des Mäzenas. 1890. Moskau, Tretjakow-Galerie.

a) 1. Was ist das Ziel des quidam vir? Mit welchen Mitteln sucht er es zu erreichen?
2. Erschließe aus den Worten des Horaz, Z. 13 ff., worauf Mäzenas bei der Aufnahme neuer Mitglieder in seinen Kreis geachtet haben dürfte.
3. T geht auf eine Satire des Dichters Horaz zurück. Überlege, wo in T satirische Elemente zu finden sind.

b) Horazens erste Begegnung mit Mäzenas:
1. Nobilissimus poeta mihi aditum ad domum Maecenatis paravit. 2. Statim illuc properavi, ut quam celerrime Maecenatem viserem. 3. Quamquam vir nobilis familiarissime mihi occurrit, pudor (Schüchternheit) me prohibuit, ne plura dicerem. 4. Denique narravi mihi patrem clarum non esse; praeterea me magnas opes non possidere concessi. 5. Maecenas diligentius me aspiciebat, pauca respondebat. 6. Paulo post in numerum amicorum me recepit.

V

100

E

1. Maecenas: „Scribere res difficilis est.
2. Itaque pauci homines ad scribendum idonei sunt.
3. Dei artem scribendi hominibus tribuerunt.
4. Ego non solum pecuniā, sed etiam laudando et monendo poetas iuvo.
5. Dum carmina audio, saepe oculos claudo. In audiendo saepe oculos claudo.“

Ü

a) Bilde alle Formen des Gerundiums zu:
laudare, tacere, invenire, cognoscere, facere

b) Suche nur die Formen des Gerundiums heraus:
prehendo, prehendendo, monendi, monenti, descendendo, descendo, descendendi, descendi, descendenti, reprehendo, reprehendendo, reprehensum, reprehendendum

c) Bilde wie im Beispiel den Genitiv des Gerundiums und übersetze:
ars (scribere) → ars scribe**ndi**
1. ars (cantare) 2. ars (dicere) 3. ars (volare) 4. voluntas (effugere) 5. voluntas (manere) 6. cupiditas (legere) 7. modus (vivere)

d) Ein Interview mit Mäzenas
1. „Quo modo poetis tuis ades, Maecenas?“ – „Laudando et confirmando eis adsum.“
2. „Audivi te nonnullos poetas donis delectare.“ – „Dando et donando eos iuvo, qui scribendo vitam beatam agere non possunt.“
3. „Reprehendisne poetas tuos?“ – „Reprehendendo homines laeduntur. Hoc nolo.
4. Omnes autem moneo, ut Augusto honorem tribuant. Monendo neminem laedo.“

e) In oder ad? Wähle aus und übersetze:
1. (ad audiendum / in audiendo) ridere 2. servum (ad scribendum / in scribendo) arcessere 3. librum (ad legendum / in legendo) deligere 4. (ad cogitandum / in cogitando) tacere 5. carmen (ad recitandum / in recitando) idoneum

f) Ein bewegendes Gedicht
1. In convivio poeta carmen recitaturus est: „Nunc est tempus recitandi, amici. Audite carmen meum!“ 2. Ad recitandum poeta surgit. 3. In surgendo autem mensam forte attingit. 4. Attingendo mensa ita movetur, ut cibi ad terram cadant. 5. Amici rident: „Recitando non solum animos, sed etiam mensas et cibos movere potes.“

I

Horaz und Epikur

Horaz, der Sohn eines Freigelassenen, machte eine erstaunliche Karriere. Sein Vater hatte ihm ein Studium in Athen ermöglicht, wo er unter anderem die Lehre des griechischen Philosophen Epikur kennenlernte. Epikur empfahl den Menschen ein bescheidenes Leben in Zurückgezogenheit und die Nutzung des unwiederbringlichen Augenblicks (Carpe diem). In Rom entdeckte Mäzenas das dichterische Talent des Horaz und nahm ihn in seinen Kreis auf. Der Dichter bevorzugte ein Leben fernab politischer Wirrungen, wie es die Lehre Epikurs vorsah. Überglücklich war Horaz, als Mäzenas ihm ein Landgut in den Sabiner Bergen schenkte.

Statt Stadt Land

Horaz schreibt seinem Freund und Dichterkollegen Tibull einen Brief. Begeistert spricht er über das Landgut, das ihm Mäzenas vor kurzem geschenkt hat.

T

Horatius Tibullo suo salutem dicit.
Maecenas mihi rus parvum dedit, ut scis – tandem vere vivere possum! Nunc mihi iucundus modus vivendi est, Tibulle. Illuc cum me recepi, urbem raro desidero. Hic remanere volo. Specta mortales illos, qui in urbe vitam incertam agunt! Ii mille in negotiis occupati artem vivendi omnino neglegunt. Ego autem ruri nec turba nec clamore hominum perturbor. Neque invidia neque cupiditas auri me sollicitant. Quiescendi causa saepe sub aliqua arbore sedeo. Quam iuvat pecora laeta videre, quam iuvat carmina avium[1] audire! Hic quiescendo et tacendo et cogitando delector, hic maxima mihi voluptas legendi est. Vita rustica[2] mihi tempus gratum ad scribendum praebet. In illo otio mihi iucundissime vivere licet. Scisne dictum Epicuri, illius philosophi divi Graeci? „Carpe diem!“ Ego libenter concedo me ruri more Epicuri vivere. Ruri otio delector, ruri tempus vivendi differre non possum. Vale!

[1] avis, is Vogel

[2] rūsticus, a, um ländlich, bäuerlich

Wandmalerei aus der Casa del Bracciale d'Oro in Pompeji. 1. Jh. n. Chr.

a) 1. Um welche Textsorte handelt es sich? Begründe deine Antwort. 2. Wo gefällt es dir besser – in der Stadt oder auf dem Land? Begründe deine Ansicht. 3. Was bemängelt Horaz in der Stadt, was liebt er dagegen am Landleben? Stelle deine Ergebnisse in zwei Spalten (urbs – rus) gegenüber. 4. Stelle zusammen, in welchen Wendungen vita und vivere in T auftreten. Welche Schlüsse auf die Aussageabsicht des Horaz kannst du daraus ziehen?

b) Überlege, wer die folgenden Sätze äußern könnte:
1. Docendo discimus. 2. Scribere scribendo, dicendo dicere disces. 3. Ad cogitandum et agendum homo creatus est.

V

c) Ein eingefleischter Stadtrömer kann das Lob des Landlebens nicht verstehen:
1. Non intellego, cur tot Romani in otium ruris se recipiant. 2. Ruri raro me aliquid delectat: Nec agros nec pecora videre mihi iucundum est. 3. At quam pulchra, quam grata, quam diva Roma est! 4. Semper sermones aures tangunt, semper homines toto ex orbe Romam veniunt. 5. Voluptas spectandi et audiendi me maxime hic tenet. 6. ROMA est AMOR!

101

E

1. „Ars scribendi difficilis est." - „Ego scribere possum."
2. „Puto artem carmina scribendi difficilem esse." - „Ego hanc artem didici."
3. „Clarius dicam: Ars carmina bene scribendi difficilis est." - „Hanc quoque artem didici."
4. „Quis es? Catullus an Horatius?" - „Libros meos legendo comperies, quis sim."

Ü

a) Trenne die Wörter und übersetze:

1. Poeta homines delectat **carminarecitando**.

2. Homines artem laudant **versusbenerecitandi**.

3. Poeta cupidus est **versusnovoscomponendi**.

b) Länger und länger

1. ars celeriter scribendi → ars librum celeriter scribendi → ars librum bonum celeriter scribendi 2. voluntas populum delectandi → voluntas populum carminibus delectandi → voluntas populum carminibus optimis delectandi → voluntas populum carminibus optimis iterum atque iterum delectandi 3. carmina componendo gloriam petere → carmina pulchra componendo gloriam petere → carmina pulchra diligenter componendo gloriam petere

c) Suche zu acht der unter 101 M angeführten Suffixe je ein weiteres Beispiel aus dem Register des Lehrbuchs.

d) Viel Spaß. Fülle die Lücken jeweils mit zwei verschiedenfarbigen Bausteinen auf, sodass möglichst großer Unsinn entsteht. Die Bausteine dürfen mehrfach verwendet werden.

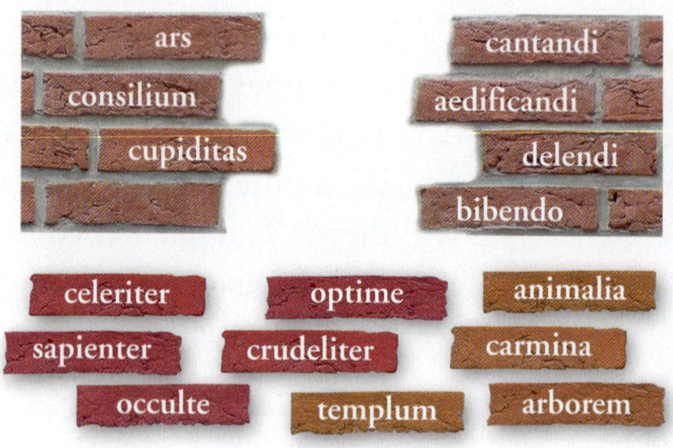

e) Ein großes Talent

1. Senator gaudet: „Semper cupidus sum poetas novos cognoscendi. 2. Heri carmina adulescentis audivi, qui alios poetas arte versus scribendi et recitandi superat.
3. Ingenium eius laudo: Pauci homines ad bene scribendum idonei sunt. 4. Adulescens tales versus faciendo gloriam sibi parabit. 5. Certe multi homines ingenium eius carmina diligenter legendo cognoscent."

I

Ovids Berufswunsch

Ovid wurde 43 v. Chr. als Sohn einer wohlhabenden Familie geboren. Sein Vater schickte ihn und den älteren Bruder nach Rom, wo beide Rhetorik studierten. Der Bruder schlug die juristische Laufbahn ein, Ovid allerdings wollte Dichter werden, denn – wie er im Rückblick formuliert – alles, was er schreiben wollte, sei automatisch zum Vers geworden: et quod scribere temptabam, versus erat.

Berufswahl – eine Qual

T

Als Ovid in den Ferien seine Heimat Sulmo besucht, kommt es zum Streit mit dem Vater. Welchen Berufsweg soll der junge Mann einschlagen?

Pater: Nonne scis, cur te fratremque Romam miserim? Vos artem bene dicendi discere volui. Et ecce exemplum fratris tui probi: Studium ius discendi maxime eum incendit; itaque mox causidicus[1] honestus erit. Et tu? Mera somnia[2] mihi narras: „Cupidus sum gloriam poetae quaerendi." Dicam tibi, quod sentio: Non es paratus ad laborandum; utilia non curas.
Ovidius: Equidem diversa cupio. Cum puer iam essem, cupiditas carmina scribendi me ceperat – et id, quod scribere temptabam, versus erat. Quin mihi versus facere permittis? Romae multi meum ingenium carmina scribendi et recitandi laudant.
Pater: Contra ego poetas scio, qui putabant se carmina edendo magnas opes sibi paraturos esse. Iisdem paulo post auxilio aliorum opus erat. Haud raro poetis pauperibus ne tectum quidem erat.
Ovidius: Nonne scis dignitatem Vergilii et Horatii? Ii poetae egregios se praebent.
Pater: Profecto grandia nomina poetarum profers. Sed tu, puer, pare et omitte versus, aut ...

Ovid hörte jedoch nicht auf seinen Vater – und wurde einer der erfolgreichsten Dichter Roms.

[1] causidicus Rechtsanwalt
[2] mera somnia *n Pl.* nichts als Träume

Vergil zwischen den Musen Kalliope und Melpomene. Römisches Mosaik. 3. Jh. n. Chr. Tunis, Musée du Bardo.

a) 1. Was ist dem Vater wichtig, was seinem Sohn? Stelle die Verben und die Substantive, die sie verwenden, gegenüber. 2. Stell dir vor, du müsstest als Streitschlichter zwischen Ovid und seinem Vater vermitteln. Wie würdest du dabei vorgehen? 3. Wer seine Interessen und Fähigkeiten besser kennt, findet leichter den passenden Beruf. Welche Kriterien hältst du bei der Berufswahl für wichtig?

b) Übersetze und überlege dir zu jedem Satz eine kleine Geschichte:
1. Frequenter ignoscendo e stulto improbum facies. 2. Nihil agendo homines turpiter agere discunt. 3. Diu cogitando amicos delige!

V

c) Vielleicht haben sich Horaz und Vergil nach einer Dichterlesung des jungen Ovid folgendermaßen unterhalten:
1. Horatius: „Haud raro iuvenes Romae carmina scribendo gloriam et dignitatem petunt. 2. Sed, Vergili amice, pauci tantum poetae egregii sunt. 3. Ovidio isti non solum ingenium nova inveniendi, sed etiam ars bene recitandi est. 4. Multum exercendo is certe poeta egregius erit." 5. Vergilius: „Immo, iam est! Exemplo aliorum poetarum ei opus non est."

102

E

1. Ovidius consilium versus novos faciendi capit.
2. Alii poetae verba diu quaerunt.
   Ovidio autem versus facienti verba numquam desunt.
3. Ad carmen scribendum Ovidius servum arcessit.
4. Verba domini servum scribentem delectant.

Ü

a) Bestimme Kasus, Numerus und Genus des Substantivs und suche die passende(n) Form(en) des Partizips heraus:
1. servis (scribens / scribentis / scribentibus) 2. puellarum (salutantem / salutantium / salutantes) 3. uxori (ridentes / ridenti / ridentis) 4. populo (laudante / laudantis / laudanti) 5. amicos (canens / canentes / canentem) 6. poetae (cogitantis / cogitanti / cogitantes)

b) Bilde die zu ad, in und causā passenden Formen des Gerundiums und übersetze die Ausdrücke:
1. ad (spectare) 2. (audire) causā 3. in (dicere) 4. (vivere) causā 5. in (videre) 6. ad (convenire) 7. in (tacere) 8. (vigilare) causā 9. in (admonere) 10. (punire) causā

c) Partizip oder Gerundium?
Entscheide und übersetze:
1. Augustus consilium mores maiorum ■ ceperat. 2. Carmina lasciva (freche) imperatori mores ■ non placuerunt. 3. Ad id ■, quod Augusto placuit, mores observare necesse erat. 4. Augustus Ovidium carmina lasciva ■ in exilium pepulit. 5. Studio veniam ■ commotus Ovidius multas litteras ad imperatorem misit. 6. Imperator autem poetae ■ veniam non dedit.

conservandi / conservanti
scribentem / scribendum
petenti / petendi

d) Lieben ist lernbar.
1. „Nonne hoc audivisti? Ovidius librum de arte amandi scripsit." 2. „Utrum liber viro amanti an mulieri amanti usui est?" 3. „Ovidius, magister amantium, multa consilia ad amandum idonea mulieri, sed plurima viro dat." 4. „Etiam me amantem doceat!" 5. „Haec prima verba carminis sunt:

‚Si quis in hōc artem populo
non novit amandi,
hoc legat et lecto
carmine doctus amet!'"

I

Ovid und Augustus

Augustus wollte mit einer strengen Sitten- und Ehegesetzgebung die Moral der römischen Oberschicht verbessern, die während der Bürgerkriege stark gelitten hatte. Zur gleichen Zeit verfasste Ovid ein Werk mit dem Titel „Liebeskunst". Darin gibt er Männern und Frauen Tipps, wie und wo sie neue Liebespartner kennenlernen können. Augustus ließ den berühmten „Lehrer in Liebesdingen" (praeceptor amoris) zunächst gewähren. Im Jahre 8 n. Chr. allerdings verbannte er Ovid nach Tomi ans Schwarze Meer, ohne dass man bis heute den genauen Grund für diese Strafe kennt. Ovid selber nennt eine Dichtung und einen Irrtum, den er begangen habe. Alle Bittgesuche blieben erfolglos: Ovid verbrachte den Rest seines Lebens im Exil.

In der Verbannung

T

In Tomi, am rauen Ufer des Schwarzen Meeres, denkt Ovid an das Leben zurück, das er einst in Rom führte.

Quam atrox fuit ille dies, quo domum et uxorem venustam, quo meam Romam unicam relinquere coactus sum! Adhuc mihi uxor misella ante oculos stat. Nunc solus inter barbaros vitam miseram ago. Linguam gentis ferocis nescio. Itaque mihi colloquia nulla sunt. Nemo mihi carmina recitanti auscultat. Hic aestate sol campos urit, hieme[1] longinquae tenebrae et acre frigus homines terrent.
At Romae semper luce solis gaudebam, vitam felicem agebam. Quotiens in forum descendi, identidem cives me familiarissime salutabant. Quot homines cupidi carmina mea audiendi conveniebant, cum recitabam! Magister amoris fui: Civibus consilium in Circum Maximum eundi dabam; ibi enim mille puellae pulchrae sunt – veniunt ad spectandum, veniunt, ut et ipsae spectentur. Eiusmodi autem consilia Augusto Caesari non placebant. Nunc in extrema parte orbis a familiaribus desertus vitam molestam agere cogor.
O quam tristis finis vivendi hic me manet!

[1] hiems, hiemis Winter

Eugène Delacroix: Ovid bei den Barbaren. 1838. Paris, Palais Bourbon.

a) 1. Versuche den Text zu gliedern, indem du den einzelnen Abschnitten knappe deutsche Überschriften gibst. 2. Beschreibe anhand des Textes, was Ovid an seinem Verbannungsort stört. 3. Sammle die Adjektive und Adverbien, mit denen Rom und der Verbannungsort beschrieben werden, und stelle sie in einer Tabelle gegenüber. Was fällt dir auf?

b) Vokabeln im Exil
Schreibt alle neuen Lernwörter auf Karten. Einer von euch nimmt eine Karte fort und legt die restlichen aus. Wer als Erster sieht, welche Vokabel fehlt, darf die nächste Karte verbannen.

c) Ein Einwohner von Tomi erzählt einem Freund von dem Fremdling aus Rom:
1. Cum Ovidium primum viderem, imprimis vultum tristem animadverti. 2. Frigus extremum huius regionis virum misellum vexabat. 3. Identidem in litore stans mare apertum spectabat Romam longinquam desiderans. 4. Paulatim autem cupiditas linguam nostram discendi eum ceperat. 5. Etiam carmen venustum nostra lingua compositum nobis recitavit. 6. Ovidius Romam desiderans (tamen) apud nos patriam novam invenit.

V

Flirten für Anfänger

T

Es ist früher Morgen, langsam erwacht das bunte Treiben auf dem Forum. Am Stand der Brüder Sosii, der bekanntesten Buchhändler Roms, legen Sklaven die Buchrollen zum Verkauf aus. Besonders gut verkauft sich das neue Werk des jungen Dichters Ovid, über das schon ganz Rom hinter vorgehaltener Hand spricht. Schon der Titel Ars amatoria („Liebeskunst") verspricht eine interessante Lektüre. Um den Verkauf noch weiter zu steigern, haben die Sosii einen Werbetext an die Außenwand ihrer taberna geschrieben, in den sie Zitate aus dem Werk eingebaut haben:

Quot sidera caelum, tot puellas Roma habet! Si quis artem amandi non scit, nulla alia in urbe hanc artem facilius discet. Sed puella pulcherrima, quae tibi maxime placet, sua sponte ad te non veniet. Immo eam quaerere debes. Itaque ad discendum paratus sis! Discendo enim venator[1] scire potest, ubi praeda maxima capiatur. Diligentissime audi consilia mea: Primum tibi turba auxilio est. Frequentissime pete Circum Maximum, fora et theatra[2] puellarum plena! Imprimis in theatris puellas pulchras invenies. Non minus idonea sunt certamina[3] equorum, quae turbam spectantem delectant. Ibi prope ad puellam delectam sede, aspice eam saepius et, quasi casu effectum esset, tange eius corpus corpore tuo. Deinde nocte ineunte aditum ad convivia pete: Nam vinum curas doloresque celerrime pellit et cupiditates vehementius excitat. Venus[4] vino venit!

[1] vēnātor Jäger

[2] theātrum: *vgl. Fw.*

[3] certāmen, inis *n* Wettkampf

[4] Venus: Göttin der Liebe

Antonio Canova: Venus und Adonis. Marmorgruppe. Um 1790. Genf, Villa La Grange.

V

a) Welche Auffassung von Liebe und welches Verhältnis zwischen Männern und Frauen werden in Ovids Ratschlägen erkennbar? Achte auf die Wortwahl, besonders auf Bilder und Metaphern.

b) Du hast in XXVIII T und XXIX T zwei Auffassungen von Liebe kennengelernt. Vergleiche damit deine Auffassung von Liebe und Partnerschaft.

XXIX *plus*

Teste dich selbst. Bearbeite die Aufgaben a) bis d).

a) Steigere die Adverbien und übersetze:
1. misere vivere 2. superbe reprehendere
3. fortiter sustinere

b) Suche nur die Formen des Gerundiums heraus:
agendo - agendi - agentem - ad agendum - sperandi - speranti - sperans - contendendi - contendenti - contendi

c) Bestimme den Kasus des Gerundiums und übersetze:
1. flendo 2. ad flendum 3. in flendo
4. flendi causā

d) Übersetze:
1. tempus gaudendi 2. voluntas amicos videndi 3. spes locum tristem celeriter relinquendi

Wenn du Probleme mit einer Aufgabe hattest, löse die entsprechende der folgenden Aufgaben:

a') Bilde die fehlenden Formen:
1. diligenter → diligentius → [?] 2. honeste → [?] → honestissime 3. acriter → [?] → acerrime 4. celeriter → celerius → [?] 5. feliciter → [?] → [?] 6. vehementer → [?] → [?]

b') Bilde das Gerundium, indem du die fehlenden Buchstaben ergänzt:
turba ■■ i - mone ■■ o - ad servi ■■■ um - in trah ■■■ o - ad scrib ■■■ um

Beschreibe jeweils, woran man erkennt, dass die folgenden Formen kein Gerundium sind:
monentem - comprehendo - comprehendenti - ostendi

c') Ordne die richtige Übersetzung zu:
1. ad cogitandum 2. cogitando
3. in cogitando 4. cogitandi causā
durch Nachdenken - wegen des Nachdenkens - zum Nachdenken - beim Nachdenken

Bestimme und übersetze:
1. clamandi causā 2. clamando
3. in clamando 4. ad clamandum

d') Übersetze:
voluntas imperatorem potentem *reprehendendi*

Wenn du mit a) bis d) keine Schwierigkeiten hattest, löse mindestens eine der folgenden Aufgaben:

e) Unterscheide und übersetze:
1. Utinam Augustus mihi veniam det / daret! 2. Utinam Augustus litteras meas legerit / legisset! 3. Utinam uxor litteras novas mihi scribat / scripserit!

f) Unterwegs in Rumänien. Nimm die folgenden Vokabeln mit auf die Reise und übersetze die markierten Stellen im anschließenden Dialog.

bene - esse - fortis, e - Germanus, a, um - in - mihi - multum - multus, a, um - non - noster, nostra, nostrum - placere - stare - terra - tres, tria

„Eşti german?" („... du ...?) – „Da sunt." („Ja, ... ich.") – „Dar vorbeşti bine românește!" („Du sprichst aber ... Rumänisch.") – „Multumesc frumos!" („... Dank!") – „Îţi place ţara noastră?" („Dir ...?") – „Da, îmi place foarte mult." („Ja, es ...") – „Mai stai mult în România?" („... du noch ... Rumänien?") – „Nu, doar trei zile." („..., nur ... Tage.")

Hinweise zur Konzeption und zur Arbeit mit dem Wortschatz- und Grammatikteil

Der Wortschatz- und Grammatikteil enthält – übersichtlich und lernfreundlich aufbereitet – zu den einzelnen Lektionen die folgenden Bestandteile:

a) Wortschatz (W)

Dieser Teil bietet unter dem Stichwort **„Lernwörter"** alle in der Lektion neu zu lernenden Wörter und Wendungen.

Im **Graudruck** (eingerückt) stehen Wendungen, die als Lernhilfen zur Verdeutlichung grammatischer Eigenschaften und Bedeutungen dienen (z. B. ad basilicam properare beim Erstvorkommen der Präposition ad oder populis imperare beim Erstvorkommen von imperare).
Im **Graudruck** (bündig) erscheinen Wörter, die bereits gelernt sind und beim Nachtrag einzelner Formen oder Bedeutungen noch einmal angeführt werden (z. B. scribere, scribo bei der Einführung von scripsi), sowie weniger wichtige Eigennamen.

Als Zusatzangebot erscheinen **„Wiederholungswörter"**, d. h. in T verwendete Vokabeln, deren Erlernen bereits einige Lektionen zurückliegt und die gezielt aufgefrischt werden sollten, bevor der jeweilige Lektionstext übersetzt wird.

Diese anwendungsbezogene Wortschatzarbeit ermöglicht unmittelbare Erfolgserlebnisse; so wird eine Strategie angebahnt, die in den Lektüreunterricht mündet: das selbstständige Ermitteln und Schließen individueller Wortschatzlücken durch Herausschreiben, Wiederholen und Üben „vergessener" Vokabeln.

Methodische Möglichkeiten der **Wortschatzarbeit**:

- vor der Lektüre von T:
  Wiederholung des bekannten Wortschatzes mit Hilfe der **Wiederholungswörter**, ggf. individuelles Ermitteln und Üben weiterer „vergessener" Wörter aus T
- ggf. vor der Lektüre von T:
  Erarbeitung der Vokabeln, die den neuen Grammatikstoff repräsentieren (* **Blaudruck**), bei dessen Einführung in E und Ü
- vor der Lektüre von T:
  Besprechung der **Lernwörter** nach wortkundlichen Prinzipien (z. B. etymologische Bezüge, Wort- und Sachfelder, syntaktische Eigenschaften, Minikontexte, Kulturwortschatz, moderne Fremdsprachen) oder
- während der Lektüre von T (in der Regel in zwei „Portionen"):
  situative Erarbeitung des neuen Wortschatzes
- nach der Lektüre von T:
  Vertiefung, Einübung und ggf. Systematisierung des Wortschatzes mittels geeigneter V-Übungen und Übungen der *plus*-Lektionen

Zur Methode der Wortschatzarbeit vgl. v. a. die M-Teile zu 2, 6, 8, 11, 12, 13, 18, 25, 28, 46, 49.

b) Grammatik

Die grammatischen Erläuterungen sind einheitlich gegliedert nach Formenlehre (**F**) und Satzlehre (und / oder Semantik) (**S**).

Die Darbietung ist konsequent auf das für den Schüler Wichtige beschränkt, wobei Leseverstehen und Sprachreflexion als Hauptziele des Sprachunterrichts Auswahl und Umfang bestimmen.

Die sprachlichen Phänomene der Formenlehre werden in übersichtlichen Tabellen vorgeführt, die Stoffe der Satzlehre zumeist in induktiver Weise an Beispielsätzen erläutert. Diese Beispielsätze enthalten – soweit es der Stoff erlaubt – keine neuen Vokabeln, sodass die Grammatik vor der Behandlung des Lektionstextes besprochen werden kann.

c) Methodentraining (**M**)

Diese Teile schulen mit konkreten und praxisbezogenen Tipps reflektiertes und ökonomisches Lernen und Arbeiten. Sie zielen auf fachspezifische Methoden (z. B. Auflösen satzwertiger Konstruktionen) ebenso ab wie auf überfachliche Kompetenzen (z. B. individuelle Lernstrategien, Lernplanung, Methoden der Texterschließung).

Der Wortschatz- und Grammatikteil – Auf einen Blick

In T enthaltene **bekannte Wörter**, die hier aufgefrischt werden können

Neu zu lernende Wörter und Wendungen in der Reihenfolge von T

Graudruck (eingerückt): Wendungen zur Verdeutlichung grammatischer Eigenschaften und Bedeutungen

Graudruck (bündig): Wörter, zu denen Formen oder Bedeutungen nachgetragen werden

Zusammenfassung aller Repräsentanten des neuen Grammatikstoffs

Blaudruck: Repräsentanten des neuen Grammatikstoffs, auf der linken Seite der Lektion eingeführt

19

Wiederholungswörter

invenīre	finden, erfinden	iam	schon, bereits; nun
dubitāre	zweifeln; zögern	parvus	klein, gering
placēre	gefallen	dōnum	Geschenk

Lernwörter

facere, faciō	machen, tun, handeln	*Faktum, e. fact*
sacrum	Opfer, Heiligtum	*Sakrament*
sacrum facere	ein Opfer bringen, opfern	
autem *(nachgestellt)*	aber, andererseits	
Puerī autem tacent.	Die Jungen aber schweigen.	
dēscendere, dēscendō	herabsteigen	*e. to descend*
nōnne?	(etwa) nicht?	
magis	mehr	
quam	als, wie	
Quam pulchrum est templum!	Wie schön ist der Tempel!	
magis ... quam	mehr ... als	
capere, capiō	fassen, nehmen; erobern	*kapieren*
aspicere, aspiciō	erblicken, ansehen	*Aspekt*
quīn?	warum nicht?	
summus, a, um	der höchste, oberste	*Summe*

facere, faciō	machen, tun, handeln
capere, capiō	fassen, nehmen; erobern
aspicere, aspiciō	erblicken, ansehen

179

19

Verben: Konsonantische Konjugation (i-Erweiterung)

i-Erweiterung

Infinitiv	cape-re *nehmen*	
	Singular	**Plural**
1. Person	capi-ō *ich nehme*	capi-mus *wir nehmen*
2. Person	capi-s *du nimmst*	capi-tis *ihr nehmt*
3. Person	capi-t *er (sie, es) nimmt*	capi-u-nt *sie nehmen*
Imperativ	cape *nimm!*	capi-te *nehmt!*

Bei einigen Verben, die zur konsonantischen Konjugation gezählt werden, endet der Wortstamm auf ein kurzes -i-. Daher gleichen viele Formen denen der i-Konjugation.

Vor -r (z.B. im Infinitiv) und im Imperativ Singular steht statt des kurzen -i- ein kurzes -e-. Um die Verben mit i-Erweiterung zu erkennen, muss man zusätzlich zum Infinitiv die 1. Pers. Sg. wissen.

Formenlehre (F)
und / oder Satzlehre (S)

Texte erschließen: Wort- und Sachfelder beachten

Um – ggf. auch vor der Übersetzung – einen Text zu erschließen, genügt es oft, zu überprüfen, welche Wort- bzw. Sachfelder dieser enthält.

1. Ein **Wortfeld** wird gebildet von sinnverwandten Wörtern derselben Wortart.
   Beispiel: Wortfeld „reden, sprechen, sagen": vocare, respondere, rogare, monere

2. Ein **Sachfeld** wird gebildet von sinnverwandten Wörtern verschiedener Wortarten. (vgl. 11 M)
   Beispiel: Sachfeld „Lernen": discipulus, ludus, tabula, lingua, audire, scire, nescire, docere, laborare, rogare, probare, studere, laudare, scribere, ostendere
   Weitere Beispiele für Sachfelder: „Handel", „Politik", „Religion", „Leben in der Stadt", „Leben auf dem Land", „Reisen".

Die zu einem Wort- oder Sachfeld gehörenden Wörter können zwar unterschiedliche Bedeutungen haben, sie werden aber dadurch auf eine Bedeutung festgelegt, dass sie zusammen mit anderen Wörtern in einem bestimmten Kontext verwendet werden.

Praktische Tipps zum Erwerb von fachlichen und überfachlichen Methoden und Kompetenzen

180

Auf den Grammatikseiten ist nur die Behandlung der Lernwörter (W), der Formenlehre (F) und der Satzlehre (S) obligatorisch. Die anderen Elemente – hier grün unterlegt – stellen ein Angebot dar, aus dem die Lehrkraft eine Auswahl nach entsprechenden methodischen und didaktischen Kriterien treffen wird.

76

W Wiederholungswörter

certē *Adv.*	gewiss, sicherlich	at	aber, dagegen, jedoch
comprehendere, comprehendō, comprehendī, comprehēnsum	begreifen, ergreifen, festnehmen	iubēre, iubeō, iussī, iussum *(m. Akk.)*	anordnen, befehlen
comes, comitis *m/f*	Begleiter(in), Gefährte, Gefährtin	aperīre, aperiō, aperuī	aufdecken, öffnen
		tenebrae, tenebrārum *f Pl.*	Dunkelheit, Finsternis

Lernwörter

ā iuventūte	von Jugend an	*ā / ab, iuventūs, iuvenis*
Iūdaeus, a, um	jüdisch; *Subst.* Jude	
discrīmen, discrīminis *n*	Entscheidung, Gefahr; Unterschied	*diskriminieren*
in discrīmine esse	zur Entscheidung stehen	
in summō discrīmine esse	in höchster Gefahr sein	
discrīmen inter bonōs et malōs	der Unterschied zwischen Guten und Schlechten	
incidere, incidō, incidī (in *m. Akk.)*	treffen (auf jdn. / etw.); hinzukommen	*in, cadere,* e. *incident*
in scelerātōs incidere	auf Verbrecher treffen	
Saulus / Paulus	Saulus *(hebräischer / christlicher Name des Apostels und Missionars, gest. um 60 n. Chr.)*	
nequīre, nequeō, nequī(v)ī	nicht können	
dēclārāre, dēclārō	deutlich machen, verkünden	*dē, clārus, deklarieren*
Iēsūs (Nāzarēnus), *Gen.* **Iēsū**	Jesus (von Nazareth)	
Chrīstus	Christus	

M Übersetzen: Zeitverhältnis beim Partizip beachten

Wenn du in einem Satz ein Partizip entdeckst, musst du zuerst bestimmen, ob es sich um ein PPA oder ein PPP handelt. Damit steht auch das Zeitverhältnis fest, das das Partizip zum Geschehen des Prädikats ausdrückt. Das Tempus, das bei der Auflösung des lateinischen Partizips in einen deutschen Adverbial- bzw. Relativsatz verwendet werden muss, richtet sich nach der Art des Partizips und dem Tempus des Prädikats. Nutze die folgende Übersicht:

76

Partizip Präsens Aktiv (PPA)	Partizip Perfekt Passiv (PPP)
Endungen der 3. Deklination	Endungen der a- / o-Deklination
z. B. audi-e-**ns**, audi-e-**nt**-is	z. B. audi-**tus, a, um**
Partizip der **Gleichzeitigkeit**	Partizip der **Vorzeitigkeit**

Wiedergabe im Deutschen:

→ **PPA**

Prädikat Relativ- oder Adverbialsatz		Prädikat Hauptsatz
Präsens	←	Präsens
Präteritum	←	Vergangenheit

Verba magistri audi**ens** Während Julia die Worte des Lehrers ***hört***,	Iulia **tacet.** ***schweigt*** sie.
Verba magistri audi**ens** Während Julia die Worte des Lehrers ***hörte***,	Iulia **tacebat.** ***schwieg*** sie.

→ **PPP**

Prädikat Relativ- oder Adverbialsatz		Prädikat Hauptsatz
Perfekt	←	Präsens
Plusquamperfekt	←	Vergangenheit

De verbis audi**tis** Über die Worte, die sie ***gehört hat***,	Iulia **cogitat.** ***denkt*** Julia ***nach***.
De verbis audi**tis** Über die Worte, die sie ***gehört hatte***,	Iulia **cogitavit.** ***dachte*** Julia ***nach***.

77

W Wiederholungswörter

aestās, aestātis *f*	Sommer	prōcēdere, prōcēdō, prōcessī	(vorwärts)gehen, vorrücken
inīre, ineō, iniī	hineingehen (in), beginnen	vīs *f (Akk.* vīm, *Abl.* vī*)*	Gewalt, Kraft, Menge
proelium	Kampf, Schlacht	cōnficere, cōnficiō, cōnfēcī, cōnfectum	fertig machen, beenden
condiciō, condiciōnis *f*	Bedingung, Lage, Verabredung		
convertere, convertō, convertī, conversum	verändern, (um)wenden		

Lernwörter

Cōnstantīnus	Konstantin (der Große) *(röm. Kaiser 306–337 n. Chr.)*	
vēr, vēris *n*	Frühling	*i./s./p. prima-vera*
cōnscrībere, cōnscrībō, cōnscrīpsī, cōnscrīptum	aufschreiben, verfassen	*scrībere*
mīlitēs cōnscrībere	Soldaten ausheben, rekrutieren	
exīre, exeō, exiī, exitum	herausgehen, hinausgehen; enden	*Exitus, e. exit*
collocāre, collocō	aufstellen, unterbringen	*locus*
nōscere, nōscō, nōvī, nōtum	erkennen, kennenlernen	
tegere, tegō, tēxī, **tēctum**	bedecken, schützen, verbergen	*tēctum*
fīdūcia	Vertrauen	*fidēs*
fīdūcia suī	Selbstvertrauen	
omnīnō *Adv.*	insgesamt, überhaupt, völlig	*omnis*
cōnspicere, cōnspiciō, cōnspexī, cōnspectum	erblicken	*cōnspectus, a-spicere, re-spicere*
convocāre, convocō	zusammenrufen, versammeln	*vocāre*
claudere, claudō, clausī, clausum	schließen, abschließen, einschließen	*Klausur, e. close*
pōns, pontis *m (Gen. Pl.* **-ium***)*	Brücke	*f. pont, i./p. ponte, s. puente*
Tiberis, Tiberis *m (Akk.* **-im**, *Abl.* **-ī***)*	der Tiber *(Fluss durch Rom)*	
ruere, ruō, ruī	stürzen, eilen, stürmen	*Ruine*

inter *Präp. m. Akk.*	unter, während, zwischen	*inter-national*
inter līberōs	unter den Kindern, zwischen den Kindern	
inter cēnam	während des Essens	

Ablativus absolutus (1)

S

→ Erscheinungsform und Übersetzung

Hostibus urbem *temptantibus*
cives timore sollicitati sunt.

Als (weil) die Feinde die Stadt *angriffen*,
wurden die Bürger von Furcht beunruhigt.

Hostibus victis
omnes gaudebant.

Nachdem (weil) die Feinde besiegt (worden) waren, freuten sich alle.

Ablativus absolutus (Abl. abs.) ist die Bezeichnung für eine häufige Konstruktion, bei der ein Nomen im Ablativ mit einem PPP oder einem PPA eine sprachliche Einheit bildet. Die beiden Teile stehen in KNG-Kongruenz.

Der Ablativus absolutus kann durch einen Adverbialsatz (z. B. mit *als*, *nachdem*, *während*, *wenn*, *weil*) wiedergegeben werden. Das Nomen im Ablativ wird dann zum Subjekt und das Partizip zum Prädikat des Adverbialsatzes.

Die Sinnrichtung muss aus dem Kontext erschlossen werden. Für die Wiedergabe der verschiedenen Sinnrichtungen stehen die gleichen Möglichkeiten zur Verfügung wie bei den Partizipialkonstruktionen, die als Adverbiale aufzufassen sind (vgl. 64 S).

→ Zeitverhältnis

Wie beim Participium coniunctum bezeichnet das **PPP** die **Vorzeitigkeit**, das **PPA** die **Gleichzeitigkeit**.

→ Der Ablativus absolutus als satzwertige Konstruktion

Hostes urbem *temptabant.*
Cives timore sollicitati sunt.

Die Feinde griffen die Stadt *an.*
Die Bürger wurden von Furcht beunruhigt.

Hostibus urbem *temptantibus*
cives timore sollicitati sunt.

Als (weil) die Feinde die Stadt *angriffen,*
wurden die Bürger von Furcht beunruhigt.

Man kann den Ablativus absolutus als eigenständigen Aussagesatz verstehen, der als satzwertige Konstruktion in einen anderen Satz hineingenommen wurde. Von dem Partizip (hier: temptantibus) können Objekte (hier: urbem) und / oder Adverbialien abhängen.

→ Satzgliedfunktion

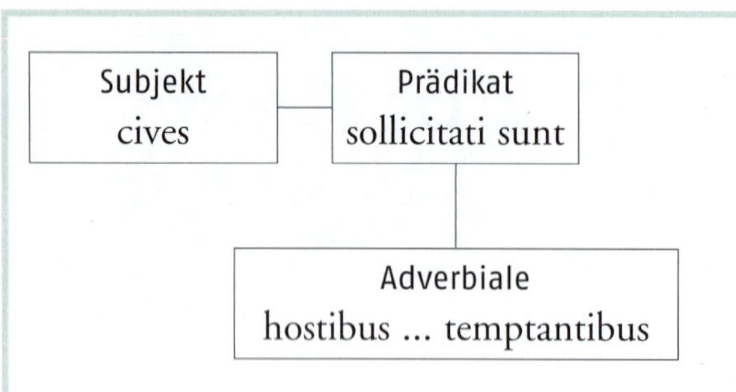

Der Ablativus absolutus hat immer die Satzgliedfunktion des Adverbiales. Im Gegensatz zum Participium coniunctum ist das Nomen im Ablativ, auf das sich das Partizip bezieht, meist nicht in den Satz eingebettet; man spricht daher von einer „losgelösten" (absoluten) Konstruktion.

M Sprache betrachten: Sinnrichtung ermitteln

Cum hostes urbem temptarent,
Hostibus urbem temptantibus

cives timore sollicitati sunt.

Als die Feinde die Stadt angriffen,
Weil die Feinde die Stadt angriffen,

wurden die Bürger von Furcht beunruhigt.

Im Lateinischen haben Ablativi absoluti und Adverbialsätze gleichermaßen die Satzgliedfunktion des Adverbiales. Dabei ist in Adverbialsätzen, die mit der Subjunktion cum eingeleitet werden, die Sinnrichtung ebenso wenig festgelegt wie bei einem Ablativus absolutus.

Du musst also aus dem Zusammenhang des Textes ermitteln, welche Sinnrichtung bei der deutschen Wiedergabe zu wählen ist. Manchmal gibt es mehrere sinnvolle Möglichkeiten.
In unserem Beispiel sind die temporale *(als)* und kausale *(weil)* Sinnrichtung denkbar.

Wiederholungswörter

oportet	es gehört sich, es ist nötig	īnstāre, īnstō, īnstitī	bevorstehen, hart zusetzen
iuvāre, iuvō, iūvī *m. Akk.*	unterstützen, helfen; erfreuen	incipere, incipiō, coepī (incēpī), inceptum	anfangen, beginnen
ostendere, ostendō, ostendī	zeigen, erklären	resistere, resistō, restitī	stehen bleiben; Widerstand leisten
caedere, caedō, cecīdī	fällen, töten		
undique *Adv.*	von allen Seiten, von überallher		

Lernwörter

rēs gestae *f Pl.*	Taten	*gerere*
Bonifātius	Bonifatius *(christlicher Missionar, „Apostel der Deutschen", um 670–754)*	
cognōscere, cognōscō, cognōvī, cognitum	erkennen, kennenlernen; *Perf.* kennen, wissen	*nōscere, kognitiv, f. connaître, i. conoscere, s. conocer*
Tē cognōvī.	Ich habe dich kennengelernt. Ich kenne dich.	
libellus	kleines Buch, Heft	*liber*
maximus, a, um	der größte, sehr groß	*maximal, i. massimo*
arbor, arboris *f*	Baum	*f. arbre, s. árbol*
plūs, plūris	mehr	*f. plus, i. più*
nūmen, nūminis *n*	Gottheit, göttlicher Wille	*i. nume*
Germānus, a, um	germanisch; *Subst.* Germane	
dēcernere, dēcernō, dēcrēvī, dēcrētum	beschließen, entscheiden	*Dekret, e. decree*
saevus, a, um	schrecklich, wild, wütend	
deō grātiās	Gott sei Dank!	*f. grâce à Dieu, i. grazie a Dio, s. gracias a Dios*
praesēns, praesentis	anwesend, gegenwärtig	*Präsens, präsent, e. present, f. présent, i./s. presente*
vērus, a, um	echt, richtig, wahr	*i. vero*
cōgere, cōgō, coēgī, coāctum	(ver)sammeln; zwingen	
mīlitēs cōgere	die Soldaten versammeln	
nūllō cōgente	ohne Zwang	

S Ablativus absolutus (2)

→ Sinnrichtungen

	Hostibus pulsis omnes cives laeti erant.
temporal	Als (nachdem) **die Feinde vertrieben (worden) waren**, waren alle Bürger froh.
kausal	Weil **die Feinde vertrieben (worden) waren**, waren alle Bürger froh.

	Hostibus pulsis oppidum tamen tutum non erat.
konzessiv	Obwohl **die Feinde vertrieben (worden) waren**, war die Stadt dennoch nicht sicher.

Beim Ablativus absolutus sind – je nach Zusammenhang – die gleichen Sinnrichtungen möglich wie beim Participium coniunctum (vgl. 64 S).

Die konzessive Sinnrichtung wird oft durch ein „Signalwort" (tamen) deutlich gemacht.
Modale (z. B. *wobei*) und konditionale (z. B. *falls*) Sinnrichtung sind selten.

→ Übersetzungsmöglichkeiten

	Hostibus pulsis oppidum (tamen) tutum non erat.
Adverbialsatz	Obwohl **die Feinde vertrieben waren**, war die Stadt (dennoch) nicht sicher.
Präpositionalausdruck	Trotz **der Vertreibung der Feinde** war die Stadt nicht sicher.
Beiordnung	**Die Feinde waren vertrieben worden;** dennoch war die Stadt nicht sicher.

Eine wörtliche Übersetzung des Ablativus absolutus ist nicht möglich.

Es stehen die gleichen Übersetzungsmöglichkeiten wie bei Partizipialkonstruktionen, die als Adverbiale aufzufassen sind, zur Verfügung.

Sinnrichtung		Adverbialsatz	Präpositionalausdruck	Beiordnung
temporal	vorzeitig	nachdem, als	nach	(und) dann
	gleichzeitig	während, als	während, bei	(und) dabei
kausal		weil, da	wegen	(und) deshalb
konzessiv		obwohl	trotz	(aber) trotzdem, (aber) dennoch

Übersetzen: Ablativi absoluti auflösen

Wenn du einen Ablativus absolutus – er kommt übrigens häufig am Satzanfang vor – erkannt hast, kannst du bei seiner Übersetzung ähnlich verfahren wie beim Participium coniunctum.

Analyse	Beispiel
a) Isoliere den Abl. abs. mit seinen Ergänzungen durch Einklammern.	(**Magistro** fabulam **narrante**) liberi gaudebant.
b) Übersetze den Satz ohne den eingeklammerten Wortblock.	Die Kinder freuten sich.
c) Übersetze den Abl. abs. mit Adverbialsatz, Präpositionalausdruck oder Beiordnung.	**Adverbialsatz:** Weil (Als) der Lehrer eine Geschichte erzählte, ... **Präpositionalausdruck:** Beim Erzählen der Geschichte durch den Lehrer ... **Beiordnung:** Der Lehrer erzählte eine Geschichte und deshalb (dabei) ...
d) Übersetze den ganzen Satz.	Weil (Als) der Lehrer eine Geschichte erzählte, freuten sich die Kinder. Beim Erzählen der Geschichte durch den Lehrer freuten sich die Kinder. Der Lehrer erzählte eine Geschichte und deshalb (dabei) freuten sich die Kinder.

78

Mit einiger Übung wird dir das Übersetzen des Ablativus absolutus leicht fallen, da er oft in formelhaften Wendungen auftritt. Die folgenden Ausdrücke kommen – auch leicht abgewandelt – häufig vor:

his rebus cognitis

→ nachdem dies erkannt worden war
→ durch das Erkennen dieser Umstände

hoc consilio capto

→ nachdem dieser Beschluss gefasst war
→ auf diesen Beschluss hin

hac oratione habita

→ nachdem diese Rede gehalten worden war
→ nach dieser Rede

ea re nuntiata

→ nachdem dies (dieser Sachverhalt) gemeldet worden war
→ auf diese Meldung hin

his verbis dictis

→ nach diesen Worten

bello confecto

→ nach Beendigung des Krieges

eo facto

→ nachdem dies geschehen war
→ aufgrund dieser Tatsache
→ danach

iniuria accepta

→ als / weil man das Unrecht erlitten hatte
→ wegen des Unrechts

hominibus convocatis

→ nachdem man die Menschen zusammengerufen hatte

Caesare imperante

→ als / weil Cäsar den Befehl gab
→ unter dem Befehl Cäsars

nullo resistente

→ wobei / weil niemand Widerstand leistete
→ ohne dass jemand Widerstand leistete
→ ohne jeden Widerstand

sole occidente

→ bei Sonnenuntergang

vere ineunte

→ bei Frühlingsbeginn

Wenn dir z. B. die Wendung his rebus cognitis geläufig ist, wirst du auch his rebus factis entsprechend übersetzen können; Ähnliches gilt für proelio confecto, wenn du bello confecto kennst.

Wiederholungswörter

W

dēsinere, dēsinō, dēsiī, dēsitum	aufhören	mīrus, a, um	erstaunlich, sonderbar
licet	es ist erlaubt, es ist möglich	potestās, potestātis *f*	(Amts-)Gewalt, Macht
concēdere, concēdō, concessī	erlauben, nachgeben, zugestehen	dēmōnstrāre	beweisen, darlegen
		iter, itineris *n*	Reise, Marsch, Weg
		perīre, pereō, periī	umkommen, zugrunde gehen

Lernwörter

mē praesente	in meiner Anwesenheit	*praesēns*
īgnōscere, īgnōscō, īgnōvī, īgnōtum	verzeihen	
nūper *Adv.*	neulich, vor kurzem	
docēre, doceō, docuī, **doctum**	lehren, unterrichten	*Doktor*
līberōs linguam docēre	die Kinder eine Sprache lehren	
iūdicēs dē iniūriā docēre	die Richter über das Unrecht unterrichten	
mē invītō	gegen meinen Willen	*invītus*
pāx, pācis *f*	Frieden	*Pazifist, e. peace, f. paix, i. pace, s. paz*
Carolus Magnus	Karl der Große *(König des Frankenreiches 768–814)*	
Carolō Magnō imperātōre	unter der Herrschaft Karls des Großen	
lēgātus	Gesandter, Bevollmächtigter	*Legat, De-legation*
Francus, a, um	fränkisch; *Subst.* Franke	
Persae, Persārum *m Pl.*	die Perser	
Carolō auctōre	auf Veranlassung Karls	*auctor*
barbarus, a, um	ausländisch, unzivilisiert; *Subst.* Barbar	
mūnus, mūneris *n*	Geschenk; Aufgabe	
mūnera mittere	Geschenke schicken	
līber ab omnī mūnere	frei von jeder Aufgabe (Verpflichtung)	

Fortsetzung ⇢

nōmine	namens	*nōmen*
cēnsēre, cēnseō, cēnsuī, cēnsum *(m. Akk.)* Linguam nostram pulchram esse cēnseō. Senātōrēs pācem cēnsent.	meinen, einschätzen; seine Stimme abgeben (für) Ich meine, dass unsere Sprache schön ist. Die Senatoren stimmen für den Frieden.	*zensieren, Zensur*
vīvus, a, um	lebend, lebendig	*vīvere*
rēge vīvō	zu Lebzeiten des Königs	*rēx, vīvus*

S Ablativus absolutus (3)

Hannibale duce
unter der Führung Hannibals

In einigen Wendungen tritt beim Ablativus absolutus an die Stelle des Partizips ein Substantiv oder Adjektiv. Bei der Wiedergabe im Deutschen verwendet man meistens Präpositionalausdrücke.

Solche Wendungen sind zum Beispiel:

Bruto consule	unter dem Konsulat des Brutus
Daedalo auctore	auf Veranlassung des Dädalus
Numitore rege	unter der Regierung des Numitor
Carolo imperatore	unter der Herrschaft Karls
me invito	gegen meinen Willen
patre vivo	zu Lebzeiten des Vaters
Icaro mortuo	nach dem Tod des Ikarus
te praesente	in deiner Anwesenheit
me puero	in meiner Kindheit

In diesen Fällen bezeichnet der Ablativus absolutus die **Gleichzeitigkeit**.

Wiederholungswörter

cōnsistere, cōnsistō, cōnstitī	stehen bleiben, haltmachen, sich aufstellen	placet *m. Dat.*	es gefällt jdm., jd. beschließt
dūcere, dūcō, dūxī, ductum	*m. dopp. Akk.* halten für	cōnsulere, cōnsulō, cōnsuluī, cōnsultum	*m. Dat.* sorgen für
equidem	(ich) allerdings, freilich	prōvidēre, prōvideō, prōvīdī, prōvīsum	*m. Dat.* sorgen für
superī, superōrum *m Pl.*	die Götter		

Lernwörter

quī, quae, quod *adj.*	welcher, welche, welches	
Germānia	Germanien	*Germānus*
quidnam?	was denn?	*quid, nam*
saeculum	Jahrhundert, Menschenalter, Zeit(alter)	*f. siècle, s. siglo*
corripere, corripiō, corripuī, correptum	ergreifen, gewaltsam an sich reißen	*rapere*
intellegere, intellegō, intellēxī, intellēctum	(be)merken, verstehen	*Intelligenz, intellektuell, e. intelligent*
quārē?	weshalb? wodurch?	*quae, rēs*
orbis, orbis *m* orbis terrārum	Kreis(lauf); Erdkreis, Welt Erdkreis, Welt	*Orbit*
aliēnus, a, um	fremd	*alius, e. alien*
ūsque *Adv.*	ohne Unterbrechung	
auctōritās, auctōritātis *f*	Ansehen, Einfluss, Macht	*auctor, Autorität*
commodum	Bequemlichkeit, Vorteil	
obtinēre, obtineō	(in Besitz) haben, (besetzt) halten	*tenēre, e. obtain, f. obtenir*
-ne … an *(Wahlfrage im Hauptsatz)*	… oder *(vgl. S)*	
utrum … an *(Wahlfrage im Hauptsatz)*	… oder *(vgl. S)*	
hūmānitās, hūmānitātis *f*	Menschlichkeit, Menschenfreundlichkeit; Bildung	*homō, Humanität, e. humanity*

F Interrogativpronomen

→ **substantivisch**

quis? quid? *wer? was?*

Quis ibi sedet?

Wer sitzt dort?

	m	f	n
Nominativ	quis		quid
Genitiv	cuius		
Dativ	cui		
Akkusativ	quem		quid
Ablativ	ā quō / quōcum		quō

→ **adjektivisch**

qui ...? quae ...? quod ...? *welcher ...? welche ...? welches ...?*

Qui vir ibi sedet?
Quae femina ibi sedet?

Welcher Mann sitzt dort?
Welche Frau sitzt dort?

Wird das Interrogativpronomen (Fragepronomen) adjektivisch verwendet, so stimmen die Deklinationsformen mit denen des Relativpronomens (qui, quae, quod) überein (vgl. 39 F).

S Wort-, Wahl- und Satzfragen

Es gibt drei Arten von Fragesätzen:

→ **Wortfragen**

Quis venit?

Wer kommt?

Sie werden mit einem Fragewort eingeleitet.

→ **Wahlfragen**

Utrum venis *an* abis?
Venis*ne* *an* abis?
Venis *an* abis?

Kommst du *oder* gehst du weg?

Sie erfordern eine Entscheidung zwischen zwei oder mehr Möglichkeiten und können auf drei Arten formuliert werden.

→ **Utrum** bzw. **-ne** bleiben unübersetzt.

→ Satzfragen

Sie können mit drei verschiedenen Fragepartikeln beginnen:

Venit-*ne*?

Kommt er?

→ **-ne** lässt die Antwort offen.

Nonne venit?

Kommt er *(etwa) nicht*?

→ **Nonne** zeigt, dass der Fragende die Antwort „ja" erwartet.

Num venit?

Kommt er *etwa*?

→ **Num** zeigt, dass der Fragende die Antwort „nein" erwartet.

Informationen beschaffen: Bücher und Internet nutzen

Immer wenn du dich vertieft mit einem Thema beschäftigst – z. B. im Rahmen eines Arbeitsauftrags (vgl. etwa 80 V a 3) – musst du dir Fachliteratur besorgen und diese auswerten.

→ Bücher finden

Die verlässlichsten Informationen entnimmst du Büchern. In der Schul- oder Stadtbücherei sind die Bücher auf zwei verschiedene Arten alphabetisch verzeichnet: in einem Verfasser- und in einem Sachkatalog. Wenn du also bereits einen Buchtipp erhalten hast, kannst du einfach über den Namen des Verfassers auf die Suche gehen. Wenn du Lexika zu Rate ziehen willst, suchst du nach Stichwörtern (z. B. Imperialismus, Römer, Militär, Ausrüstung, Limes).

Suchen kannst du in der Bücherei entweder in einem Verzeichnis aus Karteikarten oder mit einem bibliothekseigenen Computerprogramm. Wenn deine Suche erfolgreich war, erhältst du Angaben über den Verfasser, Erscheinungsort und -jahr des Buches sowie seine Signatur – das ist eine Folge von Buchstaben und Zahlen, die den genauen Standort des Buches in der Bibliothek verraten.

→ Im Internet recherchieren

Dem Internet lassen sich ohne Mühe die vielfältigsten Informationen entnehmen; da aber weltweit jeder seine Angebote ganz unkontrolliert ins Netz stellen kann, sind diese von unterschiedlichster Qualität.

Wenn du nicht nach einer bestimmten Adresse suchst, empfiehlt sich die Recherche über eine Suchmaschine. Hier führt die Eingabe von Stichwörtern zu den einschlägigen Websites. Nach dem Öffnen dieser Seiten musst du nun jeweils überprüfen, ob dir die gegebenen Informationen nützen – aber auch, ob sie stimmen, z. B. mit Hilfe neuerer Nachschlagewerke.

W Wiederholungswörter

dēspērāre	die Hoffnung aufgeben, verzweifeln	herī *Adv.*	gestern
profectō *Adv.*	sicherlich, tatsächlich	salūs, salūtis *f*	Gesundheit, Rettung, Gruß, Glück
contendere, contendō, contendī	sich anstrengen, kämpfen; eilen; behaupten	manus, manūs *f*	Hand; Schar (von Bewaffneten)
		necessārius, a, um	notwendig

Lernwörter

mēns, mentis *f (Gen. Pl.* **-ium***)*	Geist, Sinn, Verstand; Meinung	*mental*
prōdere, prōdō, prōdidī, prōditum	verraten; überliefern	*prō, dare*
quiēscere, quiēscō, quiēvī, quiētum	(aus)ruhen, schlafen	*e. quiet*
vīs *f (Akk.* vim, *Abl.* vī*)*	Gewalt, Kraft, Menge	
vīrēs, vīrium *Pl.*	Kräfte; Streitkräfte	
dēficere, dēficiō, dēfēcī, dēfectum *(ā m. Abl.)*	abnehmen, ermatten, abfallen (von)	*Defekt, Defizit*
Ā rēge dēficiunt.	Sie fallen vom König ab.	
Vīrēs dēficiunt.	Die Kräfte schwinden (nehmen ab).	
Sōl dēficit.	Die Sonne verfinstert sich.	
proinde *Adv.*	also, daher	
prohibēre, nē *m. Konj.*	daran hindern, dass	*Prohibitiv*
exstinguere, exstinguō, exstīnxī, exstīnctum	auslöschen, vernichten	*e. extinguish*
quamvīs *Subj. m. Konj.*	wenn auch, obwohl	
sponte meā (tuā, suā)	freiwillig, von selbst	*spontan*
cīvitās, cīvitātis *f*	Gemeinde, Staat; Bürgerrecht	*cīvis, e. city, s. ciudad*
posterī, posterōrum *m Pl.*	Nachkommen	*post, posteā*
item *Adv.*	ebenso, gleichfalls	
praestāre, praestō, praestitī	*m. Akk.* gewähren, leisten, zeigen; *m. Dat.* übertreffen	
officium praestāre	seine Pflicht erfüllen	
amīcō praestāre	den Freund übertreffen	

Verben: Konjunktiv Präsens

→ Konjunktiv Präsens Aktiv

a-Konjugation	Singular	Plural
1. Person	voc-e-m	voc-ē-mus
2. Person	voc-ē-s	voc-ē-tis
3. Person	voc-e-t	voc-e-nt

e-Konjugation	Singular	Plural
1. Person	mone-a-m	mone-ā-mus
2. Person	mone-ā-s	mone-ā-tis
3. Person	mone-a-t	mone-a-nt

a-Konjugation	voc-e-m, voc-ē-s, voc-e-t ...
e-Konjugation	mone-a-m, mone-ā-s, mone-a-t ...
i-Konjugation	audi-a-m, audi-ā-s, audi-a-t ...
kons. Konjugation (i-Erweiterung)	ag-a-m, ag-ā-s, ag-a-t ... capi-a-m, capi-ā-s, capi-a-t ...

→ Konjunktiv Präsens Passiv

a-Konjugation	Singular	Plural
1. Person	voc-e-r	voc-ē-mur
2. Person	voc-ē-ris	voc-ē-minī
3. Person	voc-ē-tur	voc-e-ntur

e-Konjugation	Singular	Plural
1. Person	mone-a-r	mone-ā-mur
2. Person	mone-ā-ris	mone-ā-minī
3. Person	mone-ā-tur	mone-a-ntur

a-Konjugation	voc-e-r, voc-ē-ris, voc-ē-tur ...
e-Konjugation	mone-a-r, mone-ā-ris, mone-ā-tur ...
i-Konjugation	audi-a-r, audi-ā-ris, audi-ā-tur ...
kons. Konjugation (i-Erweiterung)	ag-a-r, ag-ā-ris, ag-ā-tur ... capi-a-r, capi-ā-ris, capi-ā-tur ...

Zeichen für den Konjunktiv Präsens ist -a-, bei der a-Konjugation jedoch -e-.

Besonders zu beachten sind:

Konjunktiv Präsens Aktiv	Infinitiv
eam, eās, eat, eāmus, eātis, eant	īre
sim, sīs, sit, sīmus, sītis, sint	esse
possim, possīs, possit, possīmus, possītis, possint	posse
velim, velīs, velit, velīmus, velītis, velint	velle

S Konjunktiv Präsens in Gliedsätzen

Te oro, ut mihi consilium des.

Ich bitte dich, dass du mir einen Rat gibst (mir einen Rat zu geben).

Tristis sum, cum officia neglegas.

Ich bin traurig, weil du deine Pflichten vernachlässigst.

Wie du bereits weißt (vgl. 70 S1), steht nach den Subjunktionen ut und ne in abhängigen Begehrsätzen im Lateinischen der Konjunktiv.
Er steht auch nach bestimmten Subjunktionen in Adverbialsätzen (z. B. cum).
In diesen Fällen wird der lateinische Konjunktiv Präsens in der Regel mit **deutschem Indikativ Präsens** wiedergegeben.

Wiederholungswörter

dēmōnstrāre	beweisen, darlegen	cum *Subj. m. Konj.*	als, nachdem; weil; obwohl; während (dagegen)
discere, discō, didicī	lernen, erfahren	bene *Adv.*	gut
ingenium	Begabung, Talent, Verstand	ipse, ipsa, ipsum	(er, sie, es) selbst
invenīre, inveniō, invēnī, inventum	finden, erfinden	superāre	besiegen, überwinden, übertreffen

Lernwörter

ūtilis, e	nützlich	*ūsus, f. utile, i. ùtile*
ars, artis *f (Gen. Pl.* **-ium***)*	Kunst, Fertigkeit, Eigenschaft	*e./f. art, i./s. arte*
quīn *im Hauptsatz*	warum nicht?	
Subj. m. Konj.	*(in festen Wendungen)* dass	
nōn dubitō, quīn *m. Konj.*	ich zweifle nicht (daran), dass	
Colōnia (Agrippīnēnsis)	Köln	*colere, Kolonie*
rūs, rūris *n*	Feld, Land *(im Gegensatz zur Stadt)*, Landgut	*rustikal*
rūrī *Adv.*	auf dem Land	
difficilis, e	schwer, schwierig	*facilis, diffizil, e. difficult*
mīlle *Sg. indekl.*	tausend	*Millennium, Millimeter, Milligramm, Million*
mīlia, mīlium *n Pl.*	tausend, Tausende	
abesse, absum, āfuī *(ā m. Abl.)*	entfernt sein, abwesend sein, fehlen	*ab, esse, Absenz*
ab urbe abesse	von der Stadt entfernt sein	
Multa mihi absunt.	Mir fehlt viel(es).	
quasi *Adv.*	gleichsam	
quasi mōnstrum	gleichsam ein Ungeheuer	
centum *indekl.*	hundert	*Cent, Zenti-meter, Pro-zent, e. century*
longus, a, um	lang, weit	*e./f. long, i. lungo*
locāre, locō	aufstellen, setzen; vermieten	*locus*
moenia locāre	Stadtmauern errichten	
domum locāre	ein Haus vermieten	

F

Verben: Konjunktiv Perfekt

→ **Konjunktiv Perfekt Aktiv**

a-Konjugation	Singular	Plural
1. Person	vocā-v-eri-m	vocā-v-eri-mus
2. Person	vocā-v-eri-s	vocā-v-eri-tis
3. Person	vocā-v-eri-t	vocā-v-eri-nt

→ **Konjunktiv Perfekt Passiv**

a-Konjugation	Singular	Plural
1. Person	vocā-tus, a, um sim	vocā-tī, ae, a sīmus
2. Person	vocā-tus, a, um sīs	vocā-tī, ae, a sītis
3. Person	vocā-tus, a, um sit	vocā-tī, ae, a sint

Die Formen des Konjunktiv Perfekt werden in allen Konjugationsklassen gleich gebildet.

Zeichen des Konjunktiv Perfekt Aktiv ist -eri-, das an den Perfektstamm angefügt wird.
Im Passiv steht nach der PPP-Form eine Form des Konjunktiv Präsens von esse.

Besonders zu beachten sind:

Konjunktiv Perfekt Aktiv	Infinitiv
fuerim, fueris, fuerit, fuerimus, fueritis, fuerint	esse
ierim, ieris, ierit, ierimus, ieritis, ierint	īre

S

Konjunktiv Perfekt in Gliedsätzen

Tristis sum, cum officia neglexeris.

Ich bin traurig, weil du deine Pflichten vernachlässigt hast.

Auch der Konjunktiv Perfekt steht in lateinischen Gliedsätzen nach bestimmten Subjunktionen (z. B. cum). Er wird in der Regel mit **deutschem Indikativ Perfekt** wiedergegeben.

Wiederholungswörter

invādere, invādō, invāsī, invāsum	eindringen, sich verbreiten, befallen	clādēs, clādis *f*	Niederlage, Unglück, Unheil
occupāre	besetzen, einnehmen	prīmō *Adv.*	zuerst
		cottīdiē *Adv.*	täglich

Lernwörter

Gallia	Gallien	
Drūsus / Tiberius	Drusus / Tiberius *(Stiefsöhne des Augustus)*	
inceptum	Beginn, Vorhaben	*incipere*
dēsistere, dēsistō, dēstitī *(m. Abl.)* itinere dēsistere	aufhören (mit) den Marsch beenden	
fīnīre, fīniō	beenden, begrenzen	*fīnis, f. finir, e. finish*
commeātus, commeātūs *m*	Nachschub, Transport, Versorgungsgüter	
obstāre, obstō, obstitī *(m. Dat.)*	hinderlich sein, im Wege stehen, Widerstand leisten	*stāre*
subsidium	Reservetruppe, Unterstützung	
trānsportāre, trānsportō	hinüberbringen	*trāns, portāre*
līmes, līmitis *m*	Grenze, Grenzwall, Limes	*Limit, limitieren*
statiō, statiōnis *f*	(milit.) Stellung, (Wach-)Posten	*stāre, e. station*
distribuere, distribuō, distribuī, distribūtum	einteilen, verteilen	*tribuere*
incola *m/f*	Bewohner(in), Einwohner(in)	*in, colere*
fīnitimus, a, um	angrenzend, benachbart; *Subst.* Nachbar(in), Grenznachbar	*fīnis, fīnīre*

M Übersetzen: PC und Abl. abs. wiedergeben

Trotz der Unterschiede im Lateinischen kann man für das PC und den Ablativus absolutus im Deutschen dieselben Übersetzungsmöglichkeiten anwenden. Die folgenden Beispielsätze beschränken sich auf besonders häufige Sinnrichtungen (temporal, kausal, konzessiv):

→ **Ablativus absolutus**

	Bello confecto		milites in urbem redierunt. milites gaudebant. milites arma non deposuerunt.
1. Adverbialsatz	**Nachdem (als)** **Weil (da)** **Obwohl**	der Krieg beendet war,	kehrten die Soldaten in die Stadt zurück. freuten sich die Soldaten. legten die Soldaten die Waffen nicht nieder.
2. Präpositional-ausdruck	**Nach** **Wegen** **Trotz**	der Beendigung des Krieges	kehrten die Soldaten in die Stadt zurück. freuten sich die Soldaten. legten die Soldaten die Waffen nicht nieder.
3. Beiordnung	Der Krieg war beendet (zu Ende);	**danach** **deshalb** **dennoch**	kehrten die Soldaten in die Stadt zurück. freuten sich die Soldaten. legten die Soldaten die Waffen nicht nieder.

→ **Participium coniunctum**

	Milites ab imperatore moniti		hostes temptaverunt. metum deposuerunt. arma non ceperunt.
1. Adverbialsatz	**Nachdem (als)** **Weil (da)** **Obwohl**	die Soldaten vom Feldherrn ermahnt worden waren,	griffen sie die Feinde an. legten sie ihre Furcht ab. griffen sie nicht zu den Waffen.
2. Präpositional-ausdruck	**Nach** **Wegen** **Trotz**	der Ermahnung durch den Feldherrn	griffen die Soldaten die Feinde an. legten die Soldaten ihre Furcht ab. griffen die Soldaten nicht zu den Waffen.
3. Beiordnung	Die Soldaten waren vom Feldherrn ermahnt worden;	**danach** **deshalb** **dennoch**	griffen sie die Feinde an. legten sie ihre Furcht ab. griffen sie nicht zu den Waffen.

84

Wiederholungswörter

quaerere ex / dē *m. Abl.*	jdn. fragen	comperīre, comperiō, comperī, compertum	(genau) erfahren
pergere, pergō, perrēxī	aufbrechen; weitermachen	sinere, sinō, sīvī	(zu)lassen, erlauben
solvere, solvō, solvī, solūtum	lösen, auflösen; bezahlen	perdere, perdō, perdidī, perditum	verlieren, verschwenden, zugrunde richten
restituere, restituō, restituī, restitūtum	wiederherstellen		

Lernwörter

pōscere, pōscō, popōscī	fordern, verlangen	
nihil … nisī Nihil (aliud) nisī veniam ā tē petō.	nichts … außer, nichts (anderes) … als, nur Ich verlange nichts (anderes) als Nachsicht von dir. Ich verlange nur Nachsicht von dir.	
impedīre, nē *m. Konj.*	(ver)hindern, dass	
ēvenīre, ēveniō, ēvēnī, ēventum ēvenit, ut	sich ereignen es ereignet sich, dass	*ē, venīre,* Event
improbus, a, um	schlecht, unanständig	*probāre*
quoniam *Subj. m. Ind.*	da ja, da nun	
aes, aeris *n*	Erz, Geld	
emere, emō, ēmī, ēmptum	kaufen	
incertus, a, um	ungewiss, unsicher	*certus,* e. uncertain
num *(im Gliedsatz)*	ob, ob nicht	
aes aliēnum	Schulden	*aes, aliēnus*
exigere, exigō, exēgī, exāctum	(ein)fordern, vollenden	*ex, agere,* exakt
mūnītiō, mūnītiōnis *f*	Bau, Befestigung	*mūnīre,* Munition
ēdere, ēdō, ēdidī, ēditum librōs ēdere lūdōs ēdere	herausgeben, bekannt machen, veranstalten Bücher herausgeben Spiele veranstalten	*ē, dare,* Edition, e. edit
inde *Adv.*	von dort; darauf; deshalb	*de-inde*
utrum … an *(im Gliedsatz)*	ob … oder *(vgl.* **S1***)*	
-ne *(im Gliedsatz)*	ob *(vgl.* **S1***)*	

84

S1 Gliedsätze als Objekt: Indirekte Fragesätze

In indirekten Fragesätzen steht im Lateinischen immer der Konjunktiv, im Deutschen meist der Indikativ.

→ Wortfragen

Nescio, *quid* feceris.

Ich weiß nicht, *was* du getan hast.

Nescio, *cur* abeas.

Ich weiß nicht, *warum* du weggehst.

Indirekte Wortfragen werden – wie direkte Wortfragen – mit **Interrogativpronomina oder Interrogativadverbien** eingeleitet.

→ Wahlfragen

Dubito, *utrum* tua vox vera *an* falsa sit.

Ich zweifle, *ob* deine Äußerung richtig *oder* falsch ist.

Indirekte Wahlfragen werden formuliert mit:

utrum … an **-ne … an** **… an**	ob … oder

→ Satzfragen

Te interrogo, *num* lingua nostra tibi placeat.

Ich frage dich, *ob* dir unsere Sprache gefällt.

Quaero, hoc*ne* verum sit.

Ich frage, *ob* dies wahr (richtig) ist.

Indirekte Satzfragen werden eingeleitet mit:

num **-ne**	ob, ob nicht

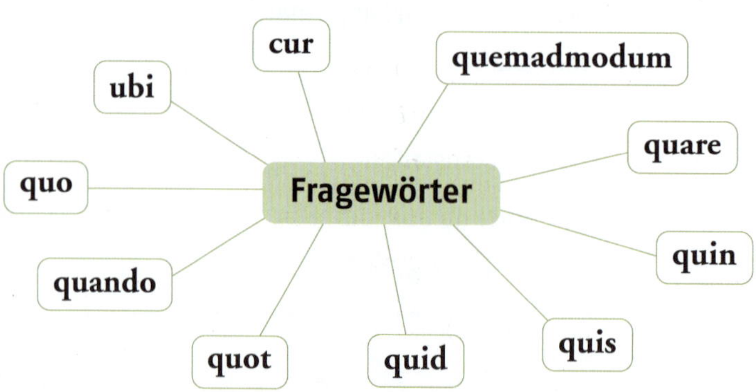

Zeitenfolge

Nescio, quid facias. Ich weiß nicht, was du tust.	Nesciebam, quid faceres. Ich wusste nicht, was du tatest / tust.
Nescio, quid feceris. Ich weiß nicht, was du getan hast.	Nesciebam, quid fecisses. Ich wusste nicht, was du getan hattest.

Im Lateinischen gibt es feste Regeln für den Gebrauch der **Tempora in konjunktivischen Gliedsätzen** (Zeitenfolge). Danach ergibt sich aus dem Tempus im Hauptsatz und dem Tempus im konjunktivischen Gliedsatz eindeutig, in welchem Zeitverhältnis (gleichzeitig, vorzeitig) die Handlung des Gliedsatzes zu der des Hauptsatzes steht:

Hauptsatz	Gliedsatz	Zeitverhältnis
Präsens / Futur	Konjunktiv Präsens	gleichzeitig
	Konjunktiv Perfekt	vorzeitig
alle Vergangenheitstempora	Konjunktiv Imperfekt	gleichzeitig
	Konjunktiv Plusquamperfekt	vorzeitig

Wortfamilien

venīre	dare	agere
ēvenīre	addere	cōgere
invenīre	condere	exigere
pervenīre	crēdere	subigere
	ēdere	
	perdere	
	prōdere	
	reddere	
	trādere	
	vendere	

W Wiederholungswörter

calamitās, calamitātis *f*	Schaden, Unglück	gēns, gentis *f*	Familienverband, Stamm, Volk
undique *Adv.*	von allen Seiten, von überallher	poena	Strafe
aestimāre	einschätzen, beurteilen	cōnstituere, cōnstituō, cōnstituī, constitūtum	festsetzen, beschließen
damnāre *(m. Gen.)*	verurteilen (wegen)		

Lernwörter

iactāre, iactō	schleudern, werfen; rühmen	*f. jeter*
prope *Adv.*	nahe, in der Nähe; beinahe	
aspicere, aspiciō, aspexī, aspectum	erblicken, ansehen	*Aspekt*
forte *Adv.*	zufällig	
culpa	Schuld	
pariter *Adv.*	ebenso, gleichzeitig	
ambō, ambae, ambō	beide (zusammen)	
parum *Adv.*	(zu) wenig	
minimē *Adv.*	am wenigsten, überhaupt nicht	*minimal*
praetor, praetōris *m*	Prätor *(für die Rechtsprechung zuständiger Beamter)*	
aliter *Adv.*	anders; sonst	*alius*
magistrātus, magistrātūs *m*	Amt, Beamter	*Magistrat*
iūdicāre, iūdicō	urteilen, beurteilen	*iūdex, Judikative*
facinus, facinoris *n*	Handlung; Untat	*facere*

Römische Ämter

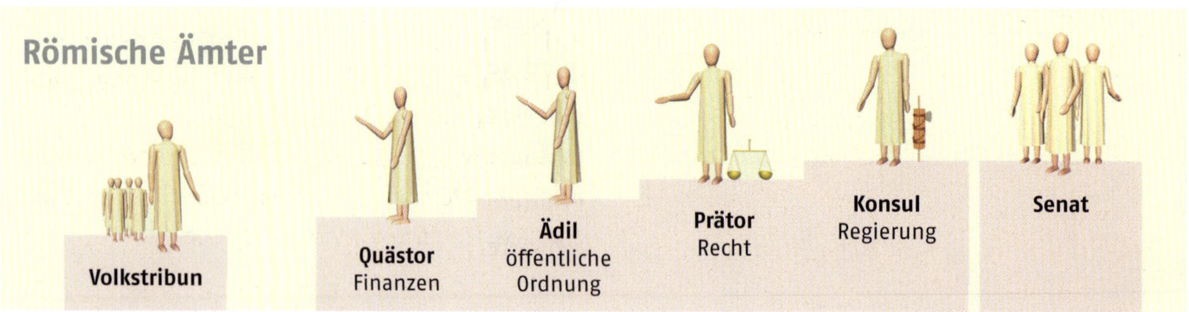

Adverbbildung

Es gibt Wörter, die nur als Adverbien vorkommen (z. B. nunc, saepe) sowie Adverbien, die von Adjektiven gebildet werden.

Adverbien werden zu Adjektiven gebildet, indem die folgenden Endungen an den Wortstamm angefügt werden:

praeclār-**ē**	großartig	→ bei Adjektiven der a- und o-Deklination -ē
celer-**iter**	schnell	→ bei Adjektiven der 3. Deklination -iter
vehement-**er**	heftig	→ Endet der Wortstamm des Adjektivs auf -nt, wird nur -er angefügt.

Bei manchen Adjektiven der 3. Deklination ist der Wortstamm, mit dem die Adverbien gebildet werden, nicht am Nom. Sg., sondern am Gen. Sg. des Adjektivs zu erkennen, z. B. acr-iter zu acer, felic-iter zu felix.

Adverb als Adverbiale

equus *celer*	Equus *celer* est.	Equus **celeriter** currit.
das *schnelle* Pferd	Das Pferd ist *schnell*.	Das Pferd läuft **schnell**.

Während das Adjektiv als Attribut oder Prädikatsnomen ein Substantiv näher bestimmt, informiert das Adverb über die näheren Umstände des Verbalinhalts (Ad-verb).

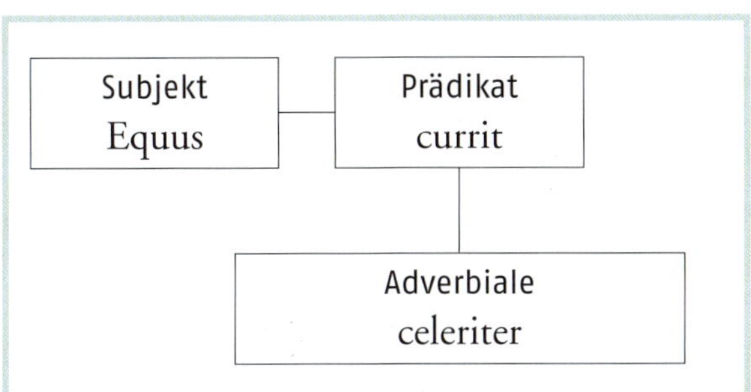

Adverbien haben die Satzgliedfunktion des Adverbiales. Sie sind keine notwendigen Bestandteile des Satzes.
Von Adjektiven abgeleitete Adverbien geben gewöhnlich an, wie etwas geschieht. Wir fragen **„auf welche Art und Weise?"**.
Andere Adverbien können – wie ein Gliedsatz oder ein Präpositionalausdruck – Aufschluss über Ort, Zeit, oder Grund eines Geschehens geben.

86

W Wiederholungswörter

nescīre, nesciō	nicht wissen, nicht kennen, nicht verstehen	appellāre	anrufen; *m. dopp. Akk.* nennen
quālis, e	wie beschaffen	adhūc *Adv.*	bis jetzt, noch
quō?	wohin?	arbor, oris *f*	Baum
aliēnus, a, um	fremd	caelum	Himmel

Lernwörter

ferre, ferō, tulī, lātum	bringen, tragen; ertragen	
afferre, afferō, attulī, allātum	bringen, herbeibringen, mitbringen; melden	*ad, ferre*
differre, differō, distulī, dīlātum (ā *m. Abl.*) supplicium differre ā frātre differre	aufschieben; sich unterscheiden (von) die Hinrichtung aufschieben sich vom Bruder unterscheiden	*ferre, Differenz*
cōnferre, cōnferō, contulī, collātum	vergleichen, zusammentragen	*ferre, Konferenz, e. confer*
referre, referō, rettulī, relātum relāta referre	(zurück)bringen, berichten Berichtetes wiedergeben	*ferre, Referat, Relation, relativ*
īnferre, īnferō, intulī, illātum iniūriam īnferre	hineintragen, zufügen ein Unrecht zufügen	*in, ferre*
crēscere, crēscō, crēvī	wachsen	*Crescendo*
vēndere, vēndō, **vēndidī, vēndītum**	verkaufen	
efferre, efferō, extulī, ēlātum verbīs efferre	herausheben, hervorbringen mit Worten hervorheben, rühmen	*ex, ferre*
offerre, offerō, obtulī, oblātum	anbieten, entgegenbringen	*ferre, Offerte, Oblate, e. offer*
recēns, recentis	frisch, neu	
praeferre, praeferō, praetulī, praelātum	vorziehen	*ferre, Präferenz, Prälat, e. prefer*
perferre, perferō, pertulī, perlātum	(über)bringen, ertragen	*per, ferre*
asper, aspera, asperum	rau; streng	
dēferre, dēferō, dētulī, dēlātum	hinbringen, melden, übertragen	*dē, ferre*

ferre, ferō, tulī, lātum	bringen, tragen; ertragen
afferre, afferō, attulī, allātum	bringen, herbeibringen, mitbringen; melden
differre, differō, distulī, dīlātum *(ā m. Abl.)*	aufschieben; sich unterscheiden (von)
cōnferre, cōnferō, contulī, collatum	vergleichen, zusammentragen
referre, referō, rettulī, relātum	(zurück)bringen, berichten
īnferre, īnferō, intulī, illātum	hineintragen, zufügen
efferre, efferō, extulī, ēlātum	herausheben, hervorbringen
offerre, offerō, obtulī, oblātum	anbieten, entgegenbringen
praeferre, praeferō, praetulī, praelātum	vorziehen
perferre, perferō, pertulī, perlātum	(über)bringen, ertragen
dēferre, dēferō, dētulī, dēlātum	hinbringen, melden, übertragen

Verben: ferre

Die Stammformen lauten:

Inf. Präs.	1. Pers. Sg. Präs. Akt.	1. Pers. Sg. Perf. Akt.	PPP
ferre	ferō	tulī	lātum

	Aktiv		Passiv	
Inf. Präs.	fer-re		fer-rī	
Ind. Präs.	Singular	Plural	Singular	Plural
1. Person	fer-ō	fér-i-mus	fer-or	fér-i-mur
2. Person	fer-s	fer-tis	fer-ris	fer-i-minī
3. Person	fer-t	fer-u-nt	fer-tur	fer-u-ntur
Konj. Präs.	Singular	Plural	Singular	Plural
1. Person	fer-a-m	fer-ā-mus	fer-a-r	fer-ā-mur
2. Person	fer-ā-s	fer-ā-tis	fer-ā-ris	fer-ā-minī
3. Person	fer-a-t	fer-a-nt	fer-ā-tur	fer-a-ntur

	Aktiv		Passiv	
Ind. Impf.	Singular	Plural	Singular	Plural
1. Person	fer-ēba-m	fer-ēbā-mus	fer-ēba-r	fer-ēbā-mur
2. Person	fer-ēbā-s	fer-ēbā-tis	fer-ēbā-ris	fer-ēbā-minī
3. Person	fer-ēba-t	fer-ēba-nt	fer-ēbā-tur	fer-ēba-ntur
Konj. Impf.	Singular	Plural	Singular	Plural
1. Person	fer-re-m	fer-rē-mus	fer-re-r	fer-rē-mur
2. Person	fer-rē-s	fer-rē-tis	fer-rē-ris	fer-rē-minī
3. Person	fer-re-t	fer-re-nt	fer-rē-tur	fer-re-ntur
Futur I	Singular	Plural	Singular	Plural
1. Person	fer-a-m	fer-ē-mus	fer-a-r	fer-ē-mur
2. Person	fer-ē-s	fer-ē-tis	fer-ē-ris	fer-ē-minī
3. Person	fer-e-t	fer-e-nt	fer-ē-tur	fer-e-ntur
Imperativ	Singular	Plural		
1. Person	fer!	fer-te!		

Partizip Präsens Aktiv (PPA)
fer-ē-ns, fer-e-ntis

Die Formen des Präsensstammes von ferre werden regelmäßig gebildet;
Ausnahmen: **fers, fert, fertis, ferris, fertur.**

Die Bedeutungen der **Komposita** von ferre sind meist leicht zu erschließen. Allerdings werden die Vorsilben häufig assimiliert (angeglichen), zum Beispiel:
af-ferre aus ad-ferre, al-latum aus ad-latum

	Aktiv	Passiv
Inf. Perf.	tul-isse	lāt-um esse

Ind. Perf.	Singular	Plural	Singular	Plural
1. Person	tul-ī	tul-imus	lāt-us sum	lāt-ī sumus
2. Person	tul-istī	tul-istis	lāt-us es	lāt-ī estis
3. Person	tul-it	tul-ērunt	lāt-us est	lāt-ī sunt

Konj. Perf.	Singular	Plural	Singular	Plural
1. Person	tul-eri-m	tul-eri-mus	lāt-us sim	lāt-ī sīmus
2. Person	tul-eri-s	tul-eri-tis	lāt-us sīs	lāt-ī sītis
3. Person	tul-eri-t	tul-eri-nt	lāt-us sit	lāt-ī sint

Ind. Plusqpf.	Singular	Plural	Singular	Plural
1. Person	tul-eram	tul-erāmus	lāt-us eram	lāt-ī erāmus
2. Person	tul-erās	tul-erātis	lāt-us erās	lāt-ī erātis
3. Person	tul-erat	tul-erant	lāt-us erat	lāt-ī erant

Konj. Plusqpf.	Singular	Plural	Singular	Plural
1. Person	tul-isse-m	tul-issē-mus	lāt-us essem	lāt-ī essēmus
2. Person	tul-issē-s	tul-issē-tis	lāt-us essēs	lāt-ī essētis
3. Person	tul-isse-t	tul-isse-nt	lāt-us esset	lāt-ī essent

Futur II	Singular	Plural	Singular	Plural
1. Person	tul-erō	tul-erimus	lāt-us erō	lāt-ī erimus
2. Person	tul-eris	tul-eritis	lāt-us eris	lāt-ī eritis
3. Person	tul-erit	tul-erint	lāt-us erit	lāt-ī erunt

Partizip Perfekt Passiv (PPP)
lāt-us, a, um

87

W Wiederholungswörter

cōnstat	es ist bekannt, steht fest	adire, adeō, adiī, aditum *(m. Akk.)*	herantreten (an), bitten, aufsuchen
contemnere, contemnō, contempsī, contemptum	verachten, nicht beachten	vetāre, vetō, vetuī, vetitum *(m. Akk.)*	verbieten
condere, condō, condidī, conditum	verwahren, verbergen; erbauen, gründen	sanguis, sanguinis *m*	Blut
colere, colō, coluī, cultum	bewirtschaften, pflegen; verehren	appāret *m. AcI*	es ist offenkundig

Lernwörter

religiōsus, a, um	fromm, gewissenhaft, heilig	*religiō, e. religious*
subigere, subigō, subēgī, subāctum	unterwerfen, (be)zwingen	*sub, agere*
inesse, īnsum, īnfuī	darin sein	*in, esse*
fānum	Heiligtum, Tempel	
Grannus	Grannus *(keltischer Gott)*	
firmus, a, um	stark	*af-firmāre, cōn-firmāre*
vexāre, vexō	quälen, misshandeln, schädigen	
tolerāre, tolerō	aushalten, ertragen	*Toleranz*
druidēs, druidum *m Pl.*	die Druiden *(keltische Priester)*	
dēstināre, dēstinō Diem dēstināvī. Hoc agere dēstināvī.	beschließen, bestimmen, festsetzen Ich setzte einen Tag fest. Ich beschloss, dies zu tun.	*e./f. destination*
perniciōsus, a, um	gefährlich, schädlich	*perniciēs*
prōdesse, prōsum, prōfuī	nützen	*prō, esse, Prosit!*

M1 Besondere Verben

Hier wird zusammenfassend auf bestimmte Verben hingewiesen, die unterschiedliche Besonderheiten aufweisen:

→ Verben, die nicht den üblichen Konjugationsklassen angehören:

esse, posse, velle, ire, ferre

Ihre vollständigen Tabellen befinden sich im Tabellarium auf S. 167 ff.

→ Verben, die unpersönlich gebraucht werden:

constat, licet, oportet

Sie treten in der 3. Person Singular auf; mit ihnen ist häufig (als Subjekt) ein AcI oder ein Infinitiv verbunden.

→ Verben, die einen doppelten Akkusativ bei sich haben können:

dicere, vocare, appellare, nominare
ducere, putare, aestimare
facere, reddere

Ihre Bedeutung kann dann von ihrer Grundbedeutung abweichen (vgl. 62 S2).

Nachschlagen: Tabellarium und Register nutzen

M2

Wenn dir eine Verbform begegnet, die du nicht sofort übersetzen kannst, musst du sie analysieren, d. h. in ihre Bestandteile zerlegen; dann kannst du mit Hilfe von Tabellarium (S. 166 ff.) und Register (S. 189 ff.) herausfinden, welche Form vorliegt, welcher Infinitiv Präsens ihr zu Grunde liegt und was das Verb bedeutet.

Schreibe solche Verbformen heraus und markiere farbig die Wortbestandteile, die Hinweise auf die **Form** geben; schlage dazu ggf. im **Tabellarium** nach. Leite den Infinitiv Präsens ab, um die **Bedeutung** im **Register** zu finden.
In welcher Reihenfolge du vorgehst, hängt von der jeweiligen Form ab.

Beispiele:

gefundene Form	Markierung der Form	Nachschlagen im Tabellarium	Markierung des Stammes	Nachschlagen im Register	
potuisse	potuisse	→ Inf. Perf.	pot- / pos-	→ posse	können
abissent	abissent	→ 3. Pers. Pl. Konj. Plusqpf.	abi-	→ abire	weggehen
pepulit	pepulit	→ 3. Pers. Sg. Ind. Perf.	pe-pul-	→ pellere	stoßen, schlagen, (ver)treiben

gefundene Form	Markierung des Stammes	Nachschlagen im Register		Markierung der Form	Nachschlagen im Tabellarium
consulent	consul-	→ consulere	um Rat fragen, sorgen für	consulent	→ 3. Pers. Pl. Fut. I
ductus est	duc-	→ ducere	führen, ziehen	ductus est	→ 3. Pers. Sg. Ind. Perf. Pass.
agi	ag-	→ agere	handeln, treiben, verhandeln	agi	→ Inf. Präs. Pass.

88

W Wiederholungswörter

sapiēns, sapientis	klug, weise	latēre, lateō	verborgen sein
quaerere, quaerō, quaesīvī, quaesītum	erwerben wollen, suchen, fragen	commūnis, e	gemeinsam, allgemein
		animal, animālis *n*	Lebewesen, Tier

Lernwörter

Thalēs, Thalis *m*	Thales *(griech. Philosoph, um 600 v. Chr.)*	
aliquis, aliquid *subst.*	(irgend)jemand	*alius; quis, quid*
imprīmis *Adv.*	besonders, vor allem	*in, prīmus*
cupidus, a, um *(m. Gen.)*	(be)gierig (nach)	*cupere, i. cupido*
cupidus pecūniae	gierig nach Geld, geldgierig	
cōnstāre, cōnstō, cōnstitī	**ex** *m. Abl.* bestehen aus	*stāre, i. constare, s. costar, f. coûter*
Ōrātiō ē complūribus partibus cōnstat.	Eine Rede besteht aus mehreren Teilen.	
aliquī, aliqua, aliquod *adj.*	(irgend)ein	*alius; qui, quae, quod*
nec / neque	und nicht, auch nicht	
cāsus, cāsūs *m*	Fall, Zufall	*cadere, Kasus, e. case, s. caso*
cāsus nōminātīvus	der (Fall) Nominativ	
cāsus cīvitātis	der Untergang des Staates	
cāsū ēvenīre	sich zufällig ereignen	
opīniō, opīniōnis *f*	Meinung, (guter) Ruf	*e./f. opinion, s. opinión*
mōtus, mōtūs *m*	Bewegung	*movēre, Motor, Motiv, e. motion*
quondam *Adv.*	einmal, einst; manchmal	
sīdus, sīderis *n*	Stern, Sternbild	
sapere, sapiō, sapīvī	Verstand haben, Geschmack haben	*sapiēns, f. savoir, s. saber*
miscēre, misceō, miscuī, mixtum	mischen, verwirren, durcheinanderbringen	*mixen, Mixtur, Mixer*
cernere, cernō	sehen, bemerken	
cursus, cursūs *m*	Lauf	*currere, Kurs, Diskurs, s./p. curso*
nocturnus, a, um	nächtlich	*nox, Nocturne, i. notturno*

Indefinitpronomen (ali)quis

→ substantivisch

aliquis	*aliquid*
irgendjemand	irgendetwas

	m	f	n
Nominativ	aliquis		aliquid
Genitiv	alicuius		alicuius reī
Dativ	alicui		alicui reī
Akkusativ	aliquem		aliquid
Ablativ	aliquō		aliquā rē

→ adjektivisch

aliqui vir	*aliqua* femina
irgendein Mann	*irgendeine* Frau

Wird das Indefinitpronomen (unbestimmtes Fürwort) adjektivisch verwendet, so stimmen die Deklinationsformen im Wesentlichen mit denen des Relativpronomens (qui, quae, quod) überein (vgl. 39 F). Eigene Formen gibt es im Nom. Sg. *f* (aliqua) und im Nom. / Akk. Pl. *n* (aliqua).

	Singular			Plural		
	m	f	n	m	f	n
Nominativ	aliquī	aliqua	aliquod	aliquī	aliquae	aliqua
Genitiv		alicuius		aliquōrum	aliquārum	aliquōrum
Dativ		alicui			aliquibus	
Akkusativ	aliquem	aliquam	aliquod	aliquōs	aliquās	aliqua
Ablativ	aliquō	aliquā	aliquō		aliquibus	

→ Kurzform

si *quis*	nisi *quid*
wenn *jemand*	wenn nicht *etwas*

Nach **si, nisi, ne, num, cum** und einigen anderen „kleinen Wörtern" steht meist die Kurzform ohne das Präfix **ali-**.

89

W Wiederholungswörter

immō *Adv.*	im Gegenteil, ja sogar	apertus, a, um	offen, offenkundig
ostendere, ostendō, ostendī	zeigen, erklären	trīstis, e	traurig, unfreundlich
dīvēs, dīvitis	reich	pauper, pauperis	arm
beātus, a, um	glücklich, reich	fēlīx, fēlīcis	erfolgreich, glückbringend, glücklich

Lernwörter

Solō, Solōnis *m*	Solon *(athenischer Gesetzgeber im 6. Jh. v. Chr.)*	
extrā *Präp. m. Akk.*	außerhalb (von)	*ex, extra, i. extra*
Graecia	Griechenland	*Graecī*
Croesus	Krösus *(König von Lydien)*	*e./i. Croesus, s. Creso*
rēgius, a, um	königlich	*regere, rēx, i. regio*
(domus) rēgia	königliches Haus, (Königs-)Palast	
recipere, recipiō, recēpī, receptum	zurücknehmen, aufnehmen, wiederbekommen	*capere, Rezept, Rezeption, e. receive, f. recevoir, s. recibir*
intereā *Adv.*	inzwischen, unterdessen	*inter, is*
aurum	Gold	*aureus, f. or, i./s. oro*
ops, opis *f*	Hilfe, Kraft; *Pl.* Macht, Mittel, Reichtum	*opulent*
frātrī opem ferre	dem Bruder Hilfe bringen	
magnae opēs	große Macht, großer Reichtum	
rēgnum	(Königs-)Herrschaft, Reich	*regere, rēx, rēgius, f. règne*
hūmānus, a, um	menschlich; gebildet	*homō, human, e. human, f. humain*
dīvīnus, a, um	göttlich	*deus, e. divine, i. divino*
minimus, a, um	der kleinste, der geringste	*Minimum, minimal*
comparāre, comparō	vergleichen	*parāre, Komparativ, e. compare*
brevis, breve	kurz	*Brief, e. brief, f. bref, i. breve*
brevī (tempore)	nach kurzer Zeit, bald darauf	
dēmum *Adv.*	endlich, erst	
fātum	Schicksal, Götterspruch	*fatal, e. fate, i. fato, p. fado*

Adjektive: Steigerung (1)

longus, a, um

lang / *long*

longior, ius

länger / *longer*

longissimus, a, um

der, die, das längste / *longest*

Neben der Grundstufe der Adjektive (dem **Positiv**) gibt es im Lateinischen wie im Deutschen und Englischen

→ den **Komparativ** (die Steigerungs- oder Vergleichsstufe). Zur Bildung dieser Formen wird in der Regel -ior *(m / f)*, -ius *(n)* an den Wortstamm angefügt.

→ den **Superlativ** (die Höchststufe). Zur Bildung dieser Formen wird in der Regel -issimus, a, um an den Wortstamm angefügt.

→ Der **Komparativ** wird dekliniert wie die Substantive der 3. Deklination:

	Singular			Plural		
	m	*f*	*n*	*m*	*f*	*n*
Nominativ	longior		longius	longiōr-ēs		longiōr-a
Genitiv	longiōr-is			longiōr-um		
Dativ	longiōr-ī			longiōr-ibus		
Akkusativ	longiōr-em		longius	longiōr-ēs		longiōr-a
Ablativ	longiōr-e			longiōr-ibus		

→ Der **Superlativ** wird dekliniert wie die Adjektive der a- / o-Deklination.

Verwendung der Steigerungsformen

Iter long*ius* est.

Der Weg ist *zu* weit / *ziemlich* weit.

Consul clar*issimus* est.

Der Konsul ist *sehr* berühmt / *hoch*berühmt.

Wird ein Komparativ gebraucht, ohne dass ein Vergleich durchgeführt wird, übersetzt man ihn mit *(all)zu* oder *ziemlich*.

Ein Superlativ drückt manchmal nicht den höchsten Grad, sondern nur eine Hervorhebung aus (Elativ). Man übersetzt meist mit einem hervorhebenden Adverb (z. B. *sehr, äußerst*).

W Wiederholungswörter

umquam *Adv.*	jemals	quidem *Adv.*	freilich, gewiss, wenigstens, zwar
equidem	(ich) allerdings, freilich	tālis, e	derartig, ein solcher, so (beschaffen)
efficere, efficiō, effēcī, effectum	bewirken, herstellen	addere, addō, addidī, additum	hinzufügen

Lernwörter

Sapphō, Sapphūs *f*	Sappho *(griech. Dichterin, um 600 v. Chr.)*	
Alcaeus	Alkaios *(griech. Dichter, um 600 v. Chr.)*	
salūtem dīcere *(m. Dat.)*	(jdn.) grüßen, begrüßen	*salūs, dīcere*
Sapphō Alcaeō amīcō salūtem dīcit.	Sappho grüßt ihren Freund Alkaios.	
epistula	Brief	*i. epistola*
versus, versūs *m*	Vers	*vertere, e. verse, f. vers, s. verso*
compōnere, compōnō, composuī, compositum	abfassen, ordnen, schlichten; vergleichen	*pōnere, komponieren, Kompost, Kompositum, e. compose*
perficere, perficiō, perfēcī, perfectum	erreichen, fertigstellen, vollenden	*per, facere, perfekt, e. perfect, f. parfait*
sōlācium	Trost, Trostmittel	
sōlāciō esse	Trost bringen	
prior, prius *(Gen.* **priōris***)*	der erste, der frühere, der vordere	*prīmus, Prior, Priorität*
nūptiae, nūptiārum *f Pl.*	Hochzeit	*nūbere*
gaudium	Freude	*gaudēre, Gaudi*
exilium	Exil, Verbannung	*e. exile, f. exil, i. esilio, s. exilio*
contingere, contingō, contigī, contāctum	berühren; gelingen	*tangere, Kontakt, Kontingent*
Contingit mihi, ut veniam.	Es gelingt mir zu kommen.	
mollis, e	weich, angenehm; freundlich	*Moll, mollig, f./i. molle*
āiō *(3. Pers. Sg.* **ait**, *3. Pers. Pl.* **āiunt***)*	behaupte(te) ich, sag(t)e ich	
initium	Anfang, Eingang	*inīre, Initiative, Initiale*

exit

Adjektive: Steigerung (2)

F

Zur Bildung der **Superlativ**-Formen sind die folgenden **Ausnahmen** zu beachten:

miser → miser*rimus*
acer → acer*rimus*

Bei den Adjektiven auf -**er** wird der Superlativ mit **-rimus, a, um** gebildet, das an den Nom. Sg. *m* angefügt wird.

facilis → facil*limus*

Einige Adjektive auf -**lis** bilden den Superlativ auf **-limus, a, um**.

Vergleich mit quam / Ablativ des Vergleichs

S

Nulla insula pulchrior est *quam Sicilia*.
Nulla insula pulchrior est *Siciliā*.

Keine Insel ist schöner *als Sizilien*.

Wird der Komparativ in einem Vergleich verwendet, so wird die Person oder die Sache, mit der verglichen wird, mit **quam** („als") angeschlossen. Anstelle der Konstruktion mit quam kommt auch der **Ablativ des Vergleichs** (Ablativus comparationis) vor.

Sprachenvergleich

Lateinisch	**longus**	**longior**	**longissimus**
Deutsch	lang	länger	der längste
Englisch	long	longer	the longest
Französisch	long	plus long	le plus long
Italienisch	lungo	più lungo	il più lungo
Spanisch	largo	más largo	el más largo

„plus" und „più" haben sich aus lat. plus entwickelt; „más" geht auf lat. magis zurück.

91

W Wiederholungswörter

paene *Adv.*	fast	āēr, āeris *m*	Luft
complūrēs, complūra	mehrere	scelus, sceleris *n*	Verbrechen; Schurke
impellere, impellō, impulī, impulsum	antreiben, veranlassen	cognōscere, cognōscō, cognōvī, cognitum	erkennen, kennenlernen; *Perf.* kennen, wissen
resistere, resistō, restitī	stehen bleiben; Widerstand leisten	ēdere, ēdō, ēdidī, ēditum	herausgeben, bekannt machen, veranstalten

Lernwörter

Ībycus	Ibykos *(griech. Dichter, um 550 v. Chr.)*	
Corinthus *f*	Korinth *(Stadt in Griechenland)*	
cupiditās, cupiditātis *f (m. Gen.)*	(heftiges) Verlangen (nach), Leidenschaft	*cupere, cupidus*
cupiditās glōriae	das Verlangen nach Ruhm	
obscūrus, a, um	dunkel, unbekannt	*obskur, i./s. oscuro*
poēta, poētae *m*	Dichter	*Poet, e. poet, f. poète, s. poeta*
auxiliō vocāre	zu Hilfe rufen	*auxilium, vocāre*
optimus, a, um	der beste, sehr gut	*optimal, Optimist, i. ottimo*
testis, testis *m/f (Gen. Pl. -ium)*	Zeuge	*Test, Testament, Attest*
nex, necis *f*	Mord, (gewaltsamer) Tod	*necāre*
māior, māius *(Gen.* **māiōris***)*	größer	*magnus, Major, Majorität, e. major*
plūrimī, ae, a	die meisten, sehr viele	*plūs*
minor, minus *(Gen.* **minōris***)*	kleiner, geringer	*Minus, Minorität, i. minore, s. menor*
ūnā *Adv.*	zugleich, zusammen	*ūnus*
ūnā cum patre	zusammen mit dem Vater	
pessimus, a, um	der schlechteste, der schlimmste	*Pessimismus, i. pessimo, s. pésimo*
pēior, pēius *(Gen.* **pēiōris***)*	schlechter, schlimmer	*i. peggiore, s. peor*
melior, melius *(Gen.* **meliōris***)*	besser	*i. migliore, s. mejor*

Adjektive: Steigerung (3)

Einige häufig gebrauchte Adjektive haben unregelmäßige Steigerungsformen.

magnus, a, um groß	**māior, māius** größer	**maximus, a, um** der größte
parvus, a, um klein	**minor, minus** kleiner	**minimus, a, um** der kleinste
malus, a, um schlecht	**pēior, pēius** schlechter	**pessimus, a, um** der schlechteste
bonus, a, um gut	**melior, melius** besser	**optimus, a, um** der beste
multī, ae, a viele	**plūrēs, plūra** mehr	**plūrimī, ae, a** die meisten

Alle unregelmäßigen Steigerungsformen werden im Wortschatz gelernt.

Unregelmäßig steigern – vergleiche drei Sprachen:

bonus	**melior**	**optimus**
gut	besser	der beste
good	better	the best
malus	**peior**	**pessimus**
schlecht	schlechter	der schlechteste
bad	worse	the worst
multi	**plures**	**plurimi**
viele	mehr	die meisten
many	more	(the) most

W Wiederholungswörter

condere, condō, condidī, conditum	verwahren, verbergen; erbauen, gründen
statuere, statuō, statuī, statūtum	aufstellen, beschließen, festsetzen
opprimere, opprimō, oppressī, oppressum	bedrohen, niederwerfen, unterdrücken
īnferī, īnferōrum *m Pl.*	die Bewohner der Unterwelt, Unterwelt

Lernwörter

Creōn, Creontis *m*	Kreon *(Onkel der Antigone)*	
impius, a, um	gottlos, gewissenlos	*i. empio, s. impío*
praesidium	(Wach-)Posten, Schutztruppe	*Präsidium, Präsident*
nōlle, nōlō, nōluī	nicht wollen	
Antigona	Antigone *(Tochter des Ödipus)*	
iūstus, a, um	gerecht	*iūdex, iūdicāre,* Justiz, *e. just*
quisnam	wer denn?	*quis*
impōnere, impōnō, imposuī, impositum cīvibus lēgem impōnere	auferlegen, einsetzen den Bürgern ein Gesetz auferlegen	*in, pōnere,* imponieren *e. impose, f. imposer*
peccāre, peccō	sündigen, einen Fehler machen	*i. peccare, s. pecar*
superbia	Stolz, Überheblichkeit	*superbus, i. superbia*
pius, a, um	fromm, gerecht, pflichtbewusst	*impius,* Pius, *i. pio, s. pío*
sententia	Meinung, Satz, Sinn, Antrag (im Senat)	*sentīre,* Sentenz, *e./f. sentence*
cavēre, caveō, cāvī, cautum *(m. Akk.)* Cavē īram! Cavē, (nē) cadās!	sich hüten (vor), Vorsorge treffen Hüte dich vor Zorn! Hüte dich zu fallen!	Kaution
dūrus, a, um	hart, hartherzig	Dur, *f. dur, i./s. duro*
patrius, a, um	heimisch, väterlich	*pater, patria, i./s. patrio*
causā *(nachgestellt) m. Gen.* glōriae causā	wegen wegen des Ruhms	*causa,* h.c. (honoris causa)

cavere ne — sich davor hüten, dass

Cave canem!

92

Verben: nolle

Das Verb nolle (nicht wollen) ist die Verneinung zu velle (wollen).

Inf. Präsens	nōl-le *nicht wollen*

	Indikativ		Konjunktiv	
Präsens	**Singular**	**Plural**	**Singular**	**Plural**
1. Person	nōlō	nōlumus	nōl-i-m	nōl-ī-mus
2. Person	nōn vīs	nōn vultis	nōl-ī-s	nōl-ī-tis
3. Person	nōn vult	nōlunt	nōl-i-t	nōl-i-nt
Imperfekt	**Singular**	**Plural**	**Singular**	**Plural**
1. Person	nōl-ēba-m	nōl-ēbā-mus	nōl-le-m	nōl-lē-mus
2. Person	nōl-ēbā-s	nōl-ēbā-tis	nōl-lē-s	nōl-lē-tis
3. Person	nōl-ēba-t	nōl-ēba-nt	nōl-le-t	nōl-le-nt

Futur I	**Singular**	**Plural**
1. Person	nōl-a-m	nōl-ē-mus
2. Person	nōl-ē-s	nōl-ē-tis
3. Person	nōl-e-t	nōl-e-nt
Imperativ	nōl-ī	nōl-ī-te

Part. Präs. Aktiv: nōl-ēns, nōl-entis
Perfektstamm: nōlu- (nōluī, nōluistī ...)

Die vollständigen Konjugationstabellen zu nolle findest du auf S. 175.

Prohibitiv

Ne clamaveris!	*Ne clamaveritis!*
Noli clamare!	*Nolite clamare!*
Schreie nicht!	Schreit nicht!

ne mit folgendem Konjunktiv Perfekt (2. Pers.) drückt einen verneinten Befehl **(Prohibitiv)** aus. Diese Konstruktion ist bedeutungsgleich mit noli bzw. nolite mit Infinitiv.

93

Wiederholungswörter

impius, a, um	gottlos, gewissenlos	addūcere, addūcō, addūxī, adductum	heranführen, veranlassen
perīre, pereō, periī	umkommen, zugrunde gehen	claudere, claudō, clausī, clausum	schließen, abschließen, einschließen
ambō, ambae, ambō	beide (zusammen)		
cūstōs, cūstōdis *m/f*	Wächter(in)		

Lernwörter

adulēscēns, adulēscentis *m* *(Gen. Pl.* **-ium***)*	jung; *Subst.* junger Mann	*f. adolescent, i./s. adolescente*
incrēdibilis, e	unglaublich	*crēdere, e. incredible, i. incredibile*
canis, canis *m*	Hund	*f. chien, i. cane*
ferus, a, um	wild	
iūs, iūris *n*	Recht	*iūstus, iūdex, iūdicāre, Jura*
committere, committō, commīsī, commissum	anvertrauen; veranstalten; zustande bringen	*mittere, Kommission, Kommissar, e. commit*
lūdōs committere	Spiele veranstalten, eröffnen	
proelium committere	eine Schlacht liefern, kämpfen	
iungere, iungō, iūnxī, iūnctum	verbinden, vereinigen	*Junktur, Konjunktion, f. joindre*
dōs, dōtis *f*	Mitgift	*dare, f. dot, i./s. dote*
indīgnus, a, um *(m. Abl.)*	unwürdig *(einer Sache)*	*dīgnus, f. indigne, s. indigno*
honōre indīgnus	der Ehre unwürdig	
sermō, sermōnis *m*	Gespräch, Sprache, Gerede	*i. sermone, s. sermón*
pudet, puduit *m. Akk.*	es beschämt (jdn.)	
Pudet mē flēre.	Es beschämt mich zu weinen. Ich schäme mich zu weinen.	
Pudet mē huius facinoris.	Ich schäme mich wegen dieser Untat.	
aedis, aedis *f (Gen. Pl.* **-ium***)*	Tempel, *Pl.* Haus	*aedificium, aedificāre*
cūstōdia	Gefängnis, Haft, Wache	*cūstōs, i. custodia, s. custodia*
sōlus, a, um	allein, einzig	*sōlum, Solo, Solist, f. seul, i./s. solo*
attingere, attingō, attigī, attāctum	berühren	*ad, tangere, contingere*

Konjunktiv im Hauptsatz: Hortativ, Jussiv

Ein Konjunktiv im Hauptsatz kennzeichnet allgemein den Inhalt des Satzes als möglich, gewünscht oder nicht wirklich.

Die folgenden Konjunktive drücken **Aufforderungen** aus:

→ **Hortativ**

Eamus!	Gaudeamus!
Lasst uns gehen!	Freuen wir uns!

Der **Konjunktiv Präsens** der **1. Person Plural** drückt eine Aufforderung aus, die der Sprecher an eine Gruppe richtet, zu der er selbst gehört.

→ **Jussiv**

Discipulus paucis verbis respondeat!

Der Schüler *soll* mit wenigen Worten antworten!

Der **Konjunktiv Präsens** der **3. Person** drückt eine Aufforderung an Dritte aus.

Beide Konjunktive werden mit ne verneint.

Hortativ und Jussiv – selten auch im Deutschen:

In einem Kochbuch:

„*Man nehme* sechs Eier ..., dann *rühre man* um!"

Im Gottesdienst:

„*Lasset uns beten!*"

Sprachenvergleich

in-credibilis	**un**-glaublich
in-dignus	**un**-würdig
in-certus	**un**-sicher
in-felix	**un**-glücklich
in-cultus	?
in-doctus	?
in-scius	?
in-utilis	?

aber:

in-transitiv	**in**-stabil
in-diskutabel	**in**-diskret
in-akzeptabel	**in**-tolerant
in-deklinabel	

Versuche, die Verwendung der deutschen Verneinungspräfixe **un**- und **in**- zu erklären.

94

W Wiederholungswörter

quālis, e	wie (beschaffen), was für ein(e)	occidere, occidō, occidī	(zu Boden) fallen, umkommen, untergehen
adīre, adeō, adiī *(m. Akk.)*	herantreten (an), bitten, aufsuchen	dēstināre, dēstinō	beschließen, bestimmen, festsetzen

Lernwörter

vātēs, vātis *m/f*	Seher(in), Dichter(in), Sänger(in)	*s. vate*
age!	los! auf! nun, also	*agere*
cēlāre, cēlō *(m. Akk.)* mīlitēs perīculum cēlāre	verheimlichen, verbergen (vor jdm.) vor den Soldaten die Gefahr verbergen	*f. celer, i. celare*
sacrificium	Opfer	*sacer, facere, e./f. sacrifice*
ōmen, ōminis *n*	(Vor-)Zeichen	*Omen*
īnfandus, a, um	abscheulich, unsagbar	
error, errōris *m*	Irrtum, Irrfahrt, Irrweg	*errāre, e. error, i. errore*
suādēre, suādeō, suāsī, suāsum	raten, empfehlen	
furere, furō	toben, wüten, rasen	*furor, furios*
iam prīdem *Adv.*	schon lange	
impūne *Adv.*	ungestraft, ohne Schaden	*s. impune*

M Übersetzen: Konjunktive unterscheiden

Wenn du eine Konjunktivform in einem Text findest, musst du zunächst feststellen, ob sie in einem **Hauptsatz** oder in einem **Gliedsatz** steht.

Dabei gilt die folgende Grundregel: In Hauptsätzen muss der Konjunktiv im Deutschen ausgedrückt werden, in Gliedsätzen zumeist nicht.

→ Konjunktiv im Hauptsatz

Die folgenden Konjunktive im Hauptsatz hast du bisher kennengelernt:

- **Irrealis** (der Gegenwart und der Vergangenheit)
- **Hortativ**
- **Jussiv**
- **Prohibitiv**

→ Konjunktiv im Gliedsatz

Im Gliedsatz steht der Konjunktiv

- **nach best. Subjunktionen** (z. B. ut, ne, cum) und
- **in indirekten Fragesätzen.**

Er kann in diesen Fällen immer mit Indikativ wiedergegeben werden.

Ausnahme: In **Konditionalsätzen** kann ein Irrealis auftreten, der wie im Hauptsatz mit einem irrealen Konjunktiv wiedergegeben wird.

95

Wiederholungswörter

equidem	(ich) allerdings, freilich	capere, capiō, cēpī, captum	fassen, nehmen; erobern
nōnne?	(etwa) nicht?	valēre, valeō	gesund sein, stark sein, Einfluss haben
necessārius, a, um	notwendig	virtūs, virtūtis *f*	Tapferkeit, Tüchtigkeit, Leistung

Lernwörter

Flāminīnus	Flamininus *(röm. Politiker und Feldherr)*	
utinam *m. Konj.*	hoffentlich, wenn doch	
Utinam veniās!	Hoffentlich kommst du!	
Utinam vēnissēs!	Wenn du doch gekommen wärest!	
Catō, Catōnis *m*	Cato *(röm. Politiker und Feldherr)*	
optāre, optō	wünschen	*Option, adoptieren*
philosophus	Philosoph	*e. philosopher, f. philosophe*
Graecus, a, um	griechisch; *Subst.* Grieche	*Graecia*
modo … modo	manchmal … manchmal	
levis, e	leicht, leichtsinnig	*i. lieve, s./p. leve*
perturbāre, perturbō	in Verwirrung bringen	*per, turbāre, Turbine*
voluptās, voluptātis *f*	Lust, Vergnügen	*velle, f. volupté*
potius *Adv.*	eher, lieber	*posse*
mōre Graecōrum	nach Art der Griechen	*mōs, Graecus*
vitium	Fehler, schlechte Eigenschaft	*e./f. vice, i. vizio, s. vicio*
corrumpere, corrumpō, corrūpī, corruptum	bestechen, verderben	*Korruption, e. corrupt, f. corrompre*
iūdicem corrumpere	den Richter bestechen	
iuventūtem corrumpere	die Jugend verderben	
facile *Adv.*	leicht	*facere, facilis, f./i. facile, s. fácil*
māiōrēs, māiōrum *m Pl.*	Vorfahren	*māior*
opus, operis *n*	Arbeit, Werk	*Opus*
dīligere, dīligō, dīlēxī, dīlēctum	hochachten, lieben	*Dilettant*

S

Konjunktiv im Hauptsatz: Optativ

Der Konjunktiv im Hauptsatz kann auch **Wünsche** ausdrücken:

(Utinam) ea res tibi usui **sit**!

Möge dir diese Sache nützen!
Hoffentlich nützt dir dies!

(Utinam) ea res tibi usui **fuerit**!

Hoffentlich hat dir dies genützt!

Der **Konjunktiv Präsens** (für die Gegenwart) und der **Konjunktiv Perfekt** (für die Vergangenheit) drücken Wünsche aus, deren Erfüllung der Sprecher für möglich hält.

Sie können mit utinam (oder velim) eingeleitet werden.

Utinam ea res tibi usui **esset**!

Wenn dir dies doch nützen würde!

Utinam ea res tibi usui **fuisset**!

Wenn dir dies doch genützt hätte!

Der **Konjunktiv Imperfekt** (für die Gegenwart) und der **Konjunktiv Plusquamperfekt** (für die Vergangenheit) drücken Wünsche aus, deren Erfüllung der Sprecher für nicht möglich hält.

Sie werden immer mit utinam (oder vellem) eingeleitet.

Utinam ne amicum **rideas**!

Mögest du den Freund nicht auslachen!
Lach bitte den Freund nicht aus!

Utinam ne amicum **risisses**!

Wenn du doch den Freund nicht ausgelacht hättest!

Der Optativ wird mit ne verneint.

96

Wiederholungswörter

W

trāns *Präp. m. Akk.*	über (... hinaus), jenseits	parcere, parcō, pepercī *m. Dat.*	schonen, verschonen
nōlle, nōlō, nōluī	nicht wollen	tantus, a, um	so groß, so viel
necesse (est)	(es ist) notwendig	flēre, fleō, flēvī	weinen, beweinen

Lernwörter

Scīpiō, Scīpiōnis *m*	Scipio *(röm. Politiker und Feldherr)*	
quī *Adv.*	wie	
Laelius	Laelius *(röm. Politiker und Feldherr)*	
cēterum *Adv.*	übrigens, im Übrigen	*cēterī*
nōbilis, e	adelig, berühmt, vornehm	*nobel, e./f./s. noble, i. nobile*
colligere, colligō, collēgī, collēctum	sammeln	*legere, Kollektion, Kollekte*
rumpere, rumpō, rūpī, ruptum	zerbrechen	*Eruption, abrupt, f. rompre*
restāre, restō, restitī	übrig bleiben; Widerstand leisten	*stāre, Rest, Arrest*
Hoc dīcere restat.	Das bleibt (noch) zu sagen übrig.	
Mīlitēs hostibus fortiter restitērunt.	Die Soldaten leisteten den Feinden tapfer Widerstand.	
lēgātiō, lēgātiōnis *f*	Gesandtschaft	*lēgātus, Delegation*
spatium	Raum, Strecke, Zeit(raum)	*spazieren, e. space, i. spazio, f. espace*
afficere, afficiō, affēcī, affectum *m. Abl.*	versehen mit etw.	*ad, facere, Affekt*
poenā afficere	bestrafen	
suppliciō afficere	hinrichten lassen	
illīc *Adv.*	dort	*ille, hic*
incendium	Brand, Feuer	*f. incendie, i./s. incendio*
memor, memoris *m. Gen.*	in Erinnerung an , eingedenk	*memoria*
Memor perīculī sum.	Ich erinnere mich an die Gefahr. Ich denke an die Gefahr.	
Trōia	Troja *(Stadt in Kleinasien)*	*Trōiānus*
Hector, Hectoris *m*	Hektor *(trojanischer Held)*	

F Verben: Partizip Futur Aktiv (PFA)

vocā-tūrus, a, um

(einer, der rufen wird / will)

Beim Partizip Futur Aktiv tritt **-tūrus, a, um** an den gleichen Wortstamm, mit dem auch das PPP gebildet wird.

Der Stamm oder die Fugenstelle können wie beim PPP lautlich verändert werden, z. B.:

moni-turus, a, um	(einer, der mahnen wird / will)
vic-turus, a, um	(einer, der siegen wird / will)
mis-surus, a, um	(einer, der schicken wird / will)
fu-tūrus, a, um	(einer, der sein wird / will)

S Verwendung des Partizip Futur Aktiv

→ Erscheinungsform

Homines ludos *spectaturi* convenerunt.

Die Menschen, die die Spiele ansehen wollten, kamen zusammen.

Gladiatores fortiter *pugnaturi* arenam inierunt.

Die Gladiatoren, die tapfer kämpfen wollten, betraten den Kampfplatz.

Wie das PPP und das PPA steht das Partizip Futur Aktiv (hier: spectaturi) in Kongruenz zu einem Bezugswort (hier: homines).
Auch die Partizipialkonstruktion mit einem Partizip Futur Aktiv ist eine satzwertige Konstruktion.
Vom Partizip Futur Aktiv können Objekte (hier: ludos) und Adverbialien (hier: fortiter) abhängen.

→ Zeitverhältnis

Die Formen des **Partizip Futur** zeigen an, dass das im Partizip ausgedrückte Geschehen nach dem des Prädikats stattfinden wird (soll); sie bezeichnen also die **Nachzeitigkeit (Partizip der Nachzeitigkeit)**.

→ Satzgliedfunktion

Das Partizip Futur Aktiv kann aufgefasst werden als:
- Attribut (selten!)
- Adverbiale
- Prädikatsnomen

Entsprechend der Satzgliedfunktion gibt es unterschiedliche Möglichkeiten der Wiedergabe.

96

→ **Übersetzungsmöglichkeiten**

		Homines ludos **spectaturi** convenerunt.
als **Attribut**:	mit Relativsatz	→ Die Menschen, **die** die Spiele ansehen **wollten**, kamen zusammen.
als **Adverbiale**:	mit Adverbialsatz	→ Die Menschen kamen zusammen, **weil sie** die Spiele ansehen **wollten**.
	mit *um … zu* m. Inf.	Die Menschen kamen zusammen, **um** die Spiele an**zu**sehen.
		Das Partizip Futur drückt häufig eine Absicht aus **(finale Sinnrichtung)**.

		Homines ludos **spectaturi erant.**
als **Prädikatsnomen**:	mit *wollen* m. Inf.	→ Die Menschen **wollten** die Spiele ansehen.
		Das Partizip Futur mit einer Form von esse dient der Umschreibung des Futurs; es bezeichnet eine in nächster Zukunft beabsichtigte oder bevorstehende Handlung.

Homines convenerunt **ludos specta*turi*.**

97

W Wiederholungswörter

tempus, temporis *n*	(günstige) Zeit, Umstände	appellāre, appellō	anrufen; *m. dopp. Akk.* nennen
carmen, carminis *n*	Gedicht, Lied	umquam *Adv.*	jemals
clārus, a, um	klar, hell, berühmt	aeternus, a, um	ewig

Lernwörter

Cicerō, Cicerōnis *m*	Cicero *(röm. Redner, Schriftsteller und Politiker, 106–43 v. Chr.)*	
Atticus	Atticus *(Freund und Verleger Ciceros)*	
Catullus	Catull *(röm. Dichter, 1. Jh. v. Chr.)*	
palam *Adv.*	bekannt, in aller Öffentlichkeit	
Rōmam	nach Rom *(wohin?)*	
tunc *Adv.*	damals, dann	
post *Adv.*	dann, später	*post, posteā,* postmodern
coniūrātiō, coniūrātiōnis *f*	Verschwörung	*iūrāre*
cōnservāre, cōnservō (ā *m. Abl.)* ā vitiō cōnservāre	retten (vor), bewahren vor einem Fehler bewahren	*servāre,* konservieren, Konserve, konservativ, e. conserve, f. conserver
familiāris, e	freundschaftlich, vertraut; *Subst.* Freund	*familia,* familiär, e. familiar, f. familier
accēdere, accēdō, accessī, accessum (ad *m. Akk.)* ad rem pūblicam accēdere	herbeikommen, hinzukommen sich politisch betätigen	*ad, cēdere,* e. access *rēs pūblica*
ōtium	freie Zeit, Ruhe *(von berufl. Tätigkeit)*; Frieden	*neg-ōtium,* i. ozio, s. ocio
convīvium	Gastmahl, Gelage	*vīvere*
mīlitāris, e	militärisch, Kriegs-	*mīles,* militärisch, Militär, e. military
quotiēns Quotiēns venīs, gaudeō.	wie oft, sooft Sooft du kommst, freue ich mich.	*quot,* Quotient
satis *Adv.*	genug	satt

Verben: Infinitiv Futur Aktiv

F

vocā-tūrum, am, um esse vocā-tūrōs, ās, a esse	*rufen werden*
vic-tūrum, am, um esse vic-tūrōs, ās, a esse	*siegen werden*
fu-tūrum, am, um esse fu-tūrōs, ās, a esse	*sein werden*

Der Infinitiv Futur Aktiv wird aus einer Akkusativform des Partizip Futur Aktiv und esse gebildet.

Die Formen des Infinitiv Futur Aktiv von esse können durch **fore** ersetzt werden.

Verwendung des Infinitiv Futur Aktiv

S

Imperatorem hostes *victurum (esse)* omnes putabant.

Alle glaubten, dass der Feldherr die Feinde besiegen werde.

Die Formen des Infinitiv Futur treten nur im AcI auf; esse kann entfallen.

Die Formen des **Infinitiv Futur** drücken aus, dass das Geschehen des AcI zeitlich nach dem des Prädikats stattfinden wird (soll); sie bezeichnen also die **Nachzeitigkeit (Infinitiv der Nachzeitigkeit)**.

Wortbildung

con-iuratio	con-servare
con-vivium	con-ferre
con-iunx	con-tendere
con-dicio	con-venire

Das Präfix **con-** ist (wie auch **com-** und **col-**) von der Präposition cum herzuleiten. Überlege, inwiefern die Bedeutung von cum in diesen Komposita steckt.

Stelle mit Hilfe des Registers weitere Komposita zusammen, deren Präfix von einer Präposition kommt, z. B. mit ad- / ac- / af- oder mit ex- / e- / ef-. Wie wirkt sich jeweils die Bedeutung der Präposition auf die Bedeutung der Komposita aus? Bei welchen Komposita hilft die Bedeutung der Präposition nicht weiter?

98

W Wiederholungswörter

fēlīx, fēlīcis	erfolgreich, glückbringend, glücklich
iter, itineris *n*	Reise, Marsch, Weg
dolēre, doleō	schmerzen, wehtun
hodiē *Adv.*	heute
crīmen, crīminis *n*	Verbrechen, Vorwurf, Beschuldigung
reprehendere, reprehendō, reprehendī, reprehēnsum	schimpfen, kritisieren
peccāre, peccō	sündigen, einen Fehler machen
anteā *Adv.*	vorher, früher

Lernwörter

sānus, a, um	gesund, vernünftig	*Sanitäter, f. sain, i./s. sano*
coquus	Koch	
sodālis, sodālis *m (Gen. Pl. -ium)*	Freund	
favēre, faveō, fāvī, fautum *m. Dat.*	bevorzugen, begünstigen, gewogen sein	*Favorit, e. favourite*
Deī tibi faveant!	Die Götter mögen dir gewogen sein!	
Vīnō dulcī faveō.	Ich bevorzuge süßen Wein.	
ineptus, a, um	dumm, albern	*f. inepte, s. inepto*
Mamurra *m*	Mamurra *(Offizier im Heer Cäsars)*	
lacessere, lacessō, lacessīvī, lacessītum	herausfordern, reizen	
cōnsulāris, e	konsularisch; *Subst.* ehemaliger Konsul	*cōnsul, cōnsulere*
ilīcō *Adv.*	dort; sofort, sogleich	

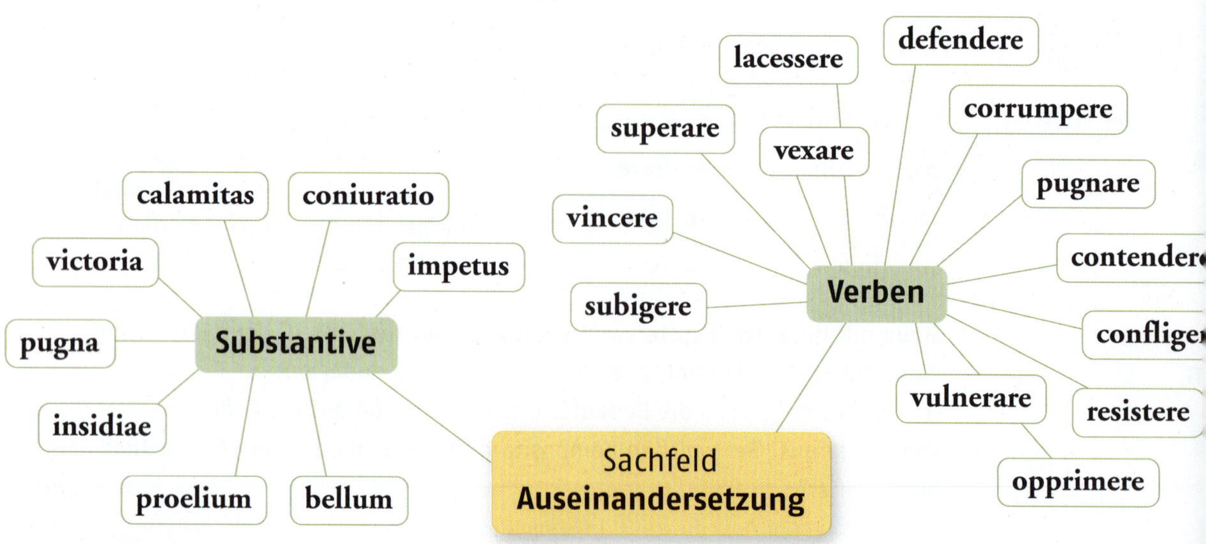

Übersetzen: Konjunktiv im Hauptsatz (Übersicht)

Die folgenden Konjunktive im Hauptsatz hast du bereits kennengelernt:

Tempus	Bezeichnung	Verwendung	Wiedergabe im Deutschen
Präsens	Hortativ (1. Pers. Pl.)	Aufforderung	„lasst uns"
		Abeamus!	Lasst uns weggehen!
	Jussiv (3. Pers.)	Aufforderung	„soll(en)"
		Abeat!	Er soll weggehen!
	Optativ der Gegenwart	Wunsch (erfüllbar)	„hoffentlich", „bitte", „mögen"
		(Utinam) abeas!	Hoffentlich gehst du weg!
Imperfekt	Optativ der Gegenwart	Wunsch (unerfüllbar)	„wenn doch"
		Utinam abires!	Wenn du doch weggehen würdest!
	Irrealis der Gegenwart	Nichtwirklichkeit	Konjunktiv II, Präteritum, „würde"
		Libenter abirem.	Gerne würde ich weggehen.
Perfekt	Optativ der Vergangenheit	Wunsch (erfüllbar)	„hoffentlich"
		(Utinam) abieris!	Hoffentlich bist du weggegangen!
	Prohibitiv (2. Pers. nach ne)	verneinter Befehl	verneinter Imperativ
		Ne abieris!	Gehe nicht weg!
Plusqpf.	Optativ der Vergangenheit	Wunsch (unerfüllbar)	„wenn doch"
		Utinam abisses!	Wenn du doch weggegangen wärst!
	Irrealis der Vergangenheit	Nichtwirklichkeit	Konjunktiv II, Plusqpf.
		Libenter abissem.	Gerne wäre ich weggegangen.

Der Irrealis findet sich meist in Aussagesätzen (.).
Hortativ, Jussiv, Prohibitiv und Optativ stehen immer in Aufforderungs- und Wunschsätzen (!).

99

W Wiederholungswörter

cōgitāre, cōgitō	denken, beabsichtigen	respondēre, respondeō, respondī, respōnsum	antworten
poēta, poētae *m*	Dichter	apud *Präp. m. Akk.*	bei
celer, celeris, celere	schnell	compōnere, compōnō, composuī, compositum	abfassen, ordnen, schlichten; vergleichen
ingenium	Begabung, Talent, Verstand		
dulcis, e	angenehm, süß		

Lernwörter

occurrere, occurrō, occurrī	begegnen, entgegentreten	*currere*, e. occur
inquam *(3. Pers. Sg.* **inquit***)*	sag(t)e ich	
quam quam celerrimē	als, wie; *mit Superlativ:* möglichst möglichst schnell	
vīsere, vīsō, vīsī, vīsum	besichtigen, besuchen	*vidēre*, Visite, Visitenkarte
praetereā *Adv.*	außerdem	
membrum membra corporis membra ōrātiōnis	Glied, (Körper-)Teil die Glieder des Körpers die Teile einer Rede	e. member, s. miembro
prehendere, prehendō, prehendī, prehēnsum manum amīcī prehendere	ergreifen, nehmen die Hand des Freundes ergreifen	*comprehendere*, f. prendre
Maecēnās, Maecēnātis *m*	Mäzenas *(Förderer der Künste zur Zeit des Augustus)*	Mäzen, e. Maecenas, f. mécène, i. mecenate, s. mecenas
illūc *Adv.*	dahin, dorthin	*ille, hūc*
aditus, aditūs *m*	Zugang, Eingang	*adīre*, i. adito
istīc *Adv.*	da, dort	*iste, hīc*
plūs *Adv.*	mehr	
plūrimum *Adv.*	am meisten, sehr viel	*plūs, plūrimī*
aut … aut	entweder ... oder	
possidēre, possideō, possēdī, possessum	besitzen	*sedēre*, Possessivpronomen, e. possess

Adverbien: Steigerung

celer-**iter**	long-ē
schnell	lang
celer-**ius**	long-**ius**
schneller	länger
celerrim-**ē**	longissim-**ē**
am schnellsten	am längsten

Der Komparativ des Adverbs wird mit **-ius** gebildet, der Superlativ mit -ē.

multum
viel

plūs
mehr

plūrimum
am meisten

Einige Adverbien haben unregelmäßige Steigerungsformen. Alle unregelmäßigen Steigerungsformen werden im Wortschatz gelernt.

quam celerrime
möglichst schnell

Bei einem Superlativ bedeutet quam *möglichst*.

quam	Femina, **quam** vidi, …	→	Relativpronomen (Akk. Sg. *f*)
	Quam pulchra est illa femina!	→	Ausruf
	Haec femina pulchrior est **quam** illa.	→	Vergleich (nach Komparativ)
	Femina **quam** celerrime venit.	→	„möglichst" (beim Superlativ)

W Wiederholungswörter

salūs, salūtis *f*	Gesundheit, Rettung, Gruß, Glück	concēdere, concēdō, concessī	erlauben, nachgeben, zugestehen
rūs, rūris *n*	Feld, Land, Landgut	differre, differō, distulī, dīlātum *(ā m. Abl.)*	aufschieben; sich unterscheiden (von)
cupiditās, cupiditātis *f*	(heftiges) Verlangen, Leidenschaft		
ōtium	freie Zeit, Ruhe; Frieden		

Lernwörter

Horātius	Horaz *(röm. Dichter, 65–8 v. Chr.)*	
Tibullus	Tibull *(röm. Dichter, um 55–19 v. Chr.)*	
iūcundus, a, um	angenehm, erfreulich	*iuvāre, i. giocondo*
sē recipere Cōpiae in castra sē recēpērunt.	sich zurückziehen Die Truppen haben sich ins Lager zurückgezogen.	*sē, recipere*
rārō *Adv.*	selten	*rar, f. rare, i. raro*
occupātus, a, um *(in m. Abl.)* Magistrātūs in negōtiīs occupātī sunt.	beschäftigt (mit) Die Beamten sind mit ihren Aufgaben beschäftigt.	*occupāre, okkupieren, Okkupation*
nec … nec	weder ... noch	
invidia	Neid	*in, vidēre, f. envie, s. envidia*
pecus, pecoris *n*	Vieh, Tier	*i. pecora*
grātus, a, um dōnum grātum homō grātus	dankbar, willkommen, beliebt ein willkommenes Geschenk ein beliebter Mensch	*grātia, gratulieren, i./s. grato*
dictum	Ausspruch, Wort	*dīcere, Diktum, s. dicho*
Epicūrus	Epikur *(griech. Philosoph, um 341–270 v. Chr.)*	
dīvus, a, um	göttlich	*deus, dīvīnus, Diva*
carpere, carpō, carpsī, carptum Carpe diem!	pflücken, genießen; nutzen Genieße den Tag! Nutze den Tag (die Zeit)!	*ex-zerpieren*

nd-Formen: Gerundium

Wie im Deutschen und Englischen kann man auch im Lateinischen Verben als Substantive verwenden:

Legere delectat.

(Das) Lesen macht Spaß.

Reading is fun.

Wenn im Lateinischen das substantivierte Verb im Nominativ (als Subjekt) oder im bloßen Akkusativ (als Objekt) steht, wird der Infinitiv Präsens verwendet. In den anderen Kasus gibt es eigene Deklinationsformen. Man bezeichnet sie als **Gerundium**.

a-Konjugation

Nominativ	vocā-re	*rufen / (das) Rufen*
Genitiv	voca-**nd-ī**	*des Rufens*
Dativ	voca-**nd-ō**	*dem Rufen*
Akkusativ	ad voca-**nd-um**	*zum Rufen*
Ablativ	voca-**nd-ō**	*durch Rufen*

Das Gerundium tritt nur im Singular auf. Die Formen werden dadurch gebildet, dass an den Präsensstamm der Verben **-nd-** angefügt wird, worauf die Kasusendungen der o-Deklination im Singular folgen.

e-Konjugation	monē-re, mone-**nd-ī**, ...
i-Konjugation	audī-re, audi-**e-nd-ī**, ...
kons. Konjugation (i-Erweiterung)	ag-e-re, ag-**e-nd-ī**, ... cape-re, capi-**e-nd-ī**, ...

Bei der ī- und der kons. Konjugation wird der Präsensstamm durch den Bindevokal -e- erweitert.

Verwendung des Gerundiums (1)

→ Erscheinungsform

Tempus *discendi* tibi non est.

Du hast keine Zeit *zu lernen (zum Lernen).*

Cupidus *discendi* es.

Du bist eifrig bemüht *zu lernen* (lernbegierig).

Discendi causā adsumus.

Wir sind hier, *um zu lernen.*

Der Genitiv des Gerundiums kommt nach bestimmten Substantiven (z. B. tempus, spes) und Adjektiven (z. B. cupidus) sowie in Verbindung mit causā *(wegen)* vor.

100

Liberi *ad discendum* conveniunt.

Die Kinder kommen *zum Lernen* zusammen.

Der Akkusativ steht nur nach der Präposition ad. (Der Dativ des Gerundiums ist selten.)

Docendo discimus.

Durch Lehren lernen wir.

→ Übersetzungsmöglichkeiten

tempus *legendi*

Zeit *zu lesen*
Zeit *zum Lesen*

Das Gerundium kann mit einem **Infinitiv** oder einem **Substantiv** wiedergegeben werden.

Für die Übersetzung des Gerundiums **nach Präpositionen** gilt folgende Regel:

ad discendum convenire

zum Lernen (*um zu* lernen) zusammenkommen

ad und **nd**-Form: *zu, zur, zum* und Substantiv

in scribendo multum discere

beim Schreiben viel lernen

in und **nd**-Form: *bei, beim* und Substantiv

→ Satzgliedfunktionen

Das Gerundium kann verschiedene Satzgliedfunktionen wahrnehmen, z. B. steht es im Ablativ oder im Präpositionalausdruck als Adverbiale, im Genitiv als Attribut:

Liberi ad discendum conveniunt.

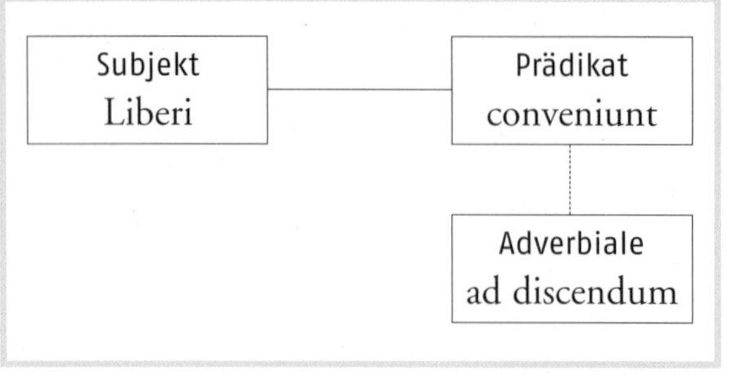

Tempus discendi tibi non est.

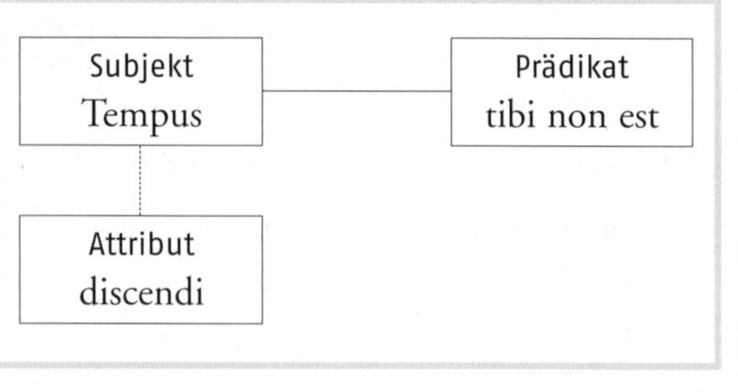

Wiederholungswörter

W

scīre, sciō	wissen, kennen, verstehen	cupidus, a, um *(m. Gen.)*	(be)gierig (nach)
ars, artis *f (Gen. Pl. -ium)*	Kunst, Fertigkeit, Eigenschaft	quīn?	warum nicht?
maximē *Adv.*	am meisten, besonders	opēs, opum *f Pl.*	Macht, Mittel, Reichtum

Lernwörter

exemplum	Beispiel, Vorbild	*Exempel, e. example, f. exemple,*
probus, a, um	anständig, gut	*probāre, improbus,* Probe
incendere, incendō, incendī, incēnsum	entflammen, in Brand stecken	*incendium, f. incendie*
Ovidius	Ovid *(röm. Dichter, 43 v. Chr.–17 n. Chr.)*	
dīversus, a, um	verschieden, entgegengesetzt, feindlich	*divers, e. diverse, f. divers, s. diverso*
studia dīversa	verschiedene (entgegengesetzte) Interessen	
permittere, permittō, permīsī, permissum	erlauben, überlassen	*per, mittere, e. permit, f. permettre*
contrā *Adv.*	gegenüber, dagegen	*Kontrast, konträr, f. contre*
opus est *m. Abl.*	es ist nötig, man braucht (etw.)	
Nōbīs amīcīs opus est.	Wir brauchen Freunde.	
haud	nicht	
dīgnitās, dīgnitātis *f*	Ansehen, Würde; (gesellschaftliche) Stellung	*dīgnus, indīgnus, e. dignity, f. dignité, i. dignità, s. dignidad*
Vergilius	Vergil *(röm. Dichter, 70–19 v. Chr.)*	
ēgregius, a, um	ausgezeichnet, hervorragend	*i./s. egregio*
sē praebēre	sich zeigen	
grandis, e	alt; bedeutend, groß	*grandios, f. grand, i./s. grande*
prōferre, prōferō, prōtulī, prōlātum	(hervor)holen, zur Sprache bringen	*prō, ferre*

S Verwendung des Gerundiums (2)

Tempus libros in bibliotheca legendi tibi est.

Du hast Zeit, die Bücher in der Bibliothek zu lesen.

Wie das Partizip hat auch das Gerundium Eigenschaften des Verbs; es kann somit Objekte (hier: libros) und adverbiale Bestimmungen (hier: in bibliotheca) bei sich haben.
Ein **erweitertes Gerundium** ist als satzwertige Konstruktion aufzufassen.

M Wortschatz erweitern: Wortbildungselemente nutzen (Suffixe)

Wie du weißt, sind zahlreiche lateinische Substantive dadurch gebildet, dass der „Stamm" eines Wortes um ein **Suffix** erweitert wird.

Dasselbe gilt für Adjektive und Verben. Die folgende Übersicht stellt die wichtigsten Suffixe und ihre Bedeutung zusammen:

→ **Substantive**

-ium	z.B. aedificium	Handlung oder Ergebnis	von aedificare
-io	z.B. oratio		von orare
-mentum	z.B. ornamentum	Mittel oder Ergebnis	von ornare
-tas	z.B. libertas	Zustand oder Eigenschaft	von liber, a, um
-tudo	z.B. magnitudo		von magnus, a, um
-ia / -itia	z.B. laetitia		von laetus, a, um
-tor	z.B. imperator	handelnde Person	von imperare

→ **Adjektive**

-ius	z.B. regius, a, um	Herkunft oder Zugehörigkeit	von rex
-osus	z.B. gloriosus, a, um	Fülle	von gloria
-alis / -ilis	z.B. mortalis, e	Eigenschaft	von mors, mortis
-idus	z.B. cupidus		von cupere
-bilis	z.B. incredibilis, e	Möglichkeit oder Eigenschaft	von credere

→ **Verben**

-tare	z.B. captare	Verstärkung / Wiederholung	von capere
-scere	z.B. pertimescere	Beginn	von timere

102

Wiederholungswörter

W

atrōx, atrōcis	furchtbar, schrecklich	aestās, aestātis *f*	Sommer
adhūc *Adv.*	bis jetzt, noch	magister, magistrī *m*	Lehrer, Meister
recitāre, recitō	vortragen, vorlesen	trīstis, e	traurig, unfreundlich

Lernwörter

venustus, a, um	fein, schön, charmant, liebenswürdig	*Venus*
ūnicus, a, um	einzig, außerordentlich	*ūnus, Unikum, Unikat*
misellus, a, um	arm, bedauernswert	*miser*
colloquium	Gespräch	*Kolloquium*
ūrere, ūrō	(ver)brennen, ausdörren, austrocknen	
Dīdō amōre ūritur.	Dido ist in Liebe entbrannt.	
Sōl agrōs ūrit.	Die Sonne trocknet die Felder aus.	
longinquus, a, um	lang *(zeitlich)*, weit entfernt	*longus*
dolor longinquus	lang anhaltender Schmerz	
nātiōnēs longinquae	weit entfernte Völker	
frīgus, frīgoris *n*	Frost, Kälte	*e. fridge, f. froid, s. frío*
identidem *Adv.*	immer wieder, wiederholt	*īdem*
extrēmus, a, um	der äußerste, letzte	*extrā, extrem, e. extreme*
molestus, a, um	lästig, beschwerlich, langweilig	*i./s. molesto*

Wörter zeichnen

puella venusta

labor molestus

frigus perferre

Versuche, weitere Vokabeln dieses Wortschatzes und anderer Wortschätze zeichnerisch so darzustellen, dass dir die Zeichnung eine Lernhilfe ist.

M Formen unterscheiden: Partizip Präsens und Gerundium

vocanti ↔ vocandi

discentem ↔ discendum ↔ discentium

Diese Beispiele zeigen, dass du genau hinsehen musst, um Formen des Partizip Präsens und des Gerundiums nicht zu verwechseln.

Beachte dazu Folgendes:

Gerundium	Partizip Präsens
Beim Gerundium kommen nur **Endungen der o-Deklination im Singular** vor.	Beim Partizip Präsens kommen nur **Endungen der 3. Deklination** vor.
Das Gerundium wird immer mit -nd- gebildet.	Das Partizip Präsens wird mit -nt- gebildet. (Ausnahme: -ns im Nominativ, z. B. vocans)
	Formen des Partizip Präsens haben in der Regel ein **Bezugswort**, mit dem sie in KNG-Kongruenz stehen (Ausnahme: substantivierte Partizipien).

Beispiele:

Mater consilium vocandi (Gen.) capit. Die Mutter fasst den Entschluss zu rufen.	Matri vocanti (Dat.) respondeo. Ich antworte der rufenden Mutter.
Ad discendum (Akk.) convenimus. Wir kommen zum Lernen zusammen.	Magister discipulum discentem (Akk. Sg.) laudat. Der Lehrer lobt den lernenden Schüler. Der Lehrer lobt den Schüler, weil er lernt. Studium discipulorum discentium (Gen. Pl.) magnum est. Das Engagement der lernenden Schüler ist groß.

„Eselsbrücke"

Gerundium	↔	Partizip
nd		nt

Tabellarium

1. Substantive

a-Dekl.	*Singular*	*Plural*
Nominativ	serv-**a**	serv-**ae**
Genitiv	serv-**ae**	serv-**ārum**
Dativ	serv-**ae**	serv-**īs**
Akkusativ	serv-**am**	serv-**ās**
Ablativ	serv-**ā**	serv-**īs**

o-Dekl.	*Singular*	*Plural*	*Singular*	*Plural*
Nominativ	serv-**us**	serv-**ī**	dōn-**um**	dōn-**a**
Genitiv	serv-**ī**	serv-**ōrum**	dōn-**ī**	dōn-**ōrum**
Dativ	serv-**ō**	serv-**īs**	dōn-**ō**	dōn-**īs**
Akkusativ	serv-**um**	serv-**ōs**	dōn-**um**	dōn-**a**
Ablativ	serv-**ō**	serv-**īs**	dōn-**ō**	dōn-**īs**

3. Dekl.	*Singular*	*Plural*	*Singular*	*Plural*
Nominativ	senātor	senātōr-**ēs**	crīmen	crīmin-**a**
Genitiv	senātōr-**is**	senātōr-**um**	crīmin-**is**	crīmin-**um**
Dativ	senātōr-**ī**	senātōr-**ibus**	crīmin-**ī**	crīmin-**ibus**
Akkusativ	senātōr-**em**	senātōr-**ēs**	crīmen	crīmin-**a**
Ablativ	senātōr-**e**	senātōr-**ibus**	crīmin-**e**	crīmin-**ibus**

u-Dekl.	*Singular*	*Plural*
Nominativ	met-**us**	met-**ūs**
Genitiv	met-**ūs**	met-**uum**
Dativ	met-**uī**	met-**ibus**
Akkusativ	met-**um**	met-**ūs**
Ablativ	met-**ū**	met-**ibus**

e-Dekl.	*Singular*	*Plural*
Nominativ	r-**ēs**	r-**ēs**
Genitiv	r-**eī**	r-**ērum**
Dativ	r-**eī**	r-**ēbus**
Akkusativ	r-**em**	r-**ēs**
Ablativ	r-**ē**	r-**ēbus**

2. Adjektive

	Singular			Plural		
a-/o-Dekl.	*m*	*f*	*n*	*m*	*f*	*n*
Nominativ	magn-us	magn-a	magn-um	magn-ī	magn-ae	magn-a
Genitiv	magn-ī	magn-ae	magn-ī	magn-ōrum	magn-ārum	magn-ōrum
Dativ	magn-ō	magn-ae	magn-ō		magn-īs	
Akkusativ	magn-um	magn-am	magn-um	magn-ōs	magn-ās	magn-a
Ablativ	magn-ō	magn-ā	magn-ō		magn-īs	

dreiendige

3. Dekl.	*m*	*f*	*n*	*m*	*f*	*n*
Nominativ	ācer	ācr-is	ācr-e	ācr-ēs	ācr-ēs	ācr-ia
Genitiv		ācr-is			ācr-ium	
Dativ		ācr-ī			ācr-ibus	
Akkusativ		ācr-em	ācr-e		ācr-ēs	ācr-ia
Ablativ		ācr-ī			ācr-ibus	

zweiendige

Nominativ		fort-is	fort-e		fort-ēs	fort-ia
Genitiv		fort-is			fort-ium	
Dativ		fort-ī			fort-ibus	
Akkusativ		fort-em	fort-e		fort-ēs	fort-ia
Ablativ		fort-ī			fort-ibus	

einendige

Nominativ		sapiēns			sapient-ēs	sapient-ia
Genitiv		sapient-is			sapient-ium	
Dativ		sapient-ī			sapient-ibus	
Akkusativ		sapient-em	sapiēns		sapient-ēs	sapient-ia
Ablativ		sapient-ī			sapient-ibus	

Komparativ

Nominativ		longior	longius		longiōr-ēs	longiōr-a
Genitiv		longiōr-is			longiōr-um	
Dativ		longiōr-ī			longiōr-ibus	
Akkusativ		longiōr-em	longius		longiōr-ēs	longiōr-a
Ablativ		longiōr-e			longiōr-ibus	

3. Pronomina

Personalpronomen

	Singular 1. Person	2. Person	3. Person (*refl.*)	*Plural* 1. Person	2. Person	3. Person (*refl.*)
Nominativ	ego	tū	–	nōs	vōs	–
Dativ	mihi	tibi	sibi	nōbīs	vōbīs	sibi
Akkusativ	mē	tē	sē	nōs	vōs	sē
Ablativ	mēcum sine mē	tēcum sine tē	ā sē sēcum	nōbīscum sine nōbīs	vōbīscum sine vōbīs	ā sē sēcum

Demonstrativpronomen is *dieser*

	m	f	n	m	f	n
Nominativ	is	ea	id	eī / iī	eae	ea
Genitiv		eius		eōrum	eārum	eōrum
Dativ		eī			eīs / iīs	
Akkusativ	eum	eam	id	eōs	eās	ea
Ablativ	eō	eā	eō		eīs / iīs	

Demonstrativpronomen iste *dieser (da)*

Nominativ	iste	ista	istud	istī	istae	ista
Genitiv		istīus		istōrum	istārum	istōrum
Dativ		istī			istīs	
Akkusativ	istum	istam	istud	istōs	istās	ista
Ablativ	istō	istā	istō		istīs	

Demonstrativpronomen hic *dieser*

Nominativ	hic	haec	hoc	hī	hae	haec
Genitiv		huius		hōrum	hārum	hōrum
Dativ		huic			hīs	
Akkusativ	hunc	hanc	hoc	hōs	hās	haec
Ablativ	hōc	hāc	hōc		hīs	

Demonstrativpronomen ille *jener*

Nominativ	ille	illa	illud	illī	illae	illa
Genitiv		illīus		illōrum	illārum	illōrum
Dativ		illī			illīs	
Akkusativ	illum	illam	illud	illōs	illās	illa
Ablativ	illō	illā	illō		illīs	

Pronomen **ipse** *(er) selbst*

	Singular m	f	n	*Plural* m	f	n
Nominativ	ipse	ipsa	ipsum	ipsī	ipsae	ipsa
Genitiv		ipsīus		ipsōrum	ipsārum	ipsōrum
Dativ		ipsī			ipsīs	
Akkusativ	ipsum	ipsam	ipsum	ipsōs	ipsās	ipsa
Ablativ	ipsō	ipsā	ipsō		ipsīs	

Pronomen **īdem** *derselbe*

Nominativ	īdem	éadem	idem	eīdem / iīdem	eaedem	éadem
Genitiv		eiusdem		eōrundem	eārundem	eōrundem
Dativ		eīdem			eīsdem / iīsdem / īsdem	
Akkusativ	eundem	eandem	idem	eōsdem	eāsdem	éadem
Ablativ	eōdem	eādem	eōdem		eīsdem / iīsdem / īsdem	

Relativ- und Interrogativpronomen **quī** *der; welcher*

Nominativ	quī	quae	quod	quī	quae	quae
Genitiv		cuius		quōrum	quārum	quōrum
Dativ		cui			quibus	
Akkusativ	quem	quam	quod	quōs	quās	quae
Ablativ	quō	quā	quō		quibus	

Interrogativpronomen **quis** *wer?*

Nominativ	quis	quid
Genitiv	cuius	
Dativ	cui	
Akkusativ	quem	quid
Ablativ	ā quō / quōcum	quō

Indefinitpronomen **aliquis** *(subst.) irgendjemand*

Nominativ	aliquis	aliquid
Genitiv	alicuius	alicuius reī
Dativ	alicui	alicui reī
Akkusativ	aliquem	aliquid
Ablativ	aliquō	aliquā rē

Indefinitpronomen **aliquī** *(adj.) irgendein*

Nominativ	aliquī	aliqua	aliquod	aliquī	aliquae	aliqua
Genitiv		alicuius		aliquōrum	aliquārum	aliquōrum
Dativ		alicui			aliquibus	
Akkusativ	aliquem	aliquam	aliquod	aliquōs	aliquās	aliqua
Ablativ	aliquō	aliquā	aliquō		aliquibus	

Indefinitpronomen **quīdam** *(subst.) ein gewisser, (irgend)einer*

Nominativ	quīdam	quaedam	quiddam	quīdam	quaedam	quaedam
Genitiv		cuiusdam		quōrundam	quārundam	quōrundam
Dativ		cuidam			quibusdam	
Akkusativ	quendam	quandam	quiddam	quōsdam	quāsdam	quaedam
Ablativ	quōdam	quādam	quōdam		quibusdam	

Indefinitpronomen **quīdam** *(adj.) ein gewisser, (irgend)ein*

Nominativ	quīdam	quaedam	quoddam	quīdam	quaedam	quaedam
Genitiv		cuiusdam		quōrundam	quārundam	quōrundam
Dativ		cuidam			quibusdam	
Akkusativ	quendam	quandam	quoddam	quōsdam	quāsdam	quaedam
Ablativ	quōdam	quādam	quōdam		quibusdam	

4. Verben: Indikativ Aktiv

Präsensstamm

	ā-Konjugation		ē-Konjugation		ī-Konjugation	
Inf. Präsens	rogā-re		monē-re		audī-re	
PPA	rogā-ns, roga-ntis		monē-ns, mone-ntis		audi-ē-ns, audi-e-ntis	
Präsens	*Singular*	*Plural*	*Singular*	*Plural*	*Singular*	*Plural*
1. Person	rog-ō	rogā-mus	mone-ō	monē-mus	audi-ō	audī-mus
2. Person	rogā-s	rogā-tis	monē-s	monē-tis	audī-s	audī-tis
3. Person	roga-t	roga-nt	mone-t	mone-nt	audi-t	audi-u-nt
Imperfekt	*Singular*	*Plural*	*Singular*	*Plural*	*Singular*	*Plural*
1. Person	rogā-ba-m	rogā-bā-mus	monē-ba-m	monē-bā-mus	audi-ēba-m	audi-ēbā-mus
2. Person	rogā-bā-s	rogā-bā-tis	monē-bā-s	monē-bā-tis	audi-ēbā-s	audi-ēbā-tis
3. Person	rogā-ba-t	rogā-ba-nt	monē-ba-t	monē-ba-nt	audi-ēba-t	audi-ēba-nt
Futur I	*Singular*	*Plural*	*Singular*	*Plural*	*Singular*	*Plural*
1. Person	rogā-b-ō	rogā-bi-mus	monē-b-ō	monē-bi-mus	audi-a-m	audi-ē-mus
2. Person	rogā-bi-s	rogā-bi-tis	monē-bi-s	monē-bi-tis	audi-ē-s	audi-ē-tis
3. Person	rogā-bi-t	rogā-bu-nt	monē-bi-t	monē-bu-nt	audi-e-t	audi-e-nt
Imperativ	rogā	rogā-te	monē	monē-te	audī	audī-te

Perfektstamm

Inf. Perfekt	rogāv-isse		monu-isse		audīv-isse	
Perfekt	*Singular*	*Plural*	*Singular*	*Plural*	*Singular*	*Plural*
1. Person	rogāv-ī	rogāv-imus	monu-ī	monu-imus	audīv-ī	audīv-imus
2. Person	rogāv-istī	rogāv-istis	monu-istī	monu-istis	audīv-istī	audīv-istis
3. Person	rogāv-it	rogāv-ērunt	monu-it	monu-ērunt	audīv-it	audīv-ērunt
Plusqpf.	*Singular*	*Plural*	*Singular*	*Plural*	*Singular*	*Plural*
1. Person	rogāv-eram	rogāv-erāmus	monu-eram	monu-erāmus	audīv-eram	audīv-erāmus
2. Person	rogāv-erās	rogāv-erātis	monu-erās	monu-erātis	audīv-erās	audīv-erātis
3. Person	rogāv-erat	rogāv-erant	monu-erat	monu-erant	audīv-erat	audīv-erant
Futur II	*Singular*	*Plural*	*Singular*	*Plural*	*Singular*	*Plural*
1. Person	rogāv-erō	rogāv-erimus	monu-erō	monu-erimus	audīv-erō	audīv-erimus
2. Person	rogāv-eris	rogāv-eritis	monu-eris	monu-eritis	audīv-eris	audīv-eritis
3. Person	rogāv-erit	rogāv-erint	monu-erit	monu-erint	audīv-erit	audīv-erint

Präsensstamm

	konsonantische Konjugation		(i-Erweiterung)		Hilfsverb	
Inf. Präsens	ag-e-re		cape-re		es-se	
PPA	ag-ē-ns, ag-e-ntis		capi-ē-ns, capi-e-ntis			
Präsens	*Singular*	*Plural*	*Singular*	*Plural*	*Singular*	*Plural*
1. Person	ag-ō	ag-i-mus	capi-ō	capi-mus	su-m	su-mus
2. Person	ag-i-s	ag-i-tis	capi-s	capi-tis	es	es-tis
3. Person	ag-i-t	ag-u-nt	capi-t	capi-u-nt	es-t	s-u-nt
Imperfekt	*Singular*	*Plural*	*Singular*	*Plural*	*Singular*	*Plural*
1. Person	ag-ēba-m	ag-ēbā-mus	capi-ēba-m	capi-ēbā-mus	er-a-m	er-ā-mus
2. Person	ag-ēbā-s	ag-ēbā-tis	capi-ēbā-s	capi-ēbā-tis	er-ā-s	er-ā-tis
3. Person	ag-ēba-t	ag-ēba-nt	capi-ēba-t	capi-ēba-nt	er-a-t	er-a-nt
Futur I	*Singular*	*Plural*	*Singular*	*Plural*	*Singular*	*Plural*
1. Person	ag-a-m	ag-ē-mus	capi-a-m	capi-ē-mus	er-ō	er-i-mus
2. Person	ag-ē-s	ag-ē-tis	capi-ē-s	capi-ē-tis	er-i-s	er-i-tis
3. Person	ag-e-t	ag-e-nt	capi-e-t	capi-e-nt	er-i-t	er-u-nt
Imperativ	ag-e	ag-i-te	cape	capi-te	es	es-te

Perfektstamm

Inf. Perfekt	ēg-isse		cēp-isse		fu-isse	
Perfekt	*Singular*	*Plural*	*Singular*	*Plural*	*Singular*	*Plural*
1. Person	ēg-ī	ēg-imus	cēp-ī	cēp-imus	fu-ī	fu-imus
2. Person	ēg-istī	ēg-istis	cēp-istī	cēp-istis	fu-istī	fu-istis
3. Person	ēg-it	ēg-ērunt	cēp-it	cēp-ērunt	fu-it	fu-ērunt
Plusqpf.	*Singular*	*Plural*	*Singular*	*Plural*	*Singular*	*Plural*
1. Person	ēg-eram	ēg-erāmus	cēp-eram	cēp-erāmus	fu-eram	fu-erāmus
2. Person	ēg-erās	ēg-erātis	cēp-erās	cēp-erātis	fu-erās	fu-erātis
3. Person	ēg-erat	ēg-erant	cēp-erat	cēp-erant	fu-erat	fu-erant
Futur II	*Singular*	*Plural*	*Singular*	*Plural*	*Singular*	*Plural*
1. Person	ēg-erō	ēg-erimus	cēp-erō	cēp-erimus	fu-erō	fu-erimus
2. Person	ēg-eris	ēg-eritis	cēp-eris	cēp-eritis	fu-eris	fu-eritis
3. Person	ēg-erit	ēg-erint	cēp-erit	cēp-erint	fu-erit	fu-erint

5. Verben: Indikativ Passiv

Präsensstamm

	ā-Konjugation		*ē-Konjugation*		*ī-Konjugation*	
Inf. Präsens	rogā-rī		monē-rī		audī-rī	
Präsens	*Singular*	*Plural*	*Singular*	*Plural*	*Singular*	*Plural*
1. Person	rog-or	rogā-mur	mone-or	monē-mur	audi-or	audī-mur
2. Person	rogā-ris	rogā-minī	monē-ris	monē-minī	audī-ris	audī-minī
3. Person	rogā-tur	roga-ntur	monē-tur	mone-ntur	audī-tur	audi-u-ntur
Imperfekt	*Singular*	*Plural*	*Singular*	*Plural*	*Singular*	*Plural*
1. Person	rogā-ba-r	rogā-bā-mur	monē-ba-r	monē-bā-mur	audi-ēba-r	audi-ēbā-mur
2. Person	rogā-bā-ris	rogā-bā-minī	monē-bā-ris	monē-bā-minī	audi-ēbā-ris	audi-ēbā-minī
3. Person	rogā-bā-tur	rogā-ba-ntur	monē-bā-tur	monē-ba-ntur	audi-ēbā-tur	audi-ēba-ntur
Futur I	*Singular*	*Plural*	*Singular*	*Plural*	*Singular*	*Plural*
1. Person	rogā-b-or	rogā-bi-mur	monē-b-or	monē-bi-mur	audi-a-r	audi-ē-mur
2. Person	rogā-be-ris	rogā-bi-minī	monē-be-ris	monē-bi-minī	audi-ē-ris	audi-ē-minī
3. Person	rogā-bi-tur	rogā-bu-ntur	monē-bi-tur	monē-bu-ntur	audi-ē-tur	audi-e-ntur

Perfektstamm

Inf. Perfekt	rogā-tum esse		moni-tum esse		audī-tum esse	
PPP	rogā-tus, a, um		moni-tus, a, um		audī-tus, a, um	
Perfekt	*Singular*	*Plural*	*Singular*	*Plural*	*Singular*	*Plural*
1. Person	rogā-tus sum	rogā-tī sumus	moni-tus sum	moni-tī sumus	audī-tus sum	audī-tī sumus
2. Person	rogā-tus es	rogā-tī estis	moni-tus es	moni-tī estis	audī-tus es	audī-tī estis
3. Person	rogā-tus est	rogā-tī sunt	moni-tus est	moni-tī sunt	audī-tus est	audī-tī sunt
Plusqpf.	*Singular*	*Plural*	*Singular*	*Plural*	*Singular*	*Plural*
1. Person	rogā-tus eram	rogā-tī erāmus	moni-tus eram	moni-tī erāmus	audī-tus eram	audī-tī erāmus
2. Person	rogā-tus erās	rogā-tī erātis	moni-tus erās	moni-tī erātis	audī-tus erās	audī-tī erātis
3. Person	rogā-tus erat	rogā-tī erant	moni-tus erat	moni-tī erant	audī-tus erat	audī-tī erant
Futur II	*Singular*	*Plural*	*Singular*	*Plural*	*Singular*	*Plural*
1. Person	rogā-tus erō	rogā-tī erimus	moni-tus erō	moni-tī erimus	audī-tus erō	audī-tī erimus
2. Person	rogā-tus eris	rogā-tī eritis	moni-tus eris	moni-tī eritis	audī-tus eris	audī-tī eritis
3. Person	rogā-tus erit	rogā-tī erunt	moni-tus erit	moni-tī erunt	audī-tus erit	audī-tī erunt

Präsensstamm

	konsonantische Konjugation		(i-Erweiterung)	
Inf. Präsens	ag-ī		cap-ī	

Präsens	Singular	Plural	Singular	Plural
1. Person	ag-or	ag-i-mur	capi-or	capi-mur
2. Person	ag-e-ris	ag-i-minī	cape-ris	capi-minī
3. Person	ag-i-tur	ag-u-ntur	capi-tur	capi-u-ntur

Imperfekt	Singular	Plural	Singular	Plural
1. Person	ag-ēba-r	ag-ēbā-mur	capi-ēba-r	capi-ēbā-mur
2. Person	ag-ēbā-ris	ag-ēbā-minī	capi-ēbā-ris	capi-ēbā-minī
3. Person	ag-ēbā-tur	ag-ēba-ntur	capi-ēbā-tur	capi-ēba-ntur

Futur I	Singular	Plural	Singular	Plural
1. Person	ag-a-r	ag-ē-mur	capi-a-r	capi-ē-mur
2. Person	ag-ē-ris	ag-ē-minī	capi-ē-ris	capi-ē-minī
3. Person	ag-ē-tur	ag-e-ntur	capi-ē-tur	capi-e-ntur

Perfektstamm

Inf. Perfekt	āc-tum esse		cap-tum esse	
PPP	āc-tus, a, um		cap-tus, a, um	

Perfekt	Singular	Plural	Singular	Plural
1. Person	āc-tus sum	āc-tī sumus	cap-tus sum	cap-tī sumus
2. Person	āc-tus es	āc-tī estis	cap-tus es	cap-tī estis
3. Person	āc-tus est	āc-tī sunt	cap-tus est	cap-tī sunt

Plusqpf.	Singular	Plural	Singular	Plural
1. Person	āc-tus eram	āc-tī erāmus	cap-tus eram	cap-tī erāmus
2. Person	āc-tus erās	āc-tī erātis	cap-tus erās	cap-tī erātis
3. Person	āc-tus erat	āc-tī erant	cap-tus erat	cap-tī erant

Futur II	Singular	Plural	Singular	Plural
1. Person	āc-tus erō	āc-tī erimus	cap-tus erō	cap-tī erimus
2. Person	āc-tus eris	āc-tī eritis	cap-tus eris	cap-tī eritis
3. Person	āc-tus erit	āc-tī erunt	cap-tus erit	cap-tī erunt

6. Verben: Konjunktiv Aktiv

	ā-Konjugation		*ē-Konjugation*		*ī-Konjugation*	
Präsens	*Singular*	*Plural*	*Singular*	*Plural*	*Singular*	*Plural*
1. Person	rog-e-m	rog-ē-mus	mone-a-m	mone-ā-mus	audi-a-m	audi-ā-mus
2. Person	rog-ē-s	rog-ē-tis	mone-ā-s	mone-ā-tis	audi-ā-s	audi-ā-tis
3. Person	rog-e-t	rog-e-nt	mone-a-t	mone-a-nt	audi-a-t	audi-a-nt
Imperfekt	*Singular*	*Plural*	*Singular*	*Plural*	*Singular*	*Plural*
1. Person	rogā-re-m	rogā-rē-mus	monē-re-m	monē-rē-mus	audī-re-m	audī-rē-mus
2. Person	rogā-rē-s	rogā-rē-tis	monē-rē-s	monē-rē-tis	audī-rē-s	audī-rē-tis
3. Person	rogā-re-t	rogā-re-nt	monē-re-t	monē-re-nt	audī-re-t	audī-re-nt
Perfekt	*Singular*	*Plural*	*Singular*	*Plural*	*Singular*	*Plural*
1. Person	rogāv-eri-m	rogāv-eri-mus	monu-eri-m	monu-eri-mus	audīv-eri-m	audīv-eri-mus
2. Person	rogāv-eri-s	rogāv-eri-tis	monu-eri-s	monu-eri-tis	audīv-eri-s	audīv-eri-tis
3. Person	rogāv-eri-t	rogāv-eri-nt	monu-eri-t	monu-eri-nt	audīv-eri-t	audīv-eri-nt
Plusqpf.	*Singular*	*Plural*	*Singular*	*Plural*	*Singular*	*Plural*
1. Person	rogāv-isse-m	rogāv-issē-mus	monu-isse-m	monu-issē-mus	audīv-isse-m	audīv-issē-mus
2. Person	rogāv-issē-s	rogāv-issē-tis	monu-issē-s	monu-issē-tis	audīv-issē-s	audīv-issē-tis
3. Person	rogāv-isse-t	rogāv-isse-nt	monu-isse-t	monu-isse-nt	audīv-isse-t	audīv-isse-nt

7. Verben: Konjunktiv Passiv

Präsens	*Singular*	*Plural*	*Singular*	*Plural*	*Singular*	*Plural*
1. Person	rog-e-r	rog-ē-mur	mone-a-r	mone-ā-mur	audi-a-r	audi-ā-mur
2. Person	rog-ē-ris	rog-ē-minī	mone-ā-ris	mone-ā-minī	audi-ā-ris	audi-ā-minī
3. Person	rog-ē-tur	rog-e-ntur	mone-ā-tur	mone-a-ntur	audi-ā-tur	audi-a-ntur
Imperfekt	*Singular*	*Plural*	*Singular*	*Plural*	*Singular*	*Plural*
1. Person	rogā-re-r	rogā-rē-mur	monē-re-r	monē-rē-mur	audī-re-r	audī-rē-mur
2. Person	rogā-rē-ris	rogā-rē-minī	monē-rē-ris	monē-rē-minī	audī-rē-ris	audī-rē-minī
3. Person	rogā-rē-tur	rogā-re-ntur	monē-rē-tur	monē-re-ntur	audī-rē-tur	audī-re-ntur
Perfekt	*Singular*	*Plural*	*Singular*	*Plural*	*Singular*	*Plural*
1. Person	rogā-tus sim	rogā-tī sīmus	moni-tus sim	moni-tī sīmus	audī-tus sim	audī-tī sīmus
2. Person	rogā-tus sīs	rogā-tī sītis	moni-tus sīs	moni-tī sītis	audī-tus sīs	audī-tī sītis
3. Person	rogā-tus sit	rogā-tī sint	moni-tus sit	moni-tī sint	audī-tus sit	audī-tī sint
Plusqpf.	*Singular*	*Plural*	*Singular*	*Plural*	*Singular*	*Plural*
1. Person	rogā-tus essem	rogā-tī essēmus	moni-tus essem	moni-tī essēmus	audī-tus essem	audī-tī essēmus
2. Person	rogā-tus essēs	rogā-tī essētis	moni-tus essēs	moni-tī essētis	audī-tus essēs	audī-tī essētis
3. Person	rogā-tus esset	rogā-tī essent	moni-tus esset	moni-tī essent	audī-tus esset	audī-tī essent

	konsonantische Konjugation		(i-Erweiterung)		Hilfsverb	
Präsens	Singular	Plural	Singular	Plural	Singular	Plural
1. Person	ag-a-m	ag-ā-mus	capi-a-m	capi-ā-mus	s-i-m	s-ī-mus
2. Person	ag-ā-s	ag-ā-tis	capi-ā-s	capi-ā-tis	s-ī-s	s-ī-tis
3. Person	ag-a-t	ag-a-nt	capi-a-t	capi-a-nt	s-i-t	s-i-nt
Imperfekt	Singular	Plural	Singular	Plural	Singular	Plural
1. Person	ag-e-re-m	ag-e-rē-mus	cape-re-m	cape-rē-mus	es-se-m	es-sē-mus
2. Person	ag-e-rē-s	ag-e-rē-tis	cape-rē-s	cape-rē-tis	es-sē-s	es-sē-tis
3. Person	ag-e-re-t	ag-e-re-nt	cape-re-t	cape-re-nt	es-se-t	es-se-nt
Perfekt	Singular	Plural	Singular	Plural	Singular	Plural
1. Person	ēg-eri-m	ēg-eri-mus	cēp-eri-m	cēp-eri-mus	fu-eri-m	fu-eri-mus
2. Person	ēg-eri-s	ēg-eri-tis	cēp-eri-s	cēp-eri-tis	fu-eri-s	fu-eri-tis
3. Person	ēg-eri-t	ēg-eri-nt	cēp-eri-t	cēp-eri-nt	fu-eri-t	fu-eri-nt
Plusqpf.	Singular	Plural	Singular	Plural	Singular	Plural
1. Person	ēg-isse-m	ēg-issē-mus	cēp-isse-m	cēp-issē-mus	fu-isse-m	fu-issē-mus
2. Person	ēg-issē-s	ēg-issē-tis	cēp-issē-s	cēp-issē-tis	fu-issē-s	fu-issē-tis
3. Person	ēg-isse-t	ēg-isse-nt	cēp-isse-t	cēp-isse-nt	fu-isse-t	fu-isse-nt

Präsens	Singular	Plural	Singular	Plural
1. Person	ag-a-r	ag-ā-mur	capi-a-r	capi-ā-mur
2. Person	ag-ā-ris	ag-ā-minī	capi-ā-ris	capi-ā-minī
3. Person	ag-ā-tur	ag-a-ntur	capi-ā-tur	capi-a-ntur
Imperfekt	Singular	Plural	Singular	Plural
1. Person	ag-e-re-r	ag-e-rē-mur	cape-re-r	cape-rē-mur
2. Person	ag-e-rē-ris	ag-e-rē-minī	cape-rē-ris	cape-rē-minī
3. Person	ag-e-rē-tur	ag-e-re-ntur	cape-rē-tur	cape-re-ntur
Perfekt	Singular	Plural	Singular	Plural
1. Person	āc-tus sim	āc-tī sīmus	cap-tus sim	cap-tī sīmus
2. Person	āc-tus sīs	āc-tī sītis	cap-tus sīs	cap-tī sītis
3. Person	āc-tus sit	āc-tī sint	cap-tus sit	cap-tī sint
Plusqpf.	Singular	Plural	Singular	Plural
1. Person	āc-tus essem	āc-tī essēmus	cap-tus essem	cap-tī essēmus
2. Person	āc-tus essēs	āc-tī essētis	cap-tus essēs	cap-tī essētis
3. Person	āc-tus esset	āc-tī essent	cap-tus esset	cap-tī essent

8. posse

Präsensstamm

Inf. Präsens	pos-se

	Indikativ		Konjunktiv	
Präsens	*Singular*	*Plural*	*Singular*	*Plural*
1. Person	pos-sum	pos-sumus	pos-sim	pos-sīmus
2. Person	pot-es	pot-estis	pos-sīs	pos-sītis
3. Person	pot-est	pos-sunt	pos-sit	pos-sint
Imperfekt	*Singular*	*Plural*	*Singular*	*Plural*
1. Person	pot-eram	pot-erāmus	pos-se-m	pos-sē-mus
2. Person	pot-erās	pot-erātis	pos-sē-s	pos-sē-tis
3. Person	pot-erat	pot-erant	pos-se-t	pos-se-nt
Futur I	*Singular*	*Plural*		
1. Person	pot-erō	pot-erimus		
2. Person	pot-eris	pot-eritis		
3. Person	pot-erit	pot-erunt		

Perfektstamm

Inf. Perfekt	potu-isse

	Indikativ		Konjunktiv	
Perfekt	*Singular*	*Plural*	*Singular*	*Plural*
1. Person	potu-ī	potu-imus	potu-eri-m	potu-eri-mus
2. Person	potu-istī	potu-istis	potu-eri-s	potu-eri-tis
3. Person	potu-it	potu-ērunt	potu-eri-t	potu-eri-nt
Plusqpf.	*Singular*	*Plural*	*Singular*	*Plural*
1. Person	potu-eram	potu-erāmus	potu-isse-m	potu-issē-mus
2. Person	potu-erās	potu-erātis	potu-issē-s	potu-issē-tis
3. Person	potu-erat	potu-erant	potu-isse-t	potu-isse-nt
Futur II	*Singular*	*Plural*		
1. Person	potu-erō	potu-erimus		
2. Person	potu-eris	potu-eritis		
3. Person	potu-erit	potu-erint		

9. ire

Präsensstamm

Inf. Präsens	ī-re
PPA	i-ē-ns, e-u-ntis

	Indikativ		Konjunktiv	
Präsens	Singular	Plural	Singular	Plural
1. Person	e-ō	ī-mus	e-a-m	e-ā-mus
2. Person	ī-s	ī-tis	e-ā-s	e-ā-tis
3. Person	i-t	e-u-nt	e-a-t	e-a-nt
Imperfekt	Singular	Plural	Singular	Plural
1. Person	ī-ba-m	ī-bā-mus	ī-re-m	ī-rē-mus
2. Person	ī-bā-s	ī-bā-tis	ī-rē-s	ī-rē-tis
3. Person	ī-ba-t	ī-ba-nt	ī-re-t	ī-re-nt
Futur I	Singular	Plural		
1. Person	ī-b-ō	ī-bi-mus		
2. Person	ī-bi-s	ī-bi-tis		
3. Person	ī-bi-t	ī-bu-nt		
Imperativ	ī	ī-te		

Perfektstamm

Inf. Perfekt	īsse

	Indikativ		Konjunktiv	
Perfekt	Singular	Plural	Singular	Plural
1. Person	i-ī	i-imus	i-eri-m	i-eri-mus
2. Person	īstī	īstis	i-eri-s	i-eri-tis
3. Person	i-it	i-ērunt	i-eri-t	i-eri-nt
Plusqpf.	Singular	Plural	Singular	Plural
1. Person	i-eram	i-erāmus	īsse-m	īssē-mus
2. Person	i-erās	i-erātis	īssē-s	īssē-tis
3. Person	i-erat	i-erant	īsse-t	īsse-nt
Futur II	Singular	Plural		
1. Person	i-erō	i-erimus		
2. Person	i-eris	i-eritis		
3. Person	i-erit	i-erint		

10. velle

Präsensstamm

Inf. Präsens	vel-le
PPA	vol-ē-ns, vol-e-ntis

	Indikativ		*Konjunktiv*	
Präsens	*Singular*	*Plural*	*Singular*	*Plural*
1. Person	volō	volumus	vel-im	vel-īmus
2. Person	vīs	vultis	vel-īs	vel-ītis
3. Person	vult	volunt	vel-it	vel-int
Imperfekt	*Singular*	*Plural*	*Singular*	*Plural*
1. Person	vol-ēba-m	vol-ēbā-mus	vel-le-m	vel-lē-mus
2. Person	vol-ēbā-s	vol-ēbā-tis	vel-lē-s	vel-lē-tis
3. Person	vol-ēba-t	vol-ēba-nt	vel-le-t	vel-le-nt
Futur I	*Singular*	*Plural*		
1. Person	vol-a-m	vol-ē-mus		
2. Person	vol-ē-s	vol-ē-tis		
3. Person	vol-e-t	vol-e-nt		

Perfektstamm

Inf. Perfekt	volu-isse

	Indikativ		*Konjunktiv*	
Perfekt	*Singular*	*Plural*	*Singular*	*Plural*
1. Person	volu-ī	volu-imus	volu-eri-m	volu-eri-mus
2. Person	volu-istī	volu-istis	volu-eri-s	volu-eri-tis
3. Person	volu-it	volu-ērunt	volu-eri-t	volu-eri-nt
Plusqpf.	*Singular*	*Plural*	*Singular*	*Plural*
1. Person	volu-eram	volu-erāmus	volu-isse-m	volu-issē-mus
2. Person	volu-erās	volu-erātis	volu-issē-s	volu-issē-tis
3. Person	volu-erat	volu-erant	volu-isse-t	volu-isse-nt
Futur II	*Singular*	*Plural*		
1. Person	volu-erō	volu-erimus		
2. Person	volu-eris	volu-eritis		
3. Person	volu-erit	volu-erint		

11. nolle

Präsensstamm

Inf. Präsens	nōl-le
PPA	nōl-ē-ns, nōl-e-ntis

	Indikativ		Konjunktiv	
Präsens	Singular	Plural	Singular	Plural
1. Person	nōlō	nōlumus	nōl-im	nōl-īmus
2. Person	nōn vīs	nōn vultis	nōl-īs	nōl-ītis
3. Person	nōn vult	nōlunt	nōl-it	nōl-int
Imperfekt	Singular	Plural	Singular	Plural
1. Person	nōl-ēba-m	nōl-ēbā-mus	nōl-le-m	nōl-lē-mus
2. Person	nōl-ēbā-s	nōl-ēbā-tis	nōl-lē-s	nōl-lē-tis
3. Person	nōl-ēba-t	nōl-ēba-nt	nōl-le-t	nōl-le-nt
Futur I	Singular	Plural		
1. Person	nōl-a-m	nōl-ē-mus		
2. Person	nōl-ē-s	nōl-ē-tis		
3. Person	nōl-e-t	nōl-e-nt		
Imperativ	nōl-ī	nōl-ī-te		

Perfektstamm

Inf. Perfekt	nōlu-isse

	Indikativ		Konjunktiv	
Perfekt	Singular	Plural	Singular	Plural
1. Person	nōlu-ī	nōlu-imus	nōlu-eri-m	nōlu-eri-mus
2. Person	nōlu-istī	nōlu-istis	nōlu-eri-s	nōlu-eri-tis
3. Person	nōlu-it	nōlu-ērunt	nōlu-eri-t	nōlu-eri-nt
Plusqpf.	Singular	Plural	Singular	Plural
1. Person	nōlu-eram	nōlu-erāmus	nōlu-isse-m	nōlu-issē-mus
2. Person	nōlu-erās	nōlu-erātis	nōlu-issē-s	nōlu-issē-tis
3. Person	nōlu-erat	nōlu-erant	nōlu-isse-t	nōlu-isse-nt
Futur II	Singular	Plural		
1. Person	nōlu-erō	nōlu-erimus		
2. Person	nōlu-eris	nōlu-eritis		
3. Person	nōlu-erit	nōlu-erint		

12. ferre: Aktiv

Präsensstamm

Inf. Präsens	fer-re
PPA	fer-ē-ns, fer-e-ntis

	Indikativ		Konjunktiv	
Präsens	*Singular*	*Plural*	*Singular*	*Plural*
1. Person	fer-ō	fer-i-mus	fer-a-m	fer-ā-mus
2. Person	fer-s	fer-tis	fer-ā-s	fer-ā-tis
3. Person	fer-t	fer-u-nt	fer-a-t	fer-a-nt
Imperfekt	*Singular*	*Plural*	*Singular*	*Plural*
1. Person	fer-ēba-m	fer-ēbā-mus	fer-re-m	fer-rē-mus
2. Person	fer-ēbā-s	fer-ēbā-tis	fer-rē-s	fer-rē-tis
3. Person	fer-ēba-t	fer-ēba-nt	fer-re-t	fer-re-nt
Futur I	*Singular*	*Plural*		
1. Person	fer-a-m	fer-ē-mus		
2. Person	fer-ē-s	fer-ē-tis		
3. Person	fer-e-t	fer-e-nt		
Imperativ	fer	fer-te		

Perfektstamm

Inf. Perfekt	tul-isse

	Indikativ		Konjunktiv	
Perfekt	*Singular*	*Plural*	*Singular*	*Plural*
1. Person	tul-ī	tul-imus	tul-eri-m	tul-eri-mus
2. Person	tul-istī	tul-istis	tul-eri-s	tul-eri-tis
3. Person	tul-it	tul-ērunt	tul-eri-t	tul-eri-nt
Plusqpf.	*Singular*	*Plural*	*Singular*	*Plural*
1. Person	tul-eram	tul-erāmus	tul-isse-m	tul-issē-mus
2. Person	tul-erās	tul-erātis	tul-issē-s	tul-issē-tis
3. Person	tul-erat	tul-erant	tul-isse-t	tul-isse-nt
Futur II	*Singular*	*Plural*		
1. Person	tul-erō	tul-erimus		
2. Person	tul-eris	tul-eritis		
3. Person	tul-erit	tul-erint		

ferre: Passiv

Präsensstamm

Inf. Präsens	fer-rī

	Indikativ		Konjunktiv	
Präsens	*Singular*	*Plural*	*Singular*	*Plural*
1. Person	fer-or	fer-i-mur	fer-a-r	fer-ā-mur
2. Person	fer-ris	fer-i-minī	fer-ā-ris	fer-ā-minī
3. Person	fer-tur	fer-u-ntur	fer-ā-tur	fer-a-ntur
Imperfekt	*Singular*	*Plural*	*Singular*	*Plural*
1. Person	fer-ēba-r	fer-ēbā-mur	fer-re-r	fer-rē-mur
2. Person	fer-ēbā-ris	fer-ēbā-minī	fer-rē-ris	fer-rē-minī
3. Person	fer-ēbā-tur	fer-ēba-ntur	fer-rē-tur	fer-re-ntur
Futur I	*Singular*	*Plural*		
1. Person	fer-a-r	fer-ē-mur		
2. Person	fer-ē-ris	fer-ē-minī		
3. Person	fer-ē-tur	fer-e-ntur		

Perfektstamm

Inf. Perfekt	lā-tum esse
PPP	lā-tus, a, um

	Indikativ		Konjunktiv	
Perfekt	*Singular*	*Plural*	*Singular*	*Plural*
1. Person	lā-tus sum	lā-tī sumus	lā-tus sim	lā-tī sīmus
2. Person	lā-tus es	lā-tī estis	lā-tus sīs	lā-tī sītis
3. Person	lā-tus est	lā-tī sunt	lā-tus sit	lā-tī sint
Plusqpf.	*Singular*	*Plural*	*Singular*	*Plural*
1. Person	lā-tus eram	lā-tī erāmus	lā-tus essem	lā-tī essēmus
2. Person	lā-tus erās	lā-tī erātis	lā-tus essēs	lā-tī essētis
3. Person	lā-tus erat	lā-tī erant	lā-tus esset	lā-tī essent
Futur II	*Singular*	*Plural*		
1. Person	lā-tus erō	lā-tī erimus		
2. Person	lā-tus eris	lā-tī eritis		
3. Person	lā-tus erit	lā-tī erunt		

Stammformen wichtiger Verben

In der folgenden Übersicht stehen diejenigen Verben oder Stammformen, die im Lehrbuch noch nicht vorkamen, in Klammern.

Verben der ā-Konjugation

u-Perfekt				
vetāre	vetō	vetuī	vetitum	verbieten

Dehnungsperfekt				
iuvāre	iuvō	iūvī	–	unterstützen, helfen; erfreuen

Reduplikationsperfekt				
dare	dō	dedī	datum	geben
circumdare	circumdō	circumdedī	circumdatum	umgeben
stāre	stō	stetī	–	stehen
cōnstāre	cōnstō	cōnstitī	–	bestehen aus
īnstāre	īnstō	īnstitī	–	bevorstehen, hart zusetzen
obstāre	obstō	obstitī	–	hinderlich sein, im Wege stehen, Widerstand le
praestāre	praestō	praestitī	–	gewähren, leisten, zeigen; übertreffen
restāre	restō	restitī	–	übrig bleiben; Widerstand leisten

Verben der ē-Konjugation

v-Perfekt				
complēre	compleō	complēvī	complētum	anfüllen, auffüllen
dēlēre	dēleō	dēlēvī	dēlētum	zerstören, vernichten
flēre	fleō	flēvī	flētum	weinen, beweinen

u-Perfekt				
cēnsēre	cēnseō	cēnsuī	cēnsum	meinen, einschätzen; seine Stimme abgeben (t
docēre	doceō	docuī	doctum	lehren, unterrichten
miscēre	misceō	miscuī	mixtum	mischen, verwirren, durcheinanderbringen
tenēre	teneō	tenuī	–	halten, festhalten, besitzen
obtinēre	obtineō	obtinuī	–	(in Besitz) haben, (besetzt) halten
pertinēre	pertineō	pertinuī	–	betreffen, gehören (zu), sich erstrecken (bis)
retinēre	retineō	retinuī	retentum	behalten, festhalten, zurückhalten
sustinēre	sustineō	sustinuī	–	ertragen, standhalten

s-Perfekt

augēre	**augeō**	**auxī**	**auctum**	vergrößern, vermehren
haerēre	**haereō**	**haesī**	**–**	hängen, stecken bleiben
iubēre	**iubeō**	**iussī**	**iussum**	anordnen, befehlen
manēre	**maneō**	**mānsī**	**–**	bleiben, (er)warten
remanēre	remaneō	remānsī	–	(zurück)bleiben
rīdēre	**rīdeō**	**rīsī**	**rīsum**	lachen, auslachen
suādēre	**suādeō**	**suāsī**	**suāsum**	raten, empfehlen
persuādēre	persuādeō	persuāsī	persuāsum	überreden, überzeugen
torquēre	**torqueō**	**torsī**	**tortum**	drehen; quälen

Dehnungsperfekt

cavēre	**caveō**	**cāvī**	**cautum**	sich hüten (vor), Vorsorge treffen
favēre	**faveō**	**fāvī**	**fautum**	bevorzugen, begünstigen, gewogen sein
movēre	**moveō**	**mōvī**	**mōtum**	bewegen, beeindrucken
commovēre	commoveō	commōvī	commōtum	bewegen, veranlassen
sedēre	**sedeō**	**sēdī**	**(sessum)**	sitzen
possidēre	possideō	possēdī	possessum	besitzen
vidēre	**videō**	**vīdī**	**vīsum**	sehen
prōvidēre	prōvideō	prōvīdī	prōvīsum	vorhersehen; sorgen für

Reduplikationsperfekt

respondēre	**respondeō**	**respondī**	**respōnsum**	antworten

Verben der ī-Konjugation

u-Perfekt

aperīre	**aperiō**	**aperuī**	**(apertum)**	aufdecken, öffnen

s-Perfekt

sentīre	**sentiō**	**sēnsī**	**(sēnsum)**	fühlen, meinen, wahrnehmen

Dehnungsperfekt

venīre	**veniō**	**vēnī**	**ventum**	kommen
convenīre	conveniō	convēnī	(conventum)	zusammenkommen, zusammenpassen, besuchen
ēvenīre	ēveniō	ēvēnī	ēventum	sich ereignen
invenīre	inveniō	invēnī	inventum	finden, erfinden
pervenīre	perveniō	pervēnī	perventum	kommen (zu / nach)

Reduplikationsperfekt

comperīre	**comperiō**	**comperī**	**compertum**	(genau) erfahren

Verben der konsonantischen Konjugation

v-Perfekt				
arcessere	arcessō	arcessīvī	arcessītum	herbeirufen, holen
cernere	cernō	–	–	sehen, bemerken
dēcernere	dēcernō	dēcrēvī	dēcrētum	beschließen, entscheiden
crēscere	crēscō	crēvī	–	wachsen
lacessere	lacessō	lacessīvī	lacessītum	herausfordern, reizen
nōscere	nōscō	nōvī	nōtum	erkennen, kennenlernen; *Perf.* kennen, wissen
cognōscere	cognōscō	cognōvī	cognitum	erkennen, kennenlernen; *Perf.* kennen, wissen
īgnōscere	īgnōscō	īgnōvī	īgnōtum	verzeihen
petere	petō	petīvī	petītum	aufsuchen, (er)streben, bitten, verlangen
appetere	appetō	appetīvī	(appetītum)	erstreben, haben wollen; angreifen
quaerere	quaerō	quaesīvī	quaesītum	erwerben wollen, suchen; jdn. fragen
quiēscere	quiēscō	quiēvī	quiētum	(aus)ruhen, schlafen
sinere	sinō	sīvī	(situm)	(zu)lassen, erlauben
dēsinere	dēsinō	dēsiī	dēsitum	aufhören

u-Perfekt				
alere	alō	aluī	altum	ernähren, großziehen
colere	colō	coluī	cultum	bewirtschaften, pflegen; verehren
cōnsulere	cōnsulō	cōnsuluī	cōnsultum	um Rat fragen; sorgen für; vorgehen (gegen)
dēserere	dēserō	dēseruī	dēsertum	im Stich lassen, verlassen
pōnere	pōnō	posuī	positum	(auf)stellen, (hin)legen, setzen
compōnere	compōnō	composuī	compositum	abfassen, ordnen, schlichten; vergleichen
dēpōnere	dēpōnō	dēposuī	dēpositum	niederlegen, aufgeben
impōnere	impōnō	imposuī	impositum	auferlegen, einsetzen

s-Perfekt				
carpere	carpō	carpsī	carptum	pflücken, genießen; nutzen
cēdere	cēdō	cessī	–	gehen, nachgeben, weichen
accēdere	accēdō	accessī	–	herbeikommen, hinzukommen
concēdere	concēdō	concessī	–	erlauben, nachgeben, zugestehen
prōcēdere	prōcēdō	prōcessī	–	(vorwärts)gehen, vorrücken
claudere	claudō	clausī	clausum	schließen, abschließen, einschließen
inclūdere	inclūdō	inclūsī	inclūsum	einschließen
cōnflīgere	cōnflīgō	cōnflīxī	(cōnflīctum)	kämpfen, zusammenstoßen
contemnere	contemnō	contempsī	contemptum	verachten, nicht beachten
dīcere	dīcō	dīxī	dictum	sagen, sprechen
dūcere	dūco	dūxī	ductum	führen, ziehen
addūcere	addūcō	addūxī	adductum	heranführen, veranlassen
dēdūcere	dēdūcō	dēdūxī	dēductum	wegführen, hinführen
ēdūcere	ēdūcō	(ēdūxī)	(ēductum)	herausführen
redūcere	redūcō	redūxī	reductum	zurückführen, zurückziehen

exstinguere	**exstinguō**	**exstīnxī**	**exstīnctum**	auslöschen, vernichten
flectere	**flectō**	**flexī**	**flexum**	biegen, (hin)lenken, umstimmen
gerere	**gerō**	**gessī**	**gestum**	ausführen, führen, tragen
invādere	**invādō**	**invāsī**	**invāsum**	eindringen, sich verbreiten, befallen
iungere	**iungō**	**iūnxī**	**iūnctum**	verbinden, vereinigen
laedere	**laedō**	**laesī**	**laesum**	beschädigen, verletzen, beleidigen
[legere]				[s. S. 182]
dīligere	dīligō	dīlēxī	dīlēctum	hochachten, lieben
intellegere	intellegō	intellēxī	intellēctum	(be)merken, verstehen
neglegere	neglegō	neglēxī	neglēctum	nicht (be)achten, vernachlässigen
mittere	**mittō**	**mīsī**	**missum**	(los)lassen, schicken, werfen
āmittere	āmittō	āmīsī	(āmissum)	aufgeben, verlieren
committere	committō	commīsī	commissum	anvertrauen; veranstalten; zustande bringen
dīmittere	dīmittō	dīmīsī	dīmissum	aufgeben, entlassen
omittere	omittō	omīsī	(omissum)	aufgeben, beiseite lassen
permittere	permittō	permīsī	permissum	erlauben, überlassen
prōmittere	prōmittō	prōmīsī	prōmissum	versprechen
nūbere	**nūbō**	**nūpsī**	**nūptum**	heiraten
premere	**premō**	**pressī**	**pressum**	(unter)drücken, bedrängen
opprimere	opprimō	oppressī	oppressum	bedrohen, niederwerfen, unterdrücken
regere	**regō**	**rēxī**	**rēctum**	beherrschen, leiten, lenken
pergere	pergō	perrēxī	–	aufbrechen; weitermachen
surgere	surgō	surrēxī	–	aufrichten; sich erheben, aufstehen
scrībere	**scrībō**	**scrīpsī**	**scrīptum**	schreiben, beschreiben
cōnscrībere	cōnscrībō	cōnscrīpsī	cōnscrīptum	aufschreiben, verfassen
tegere	**tegō**	**tēxī**	**tēctum**	bedecken, schützen, verbergen
trahere	**trahō**	**trāxī**	**tractum**	schleppen, ziehen
ūrere	**ūrō**	**(ussī)**	**(ustum)**	(ver)brennen, ausdörren, austrocknen
vīvere	**vīvō**	**vīxī**	**–**	leben

Dehnungsperfekt

agere	**agō**	**ēgī**	**āctum**	handeln, treiben, verhandeln
cōgere	cōgō	coēgī	coāctum	(ver)sammeln; zwingen
exigere	exigō	exēgī	exāctum	(ein)fordern, vollenden
subigere	subigō	subēgī	subāctum	unterwerfen, (be)zwingen
cōnsīdere	**cōnsīdō**	**cōnsēdī**	**cōnsessum**	sich setzen, sich niederlassen
emere	**emō**	**ēmī**	**ēmptum**	kaufen
frangere	**frangō**	**frēgī**	**frāctum**	zerbrechen *(trans.)*
fundere	**fundō**	**fūdī**	**(fūsum)**	(aus)gießen, zerstreuen
effundere	effundō	effūdī	(effūsum)	ausgießen, vergießen
īnfundere	īnfundō	īnfūdī	(īnfūsum)	hineingießen, darübergießen, verbreiten (über)
legere	**legō**	**lēgī**	**lēctum**	lesen; auswählen
colligere	colligō	collēgī	collēctum	sammeln
dēligere	dēligō	dēlēgī	dēlēctum	(aus)wählen
relinquere	**relinquō**	**relīquī**	**relictum**	verlassen, zurücklassen
rumpere	**rumpō**	**rūpī**	**ruptum**	zerbrechen
corrumpere	corrumpō	corrūpī	corruptum	bestechen, verderben
vincere	**vincō**	**vīcī**	**victum**	(be)siegen, übertreffen

Reduplikationsperfekt

cadere	**cadō**	**cecidī**	**–**	fallen
accidere	accidō	accidī	–	geschehen, sich ereignen
incidere	incidō	incidī	–	treffen (auf); hinzukommen
occidere	occidō	occidī	–	(zu Boden) fallen, umkommen, untergehen
caedere	**caedō**	**cecīdī**	**(caesum)**	fällen, töten
occīdere	occīdō	occīdī	occīsum	niederschlagen, töten
canere	**canō**	**cecinī**	**–**	singen, (ver)künden
currere	**currō**	**cucurrī**	**(cursum)**	laufen, eilen
occurrere	occurrō	occurrī	–	begegnen, entgegentreten
[dare]				[s. S. 178]
addere	addō	addidī	additum	hinzufügen
condere	condō	condidī	conditum	verwahren, verbergen; erbauen, gründen
crēdere	crēdō	crēdidī	(crēditum)	glauben, anvertrauen
ēdere	ēdō	ēdidī	ēditum	herausgeben, bekannt machen, veranstalten
perdere	perdō	perdidī	perditum	verlieren, verschwenden, zugrunde richten
prōdere	prōdō	prōdidī	prōditum	verraten; überliefern
reddere	reddō	reddidī	redditum	zurückgeben, etw. zukommen lassen
trādere	trādō	trādidī	trāditum	übergeben, überliefern
vēndere	vēndō	vēndidī	vēnditum	verkaufen
discere	**discō**	**didicī**	**–**	lernen, erfahren
fallere	**fallō**	**fefellī**	**–**	täuschen, betrügen
parcere	**parcō**	**pepercī**	**–**	schonen, verschonen

pellere	**pellō**	**pepulī**	**pulsum**	stoßen, schlagen, (ver)treiben
expellere	expellō	expulī	expulsum	vertreiben, verbannen
impellere	impellō	impulī	impulsum	antreiben, veranlassen
repellere	repellō	reppulī	(repulsum)	zurückstoßen, abweisen, vertreiben
pōscere	**pōscō**	**popōscī**	–	fordern, verlangen
[sistere]				stellen, sich hinstellen
cōnsistere	cōnsistō	cōnstitī	–	stehen bleiben, haltmachen, sich aufstellen
dēsistere	dēsistō	dēstitī	–	aufhören (mit)
resistere	resistō	restitī	–	stehen bleiben; Widerstand leisten
tangere	**tangō**	**tetigī**	**tāctum**	berühren
attingere	attingō	attigī	attāctum	berühren
contingere	contingō	contigī	contāctum	berühren; gelingen
[tendere]				(aus)strecken, spannen, sich anstrengen
contendere	contendō	contendī	–	sich anstrengen, kämpfen; eilen; behaupten
ostendere	ostendō	ostendī	–	zeigen, erklären

Perfekt ohne Stammveränderung

bibere	**bibō**	**bibī**	–	trinken
[candēre]				glühen, schimmern
incendere	incendō	incendī	incēnsum	entflammen, in Brand stecken
dēfendere	**dēfendō**	**dēfendī**	**dēfēnsum**	abwehren, verteidigen
metuere	**metuō**	**metuī**	–	(sich) fürchten
prehendere	**prehendō**	**prehendī**	**prehēnsum**	ergreifen, nehmen
comprehendere	comprehendō	comprehendī	comprehēnsum	begreifen, ergreifen, festnehmen
reprehendere	reprehendō	reprehendī	reprehēnsum	schimpfen, kritisieren
ruere	**ruō**	**ruī**	**(ruitūrus)**	stürzen, eilen, stürmen
[scandere]				steigen
ascendere	ascendō	ascendī	–	besteigen, hinaufsteigen (zu)
dēscendere	dēscendō	dēscendī	–	herabsteigen
solvere	**solvō**	**solvī**	**solūtum**	lösen, auflösen; bezahlen
statuere	**statuō**	**statuī**	**statūtum**	aufstellen, beschließen, festsetzen
cōnstituere	cōnstituō	cōnstituī	cōnstitūtum	festsetzen, beschließen
restituere	restituō	restituī	restitūtum	wiederherstellen
tribuere	**tribuō**	**tribuī**	**tribūtum**	schenken, zuteilen
distribuere	distribuō	distribuī	distribūtum	einteilen, verteilen
vertere	**vertō**	**vertī**	**versum**	drehen, wenden
animadvertere	animadvertō	animadvertī	animadversum	bemerken; vorgehen (gegen)
āvertere	āvertō	āvertī	āversum	abwenden, vertreiben
convertere	convertō	convertī	conversum	verändern, (um)wenden
vīsere	**vīsō**	**vīsī**	**vīsum**	besichtigen, besuchen
volvere	**volvō**	**volvī**	**volūtum**	rollen, wälzen; überlegen

Verben der konsonantischen Konjugation (mit i-Erweiterung)

v-Perfekt				
cupere	cupiō	cupīvī	cupītum	wünschen, verlangen
sapere	sapiō	sapīvī	–	Verstand haben, Geschmack haben
u-Perfekt				
rapere	rapiō	rapuī	raptum	wegführen, rauben, wegreißen
corripere	corripiō	corripuī	correptum	ergreifen, gewaltsam an sich reißen
s-Perfekt				
aspicere	aspiciō	aspexī	aspectum	erblicken, ansehen
cōnspicere	cōnspiciō	cōnspexī	cōnspectum	erblicken
respicere	respiciō	respexī	respectum	zurückblicken, berücksichtigen
Dehnungsperfekt				
capere	capiō	cēpī	captum	fassen, nehmen; erobern
accipere	accipiō	accēpī	acceptum	erhalten, erfahren, annehmen
incipere	incipiō	coepī (incēpī)	inceptum	anfangen, beginnen
recipere	recipiō	recēpī	receptum	zurücknehmen, aufnehmen, wiederbekommen
facere	faciō	fēcī	factum	machen, tun, handeln
afficere	afficiō	affēcī	affectum	versehen mit etw.
cōnficere	cōnficiō	cōnfēcī	cōnfectum	fertig machen, beenden
dēficere	dēficiō	dēfēcī	dēfectum	abnehmen, ermatten, abfallen (von)
efficere	efficiō	effēcī	effectum	bewirken, herstellen
interficere	interficiō	interfēcī	interfectum	töten, vernichten
patefacere	patefaciō	patefēcī	(patefactum)	aufdecken, öffnen
perficere	perficiō	perfēcī	perfectum	erreichen, fertig stellen, vollenden
fugere	fugiō	fūgī	–	fliehen (vor), meiden
effugere	effugiō	effūgī	–	entfliehen, entkommen
[iacere]				werfen, schleudern
conicere	coniciō	coniēcī	coniectum	(zusammen)werfen, folgern, vermuten
inicere	iniciō	iniēcī	iniectum	hineinwerfen, einflößen; anlegen, anziehen
obicere	obiciō	obiēcī	(obiectum)	darbieten, vorwerfen
Reduplikationsperfekt				
parere	pariō	peperī	partum	zur Welt bringen, gebären; schaffen

Weitere Verben

esse	**sum**	**fuī**	**futūrus**	sein, sich befinden
abesse	absum	āfuī	–	entfernt sein, abwesend sein, fehlen
adesse	adsum	adfuī	–	da sein, helfen
dēesse	dēsum	dēfuī	–	abwesend sein, fehlen
inesse	īnsum	īnfuī	–	darin sein
posse	possum	potuī	–	können
praeesse	praesum	praefuī	–	leiten, an der Spitze stehen
prōdesse	prōsum	prōfuī	–	nützen
superesse	supersum	superfuī	–	überleben, übrig sein
ferre	**ferō**	**tulī**	**latum**	bringen, tragen; ertragen
afferre	afferō	attulī	allātum	bringen, herbeibringen, mitbringen; melden
cōnferre	cōnferō	contulī	collātum	vergleichen, zusammentragen
dēferre	dēferō	dētulī	dēlātum	hinbringen, melden, übertragen
differre	differō	distulī	dīlātum	aufschieben; sich unterscheiden (von)
efferre	efferō	extulī	ēlātum	herausheben, hervorbringen
īnferre	īnferō	intulī	illātum	hineintragen, zufügen
offerre	offerō	obtulī	oblātum	anbieten, entgegenbringen
perferre	perferō	pertulī	perlātum	(über)bringen, ertragen
praeferre	praeferō	praetulī	praelātum	vorziehen
prōferre	prōferō	prōtulī	prōlātum	(hervor)holen, zur Sprache bringen
referre	referō	rettulī	relātum	(zurück)bringen, berichten
īre	**eō**	**iī**	**itum**	gehen
abīre	abeō	abiī	(abitum)	weggehen
adīre	adeō	adiī	(aditum)	herantreten (an), bitten, aufsuchen
exīre	exeō	exiī	exitum	herausgehen, hinausgehen; enden
inīre	ineō	iniī	(initum)	hineingehen (in), beginnen
nequīre	nequeō	nequī(v)ī	–	nicht können
perīre	pereō	periī	(peritum)	umkommen, zugrunde gehen
praeterīre	praetereō	praeteriī	(praeteritum)	übergehen, vorbeigehen (an)
redīre	redeō	rediī	reditum	zurückgehen, zurückkehren
subīre	subeō	subiī	(subitum)	auf sich nehmen, herangehen
trānsīre	trānseō	trānsiī	(trānsitum)	durchqueren, hinübergehen, überschreiten
velle	**volō**	**voluī**	–	wollen
nōlle	nōlō	nōluī	–	nicht wollen

Grammatisches Register

Lateinisch-deutsches Register

ante cēnam vor dem Essen **13**
ante vīllam vor dem Landhaus **13**
ante *Adv.* vorher **74**
anteā *Adv.* vorher, früher **27**
Antigona Antigone *(Tochter des Ödipus)* **92**
antīquus, a, um alt, altertümlich **24**
aperīre, aperiō, aperuī aufdecken, öffnen **41**
apertus, a, um offen, offenkundig **68**
Apollō, Apollinis *m* Apollon *(Gott des Lichts, der Künste und der Weissagung)* **62**
appāret *m. AcI* es ist offenkundig **75**
Appāret Nerōnem crūdēlem fuisse. Es ist offenkundig, dass Nero grausam war. **75**
appellāre, appellō anrufen; *m. dopp. Akk.* nennen **62**
appetere, appetō, appetīvī erstreben, haben wollen; angreifen **42**
appropinquāre, appropinquō sich nähern **10**
apud *Präp. m. Akk.* bei **21**
apud amīcōs bei Freunden **21**
aqua Wasser **6**
āra Altar **62**
arbor, arboris *f* Baum **78**
arcessere, arcessō, arcessīvī, arcessītum herbeirufen, holen **40. 56**
Archimēdēs, Archimēdis *m* Archimedes *(griech. Mathematiker und Ingenieur, um 287–212 v. Chr.)* **71**
arēna Sand, Kampfplatz **48**
argentum Silber **70**
Ariadna Ariadne *(Tochter des Königs Minos)* **61**
arma, armōrum *n Pl.* Gerät, Waffen **29**
armātus, a, um bewaffnet **56**
ars, artis *f (Gen. Pl.* **-ium***)* Kunst, Fertigkeit, Eigenschaft **82**
arx, arcis *f* Burg **67**
ascendere, ascendō, ascendī besteigen, hinaufsteigen (zu) **50**
Asia Asien **9**
asper, aspera, asperum rau; streng **86**
aspicere, aspiciō, aspexī, aspectum erblicken, ansehen **19. 31. 85**
at aber, dagegen, jedoch **58**
atque und, und auch **48**
ātrium Atrium *(Eingangshalle)* **20**
atrōx, atrōcis furchtbar, schrecklich **50**
Atticus Atticus *(Freund und Verleger Ciceros)* **97**
attingere, attingō, attigī, attāctum berühren **93**
auctor, auctōris *m* Anführer, Gründer, Schriftsteller, Verfasser **47**
Carolō auctōre auf Veranlassung Karls **79**
auctōritās, auctōritātis *f* Ansehen, Einfluss, Macht **80**
audācia Frechheit, Kühnheit **36**
audīre, audiō hören **11**
augēre, augeō, auxī, auctum vergrößern, vermehren **3. 31. 68**
Augīās *m* Augias *(mythischer König)* **32**
Augustus Augustus *(erster röm. Kaiser 27 v. Chr.–14 n. Chr.)* **74**
aureus, a, um golden, aus Gold **42**
auris, auris *f (Gen. Pl.* **-ium***)* Ohr **73**
aurum Gold **89**
auscultāre, auscultō zuhören, gehorchen **75**
aut oder **69**
aut … aut entweder … oder **99**
autem *(nachgestellt)* aber, andererseits **19**
Puerī autem tacent. Die Jungen aber schweigen. **19**
auxilium Hilfe **18**
auxiliō venīre zu Hilfe kommen **66**
auxiliō vocāre zu Hilfe rufen **91**
Aventīnus der Aventin *(einer der Hügel Roms)* **39**
āvertere, āvertō, āvertī, āversum abwenden, vertreiben **66**
avidus, a, um *(m. Gen.)* (be)gierig (nach) **71**
avidus pecūniae geldgierig **71**
avunculus Onkel **30**
avus Großvater **1**

B

Bacchus Bacchus *(Gott des Weines)* **73**
bal(i)neum Bad **20**
barbarus, a, um ausländisch, unzivilisiert; *Subst.* Barbar **79**
basilica Markthalle, Gerichtshalle **13**
beātus, a, um glücklich, reich **41**
bellum Krieg **34**
bellum gerere Krieg führen **42**
bene *Adv.* gut **9**
beneficium Wohltat **12**
bēstia (wildes) Tier **24**
bibere, bibō, bibī trinken **18. 37**
Bonifātius Bonifatius *(christ. Missionar, „Apostel der Deutschen", um 670–754)* **78**
bonus, a, um gut, tüchtig **15**
bonō animō esse guten Mutes sein, zuversichtlich sein **59**
brevis, e kurz **89**
brevī (tempore) nach kurzer Zeit, bald (darauf) **64**
Brūtus Lucius Junius Brutus *(Befreier Roms)* **43**

C

cadere, cadō, cecidī fallen **29. 31**
caedere, caedō, cecīdī fällen, töten **36**
caelum Himmel **24**
Caesar, Caesaris *m* Cäsar; Kaiser **23**
Caesar, Caesaris *m* Gaius Iulius Caesar *(röm. Politiker, Feldherr und Schriftsteller, 100–44 v. Chr.)* **74**
calamitās, calamitātis *f* Schaden, Unglück **58**
Camillus Camillus *(röm. Politiker und Feldherr, um 446–365 v. Chr.)* **67**
Campānia Kampanien *(fruchtbare Landschaft südlich von Rom)* **17**
campus Feld, freier Platz **1**
canere, canō, cecinī singen, (ver)künden **54**

excitāre, excitō erregen, ermuntern, wecken **49**
exemplum Beispiel, Vorbild **101**
exercēre, exerceō üben, trainieren; quälen **25**
exercitus, exercitūs *m* Heer **67**
exigere, exigō, exēgī, exāctum (ein)fordern, vollenden **84**
exilium Exil, Verbannung **90**
eximius, a, um außergewöhnlich, außerordentlich **50**
exīre, exeō, exiī, exitum herausgehen, hinausgehen; enden **45. 77**
exīstimāre, exīstimō meinen, einschätzen **24**
expellere, expellō, expulī, expulsum vertreiben, verbannen **69**
exspectāre, exspectō warten (auf), erwarten **11**
exstinguere, exstinguō, exstīnxī, exstīnctum auslöschen, vernichten **81**
extrā *Präp. m. Akk.* außerhalb (von) **89**
extrēmus, a, um der äußerste, letzte **102**

F

fābula Erzählung, Geschichte, Theaterstück **32**
fac! tu! mach! handle! **29**
facere, faciō, fēcī, factum machen, tun, handeln **19. 32. 57**
m. dopp. Akk. jdn. zu etw. machen **62**
facile *Adv.* leicht **95**
facilis, e leicht (zu tun) **46**
facinus, facinoris *n* Handlung; Untat **85**
factum Handlung, Tat, Tatsache **32**
fallere, fallō, fefellī täuschen, betrügen **64**
falsus, a, um falsch **73**
fāma (guter / schlechter) Ruf, Gerücht **73**
familia Familie **9**
familiāris, e freundschaftlich, vertraut; *Subst.* Freund **97**
fānum Heiligtum, Tempel **87**
fātum Schicksal, Götterspruch **89**
Faustulus Faustulus *(Hirte, der Romulus und Remus entdeckte)* **37**
favēre, faveō, fāvī, fautum *m. Dat.* bevorzugen, begünstigen, gewogen sein **98**
Deī tibi faveant! Die Götter mögen dir gewogen sein! **98**
Vīnō dulcī faveō. Ich bevorzuge süßen Wein. **98**
fēlīx, fēlīcis erfolgreich, glückbringend, glücklich **47**
fēmina Frau **46**
fenestra Fenster **55**
ferōx, ferōcis wild, trotzig **71**
ferre, ferō, tulī, lātum bringen, tragen; ertragen **86**
ferrum Eisen; Waffe **36**
ferus, a, um wild **93**
fidēs, fideī *f* Glaube, Treue, Vertrauen, Zuverlässigkeit **64**
fidem servāre die Treue halten; sein Wort halten **64**
fidūcia Vertrauen **77**
fidūcia suī Selbstvertrauen **77**
figūra Figur, Form, Gestalt **71**
fīlia Tochter **8**
fīlius Sohn **9**
fīnīre, fīniō beenden, begrenzen **83**
fīnis, fīnis *m (Gen. Pl.* **-ium***)* Ende, Grenze, Ziel, Zweck; *Pl.* Gebiet **35**
fīnitimus, a, um angrenzend, benachbart; *Subst.* Nachbar(in), Grenznachbar **83**
firmus, a, um stark **87**
flāgitium Schandtat, Gemeinheit **49**
Flāminīnus Flamininus *(röm. Politiker und Feldherr)* **95**
flectere, flectō, flexī, flexum biegen, (hin)lenken, umstimmen **63**
flēre, fleō, flēvī weinen, beweinen **5. 28**
flōs, flōris *m* Blume, Blüte **54**
fluvius Fluss **32**
foedus, a, um hässlich, schändlich, grässlich **75**
fōns, fontis *m (Gen. Pl.* **-ium***)* Quelle, Ursprung **26**
fōrma Form, Gestalt, Schönheit **46**
fōrmōsus, a, um schön, hübsch **61**
forte *Adv.* zufällig **85**
fortis, e kräftig, tapfer **38**
fortūna Schicksal, Glück **40**
forum Forum, Marktplatz **12**
Francus, a, um fränkisch; *Subst.* Franke **79**
frangere, frangō, frēgī, frāctum zerbrechen *(trans.)* **66**
Servus tabulam frangit. Der Sklave zerbricht die Schreibtafel. **66**
Tabula frangitur. Die Schreibtafel wird zerbrochen. Die Schreibtafel zerbricht. **66**
frāter, frātris *m* Bruder **23**
fraus, fraudis *f* Betrug, List **61**
frequēns, frequentis häufig, zahlreich **73**
frīgus, frīgoris *n* Frost, Kälte **102**
frūmentum Getreide **12**
fuga Flucht **28**
fugā salūtem petere in der Flucht die Rettung suchen, die Flucht ergreifen **30**
fugere, fugiō, fūgī *(m. Akk.)* fliehen (vor), meiden **53**
ad portum fugere zum Hafen fliehen **53**
perīculum fugere vor der Gefahr fliehen, die Gefahr meiden **53**
fulmen, fulminis *n* Blitz **54**
fundere, fundō, fūdī (aus)gießen, zerstreuen **52**
fūr, fūris *m* Dieb **22**
furere, furō toben, wüten, rasen **94**
furor, furōris *m* Wahnsinn, Wut **72**

G

Gallia Gallien *(heute Oberitalien, Frankreich und Belgien)* **83**
Gallus, a, um gallisch; *Subst.* Gallier **67**
gaudēre, gaudeō sich freuen **4**
m. Abl. sich freuen über **33**
auxiliō gaudēre sich über die Hilfe freuen **33**
gaudium Freude **90**
gemitus, gemitūs *m* Seufzen, Traurigkeit **43**
gēns, gentis *f (Gen. Pl.* **-ium***)* Familienverband, Stamm, Volk **52**

improbus, a, um schlecht, unanständig **84**
impūne *Adv.* ungestraft, ohne Schaden **94**
in *Präp. m. Abl.* in, an, auf, bei *(wo?)* **13**
in aquā im Wasser **13**
in *Präp. m. Akk.* in (... hinein), nach *(wohin?)*; gegen **13. 62**
in animō habēre im Sinn haben, vorhaben **22**
in aquam ins Wasser **13**
in honōre esse in Ehren stehen, angesehen sein **21**
in hostēs vindicāre gegen die Feinde vorgehen **62**
in vincula dare in Fesseln legen, fesseln, gefangen nehmen **59**
inānis, e leer, wertlos **40**
incendere, incendō, incendī, incēnsum entflammen, in Brand stecken **101**
incendium Brand, Feuer **96**
inceptum Beginn, Vorhaben **83**
incertus, a, um ungewiss, unsicher **84**
incidere, incidō, incidī *(in m. Akk.)* treffen (auf jdn. / etw.); hinzukommen **76**
in scelerātōs incidere auf Verbrecher treffen **76**
incipere, incipiō, coepī (incēpī), inceptum anfangen, beginnen **48. 69**
inclūdere, inclūdō, inclūsī, inclūsum einschließen **75**
incola *m/f* Bewohner(in), Einwohner(in) **83**
incrēdibilis, e unglaublich **93**
inde *Adv.* von dort; darauf; deshalb **84**
indicāre, indicō anzeigen, melden **13**
indīgnus, a, um *(m. Abl.)* unwürdig *(einer Sache)* **93**
honōre indīgnus der Ehre unwürdig **93**
ineptus, a, um dumm, albern **98**
inesse, īnsum, īnfuī darin sein **87**
īnfandus, a, um abscheulich, unsagbar **94**
īnfēlīx, īnfēlīcis unglücklich **49**
īnferī, īnferōrum *m Pl.* die Bewohner der Unterwelt, Unterwelt **64**
īnferre, īnferō, intulī, illātum hineintragen, zufügen **86**
iniūriam īnferre ein Unrecht zufügen **86**
īnfundere, īnfundō, īnfūdī hineingießen, darübergießen, verbreiten (über) **54**
ingenium Begabung, Talent, Verstand **12**
ingēns, ingentis gewaltig, ungeheuer **48**
inicere, iniciō, iniēcī, iniectum hineinwerfen, einflößen; anlegen, anziehen **75**
inīre, ineō, iniī hineingehen (in), beginnen **45**
initium Anfang, Eingang **90**
iniūria Unrecht, Beleidigung **9**
iniūriam īnferre ein Unrecht zufügen **86**
inquam *(3. Pers. Sg.* **inquit***)* sag(t)e ich **99**
īnsidiae, īnsidiārum *f Pl.* Falle, Attentat, Hinterlist **69**
īnstāre, īnstō, īnstitī bevorstehen, hart zusetzen **49**
Perīculum īnstat. Eine Gefahr steht bevor. **49**
hostibus īnstāre den Feinden hart zusetzen **49**
īnsula Insel; Wohnblock **7**
intellegere, intellegō, intellēxī, intellēctum (be)merken, verstehen **80**
inter *Präp. m. Akk.* unter, während, zwischen **77**
inter līberōs unter den Kindern, zwischen den Kindern **77**
inter cēnam während des Essens **77**
intereā *Adv.* inzwischen, unterdessen **89**
interficere, interficiō, interfēcī, interfectum töten, vernichten **25. 32. 57**
interrogāre, interrogō fragen **59**
intrā *Präp. m. Akk.* innerhalb (von) **66**
intrā mūros innerhalb der Mauern **66**
intrā decem annōs innerhalb von zehn Jahren **66**
intrāre, intrō betreten, eintreten **8**
intus *Adv.* im Inneren, innen **47**
invādere, invādō, invāsī, invāsum eindringen, sich verbreiten, befallen **71**
invenīre, inveniō, invēnī, inventum finden, erfinden **14. 32. 57**
invidia Neid **100**
invītāre, invītō einladen **10**
invītus, a, um ungern, gegen den Willen **73**
mē invītō gegen meinen Willen **79**
ipse, ipsa, ipsum (er, sie, es) selbst; persönlich; gerade; sogar *(hervorhebend)* **62**
īra Zorn, Wut **55**
īre, eō, iī, itum gehen **45**
is, ea, id dieser, diese, dieses; er, sie, es **29**
eā hōrā in dieser Stunde **33**
eō annō in diesem Jahr **33**
iste, ista, istud dieser, diese, dieses (da) **73**
istīc *Adv.* da, dort **99**
ita *Adv.* so **32**
Italia Italien **36**
itaque deshalb **5**
item *Adv.* ebenso, gleichfalls **81**
iter, itineris *n* Reise, Marsch, Weg **69**
iterum *Adv.* wiederum, zum zweiten Mal **5**
iterum atque iterum *Adv.* immer wieder **49**
iubēre, iubeō, iussī, iussum *(m. Akk.)* anordnen, befehlen **63**
Servum labōrāre iubeō. Ich befehle dem Sklaven zu arbeiten. Ich befehle, dass der Sklave arbeitet. **63**
iūcundus, a, um angenehm, erfreulich **100**
Iūdaeus, a, um jüdisch; *Subst.* Jude **76**
iūdex, iūdicis *m* Richter **55**
iūdicāre, iūdicō urteilen, beurteilen **85**
iungere, iungō, iūnxī, iūnctum verbinden, vereinigen **93**
Iūnō, Iūnōnis *f* Juno *(Ehefrau des Jupiter, Göttin der Ehe und der Frauen)* **67**
Iuppiter, Iovis *m* Jupiter *(höchster Gott der Römer)* **24**
iūrāre, iūrō schwören **68**
iūs, iūris *n* Recht **93**
iūstus, a, um gerecht **92**

metuere, metuō, metuī (sich) fürchten 74
metus, metūs *m* Angst 43
meus, a, um mein 15
mihi *Dat.* mir 14
mīles, mīlitis *m* Soldat 37
mīlitēs cōnscrībere Soldaten ausheben, rekrutieren 77
mīlia, mīlium *n Pl.* tausend, Tausende 82
mīlitāris, e militärisch, Kriegs- 97
mīlle *Sg. indekl.* tausend 82
mīlia, mīlium *n Pl.* tausend, Tausende 82
Minerva Minerva *(Göttin der Weisheit)* 24
minimē *Adv.* am wenigsten, überhaupt nicht 85
minimus, a, um der kleinste, der geringste 89
minor, minus *(Gen.* **minōris***)* kleiner, geringer 91
Mīnotaurus der Minotaurus *(ein halb stier-, halb menschengestaltiges Ungeheuer)* 61
mīrus, a, um erstaunlich, sonderbar 27
miscēre, misceō, miscuī, mixtum mischen, verwirren, durcheinanderbringen 88
misellus, a, um arm, bedauernswert 102
miser, misera, miserum arm, erbärmlich, unglücklich 16
miseria Not, Unglück 61
mittere, mittō, mīsī, missum (los)lassen, schicken, werfen 17. 31. 57
modestia Anstand, Bescheidenheit 10
modo … modo manchmal … manchmal 95
modus Art, Weise; Maß 59
moenia, moenium *n Pl.* Mauern, Stadtmauern 53
moenia locāre Stadtmauern errichten 82
molestus, a, um lästig, beschwerlich, langweilig 102
mollis, e weich, angenehm; freundlich 90
monēre, moneō, monuī, monitum mahnen, ermahnen 2. 56
mōns, montis *m (Gen. Pl.* **-ium***)* Berg 26
mōnstrum Ungeheuer 27
monumentum Denkmal 31
mora Aufenthalt, Verzögerung 60
mors, mortis *f (Gen. Pl.* **-ium***)* Tod 25
mortālis, e sterblich; *Subst.* Mensch 59
mortuus, a, um gestorben, tot 18
mōs, mōris *m* Sitte, Brauch; *Pl.* Charakter 41
mōre Graecōrum nach Art der Griechen 95
mōtus, mōtūs *m* Bewegung 88
movēre, moveō, mōvī, mōtum bewegen, beeindrucken 7. 32. 59
mox *Adv.* bald 7
mulier, mulieris *f* Frau 22
multa, ōrum *n Pl.* viel(es) 47
multa scīre viel(es) wissen 47
multitūdō, multitūdinis *f* große Zahl, Menge 26
multī, ae, a viele 15
multum *Adv.* sehr, viel 39
multum valēre großen Einfluss haben 39
multus, a, um viel 15
mundus Welt 20
mūnīre, mūniō bauen, befestigen, schützen 36
mūnītiō, mūnītiōnis *f* Bau, Befestigung 84
mūnus, mūneris *n* Geschenk; Aufgabe 79
līber ab omnī mūnere frei von jeder Aufgabe (Verpflichtung) 79
mūrus Mauer 1
mūtāre, mūtō (ver)ändern, verwandeln 58

N

nam denn, nämlich 3
narrāre, narrō erzählen 15
dē lūdō narrāre vom Spiel / über das Spiel erzählen 15
nātiō, nātiōnis *f* Volk, Volksstamm 26
nātūra Natur, Wesen, Beschaffenheit 39
nāvigium Schiff 50
nāvis, nāvis *f (Gen. Pl.* **-ium***)* Schiff 53
-ne *Partikel im dir. Fragesatz (unübersetzt)* 14
-ne … an *(Wahlfrage im Hauptsatz)* … oder 80
-ne *(im Gliedsatz)* ob 84
nē *Subj. m. Konj.* dass nicht; *(nach Ausdrücken des Fürchtens)* dass; damit nicht, um nicht zu *(m. Inf.)* 70. 72
impedīre, nē (ver)hindern, dass 84
perīculum est, nē es besteht die Gefahr, dass 70
prohibēre, nē daran hindern, dass 81
timēre, nē fürchten, dass 70
nē … quidem nicht einmal 46
nē Mārs quidem nicht einmal Mars 46
nec und nicht, auch nicht 88
nec … nec weder … noch 100
necāre, necō töten 73
necessārius, a, um notwendig 59
necesse (est) (es ist) notwendig 74
nefārius, a, um gottlos, verbrecherisch 62
negāre, negō leugnen, verneinen, verweigern 51
neglegere, neglegō, neglēxī, neglēctum nicht (be)achten, vernachlässigen 65
negōtium Aufgabe, Geschäft; Angelegenheit 25
nēmō niemand 60
Neptūnus Neptun *(Gott des Meeres)* 24
neque und nicht, auch nicht 3
neque … neque weder … noch 3
nequīre, nequeō, nequī(v)ī nicht können 76
Nerō, Nerōnis *m* Nero *(röm. Kaiser 54-68 n. Chr.)* 75
nescīre, nesciō nicht wissen, nicht kennen, nicht verstehen 11
nex, necis *f* Mord, (gewaltsamer) Tod 91
niger, nigra, nigrum schwarz, dunkel 16
nihil nichts 11
nihil … nisī nichts … außer, nichts (anderes) … als, nur 84
Nihil (aliud) nisī veniam ā tē petō. Ich verlange nichts außer Nachsicht von dir. Ich verlange nichts (anderes) als Nachsicht von dir. Ich verlange nur Nachsicht von dir. 84
Nioba Niobe *(Königin von Theben)* 62

P

portus, portūs *m* Hafen **43**
pōscere, pōscō, popōscī fordern, verlangen **84**
posse, possum, potuī können **18. 28**
possidēre, possideō, possēdī, possessum besitzen **99**
post *Adv.* dann, später **97**
paulō post (ein) wenig später **33**
post *Präp. m. Akk.* hinter, nach **13**
post vīllam hinter dem Landhaus **13**
post cēnam nach dem Essen **13**
posteā *Adv.* nachher, später **29**
posterī, posterōrum *m Pl.* Nachkommen **81**
postquam *Subj. m. Ind.* nachdem, als **38**
postrēmō *Adv.* schließlich **70**
pōstulāre, pōstulō fordern **70**
potēns, potentis mächtig, stark **62**
potestās, potestātis *f* (Amts-)Gewalt, Macht **23**
potius *Adv.* eher, lieber **95**
praebēre, praebeō geben, hinhalten **4**
sē praebēre sich zeigen **101**
praeclārus, a, um großartig **58**
praeda Beute **70**
praeesse, praesum, praefuī *m. Dat.* leiten, an der Spitze stehen **65**
Imperātor mīlitibus praeest. Der Feldherr steht an der Spitze der Soldaten. **65**
praeferre, praeferō, praetulī, praelātum vorziehen **86**
praemium Belohnung, Lohn **42**
praesēns, praesentis anwesend, gegenwärtig **78**
mē praesente in meiner Anwesenheit **79**
praesidium (Wach-)Posten, Schutztruppe **92**
praestāre, praestō, praestitī *m. Akk.* gewähren, leisten, zeigen; *m. Dat.* übertreffen **31. 81**
officium praestāre seine Pflicht erfüllen **81**
amīcō praestāre den Freund übertreffen **81**
praetereā *Adv.* außerdem **99**
praeterīre, praetereō, praeteriī übergehen, vorbeigehen (an) **45**
castra praeterīre am Lager vorbeigehen **45**
factum praeterīre eine Tatsache übergehen **45**
praetor, praetōris *m* Prätor *(für die Rechtsprechung zuständiger Beamter)* **85**
prehendere, prehendō, prehendī, prehēnsum ergreifen, nehmen **99**
premere, premō, pressī, pressum (unter)drücken, bedrängen **64**
pretium Preis, Wert **13**
prex, precis *f* Bitte, Gebet **52**
prīmō *Adv.* zuerst **4**
prīmum *Adv.* erstens, zum ersten Mal **27**
ubī (prīmum) *Subj. m. Ind.* sobald **74**
prīmus, a, um der erste **33**
prīmā lūce bei Tagesanbruch **33**
prior, prius *(Gen.* **priōris***)* der erste, der frühere, der vordere **90**

priusquam *Subj.* bevor, eher als **60**
Aderam, priusquam vēnistī. Ich war da, bevor du gekommen bist. Ich war eher da, als du gekommen bist. **60**
prō *Präp. m. Abl.* vor; anstelle von, für **65**
prō domō sedēre vor dem Haus sitzen **65**
prō amīcō respondēre für den Freund, anstelle des Freundes antworten **65**
probāre, probō prüfen, beweisen, für gut befinden **13**
probus, a, um anständig, gut **101**
prōcēdere, prōcēdō, prōcessī (vorwärts)gehen, vorrücken **69**
prōdere, prōdō, prōdidī, prōditum verraten; überliefern **81**
prōdesse, prōsum, prōfuī nützen **87**
proelium Kampf, Schlacht **67**
profectō *Adv.* sicherlich, tatsächlich **6**
prōferre, prōferō, prōtulī, prōlātum (hervor)holen, zur Sprache bringen **101**
prohibēre, prohibeō *(ā m. Abl.)* abhalten (von), hindern (an) **33**
(ā) lacrimīs prohibēre von den Tränen abhalten, am Weinen hindern **33**
prohibēre, nē *m. Konj.* daran hindern, dass **81**
proinde *Adv.* also, daher **81**
Promētheus, Promētheī Prometheus *(Göttersohn, Schöpfer der Menschen)* **59**
prōmittere, prōmittō, prōmīsī, prōmissum versprechen **64**
prōnūntiāre, prōnūntiō bekannt geben, vortragen **75**
prope *Adv.* nahe, in der Nähe; beinahe **85**
properāre, properō eilen, sich beeilen **8**
propter *Präp. m. Akk.* wegen **25**
prōtinus *Adv.* sofort **74**
prōvidēre, prōvideō, prōvīdī, prōvīsum *m. Akk.* vorhersehen; *m. Dat.* sorgen für **65**
perīculum prōvidēre eine Gefahr vorhersehen **65**
cīvibus prōvidēre für die Bürger sorgen **65**
prōvincia Provinz **9**
pudet, puduit *m. Akk.* es beschämt (jdn.) **93**
Pudet mē flēre. Es beschämt mich zu weinen. Ich schäme mich zu weinen. **93**
Pudet mē huius facinoris. Ich schäme mich wegen dieser Untat. **93**
puella Mädchen, Freundin **1**
puer, puerī *m* Junge **16**
pūgna Kampf **9**
pūgnāre, pūgnō kämpfen **9**
pulcher, pulchra, pulchrum schön **16**
pūnīre, pūniō bestrafen **75**
putāre, putō glauben, meinen **34**
m. dopp. Akk. halten für **62**

quaerere, quaerō, quaesīvī, quaesītum erwerben wollen, suchen; **ex / dē** *m. Abl.* jdn. fragen **35. 56. 65**
ē mercātōre pretium quaerere den Händler nach dem Preis fragen **65**
quālis, e wie (beschaffen), was für ein(e) **67**
tālis ... quālis so beschaffen ... wie (beschaffen) **67**
quam als, wie; *mit Superlativ* möglichst **19. 99**
magis ... quam mehr ... als **19**
quam celerrimē möglichst schnell **99**
Quam pulchrum est templum! Wie schön ist der Tempel! **19**
quamquam *Subj.* obwohl **22**
quamvīs *Subj. m. Konj.* wenn auch, obwohl **81**
quandō wann **41**
quantus, a, um wie groß, wie viel **67**
quārē weshalb, wodurch **80**
quārtus, a, um der vierte **56**
quasi *Adv.* gleichsam **82**
quasi mōnstrum gleichsam ein Ungeheuer **82**
quattuor *indekl.* vier **53**
quattuordecim *indekl.* vierzehn **53**
-que *(angehängt)* und **15**
servī servaeque Sklaven und Sklavinnen **15**
quemadmodum auf welche Weise, wie **40**
quī *Adv.* wie **96**
quī, quae, quod welcher, welche, welches; der, die, das **39**
quia *Subj.* weil **22**
quid? was? **2**
quīdam, quaedam, quiddam *subst.* ein gewisser, (irgend)einer; *Pl.* einige **74**
quīdam, quaedam, quoddam *adj.* ein gewisser, (irgend)ein; *Pl.* einige **74**
quidem *Adv.* freilich, gewiss, wenigstens, zwar **36**
quidnam? was denn? **80**
quiēscere, quiēscō, quiēvī, quiētum (aus)ruhen, schlafen **81**
quiētus, a, um ruhig, untätig **71**
quīn? *(im Hauptsatz)* warum nicht? *Subj. m. Konj. (in festen Wendungen)* dass **19. 82**
nōn dubitō, quīn *m. Konj.* Ich zweifle nicht (daran), dass ... **82**
quīndecim *indekl.* fünfzehn **53**
quīnque *indekl.* fünf **53**
quīntus, a, um der fünfte **56**
quis? wer? **3**
quisnam wer denn? **92**
quō? wohin? wo? **56**
quod *Subj.* weil; dass **22**
quondam *Adv.* einmal, einst; manchmal **88**
quoniam *Subj. m. Ind.* da ja, da nun **84**
quoque *(nachgestellt)* auch **48**
Ego quoque gaudeō. Auch ich freue mich. **48**
quot? wie viel(e)? **53**
Quot senātōrēs adsunt? Wie viele Senatoren sind da? **53**
tot ... quot so viele ... wie (viele) **67**
quotiēns wie oft, sooft **97**
Quotiēns venis, gaudeō. Sooft du kommst, freue ich mich. **97**

---

radius Strahl, (Rad-)Speiche **71**
rapere, rapiō, rapuī, raptum wegführen, rauben, wegreißen **51. 58**
rārō *Adv.* selten **100**
recēns, recentis frisch, neu **86**
recipere, recipiō, recēpī, receptum zurücknehmen, aufnehmen, wiederbekommen **89**
sē recipere sich zurückziehen **100**
recitāre, recitō vortragen, vorlesen **57**
rēctē *Adv.* richtig, zu Recht **4**
recūsāre, recūsō zurückweisen, ablehnen **10**
reddere, reddō, reddidī, redditum zurückgeben, etw. zukommen lassen; *m. dopp. Akk.* jdn. zu etw. machen **62**
redīre, redeō, rediī, reditum zurückgehen, zurückkehren **58**
redūcere, redūcō, redūxī, reductum zurückführen, zurückziehen **63**
referre, referō, rettulī, relātum (zurück)bringen, berichten **86**
relāta referre Berichtetes wiedergeben **86**
regere, regō, rēxī, rēctum beherrschen, leiten, lenken **64**
regiō, regiōnis *f* Gebiet, Gegend, Richtung **26**
rēgius, a, um königlich **89**
(domus) rēgia königliches Haus, (Königs-)Palast **89**
rēgnum (Königs-)Herrschaft, Reich **89**
religiō, religiōnis *f* Glaube, Aberglaube, (Gottes-) Verehrung, Frömmigkeit, Gewissenhaftigkeit **72**
religiōsus, a, um fromm, gewissenhaft, heilig **87**
relinquere, relinquō, relīquī, relictum verlassen, zurücklassen **17. 32. 59**
reliquiae, reliquiārum *f Pl.* Überbleibsel, Überrest, Ruine **29**
remanēre, remaneō, remānsī (zurück)bleiben **55**
repellere, repellō, reppulī zurückstoßen, abweisen, vertreiben **37**
reprehendere, reprehendō, reprehendī, reprehēnsum schimpfen, kritisieren **52. 57**
rēs, reī *f* Angelegenheit, Ding, Sache **44**
rēs adversae *f Pl.* Unglück **44**
rēs futūrae *f Pl.* Zukunft **44**
rēs gestae *f Pl.* Taten **78**
rēs pūblica *f* Staat **44**
ad rem pūblicam accēdere sich politisch betätigen **97**
rēs secundae *f Pl.* Glück **44**
resistere, resistō, restitī stehen bleiben; Widerstand leisten **42**

sine amīcō ohne den Freund **13**
sine mē ohne mich **14**
sinere, sinō, sīvī (zu)lassen, erlauben **46**
Līberōs vīnum bibere nōn sinimus. Wir lassen nicht zu (erlauben nicht), dass die Kinder Wein trinken. Wir lassen die Kinder keinen Wein trinken. **46**
singulus, a, um je ein, jeder einzelne **70**
Sīsyphus Sisyphos *(König von Korinth)* **64**
socius Gefährte, Verbündeter **56**
sodālis, sodālis *m (Gen. Pl.* **-ium***)* Freund **98**
sōl, sōlis *m* Sonne **26**
Sōl agrōs ūrit. Die Sonne trocknet die Felder aus. **102**
Sōl dēficit. Die Sonne verfinstert sich. **81**
sōlācium Trost, Trostmittel **90**
sōlāciō esse Trost bringen **90**
sollicitāre, sollicitō aufhetzen, beunruhigen, erregen **48**
Solō, Solōnis *m* Solon *(athenischer Gesetzgeber im 6. Jh. v. Chr.)* **89**
sōlum *Adv.* nur **24**
sōlus, a, um allein, einzig **93**
solvere, solvō, solvī, solūtum lösen, auflösen; bezahlen **60**
vincula solvere die Fesseln lösen **60**
poenam solvere Strafe bezahlen, bestraft werden **60**
somnus Schlaf **60**
sonus Ton, Klang, Geräusch **5**
soror, sorōris *f* Schwester **22**
sors, sortis *f (Gen. Pl.* **-ium***)* Los, Orakelspruch, Schicksal **47**
spatium Raum, Strecke, Zeit(raum) **96**
speciēs, speciēī *f* Anblick, Aussehen, Schein **55**
spectāculum Schauspiel **30**
spectāculō esse als Schauspiel dienen **75**
spectāre, spectō betrachten, anschauen, hinsehen **9**
spērāre, spērō erwarten, hoffen **36**
spēs, speī *f* Erwartung, Hoffnung **44**
sponte meā (tuā, suā) freiwillig, von selbst **81**
Spurius Tarpēius Spurius Tarpeius *(röm. Befehlshaber)* **42**
stāre, stō, stetī stehen **17. 31**
statim *Adv.* sofort **5**
statiō, statiōnis *f (milit.)* Stellung, (Wach-)Posten **83**
statua Statue **31**
statuere, statuō, statuī, statūtum aufstellen, beschließen, festsetzen **59**
studēre, studeō sich bemühen, studieren **4**
studium Beschäftigung, Engagement, Interesse **31**
stultus, a, um dumm **42**
suādēre, suādeō, suāsī, suāsum raten, empfehlen **94**
sub *Präp. m. Abl.* unter *(wo?)* **27**
sub carrō esse unter dem Wagen liegen **27**
sub *Präp. m. Akk.* unter *(wohin?)* **27**
sub carrum trahere unter den Wagen ziehen **27**
subigere, subigō, subēgī, subāctum unterwerfen, (be)zwingen **87**
subīre, subeō, subiī auf sich nehmen, herangehen **69**
subitō *Adv.* plötzlich **5**
subsidium Reservetruppe, Unterstützung **83**
summus, a, um der höchste, oberste **19**
summus mōns *m* Berggipfel, die höchste Stelle des Berges **64**
superāre, superō besiegen, überwinden, übertreffen **9**
superbia Stolz, Überheblichkeit **92**
superbus, a, um stolz, überheblich **43**
superesse, supersum, superfuī überleben, übrig sein **69**
superī, superōrum *m Pl.* die Götter **62**
supplicium Strafe, Hinrichtung, flehentliches Bitten **49**
suppliciō afficere hinrichten lassen **96**
supplicium timēre vor der Strafe (Hinrichtung) Angst haben **49**
suppliciīs deōs movēre durch flehentliches Bitten die Götter bewegen **49**
surgere, surgō, surrēxī aufrichten; sich erheben, aufstehen **26. 36**
sustinēre, sustineō, sustinuī ertragen, standhalten **73**
iniūriās sustinēre die Beleidigungen ertragen, den Beleidigungen standhalten **73**
suus, a, um sein, ihr **35**
suī, suōrum *m Pl.* die Seinen, die Ihren, seine (ihre) Leute **70**
Syria Syrien **9**

T

taberna Laden, Wirtshaus **46**
tabula (Schreib-)Tafel, Gemälde **4**
tacēre, taceō schweigen, verschweigen **2**
tālis, e derartig, ein solcher, so (beschaffen) **43**
tālis ... quālis so beschaffen ... wie (beschaffen) **67**
tam so **23**
tam ... quam so ... wie **23**
Capua nōn tam pulchra est quam Rōma. Capua ist nicht so schön wie Rom. **23**
tamen dennoch, jedoch **33**
tamquam *Adv.* wie; *Subj.* wie wenn, als ob **37**
tandem *Adv.* endlich **7**
tangere, tangō, tetigī, tāctum berühren **58**
Tantalus Tantalus *(Sohn des Jupiter)* **62**
tantum *Adv. (nachgestellt)* nur **5**
tantus, a, um so groß, so viel **21**
tantus ... quantus so groß ... wie (groß) **67**
tantum ... quantum so viel ... wie (viel) **67**
Tarpēia Tarpeia *(Tochter des Spurius Tarpeius)* **42**
Tarquinius Superbus Tarquinius Superbus *(etruskischer König von Rom)* **43**
Tartarus der Tartarus, die Unterwelt **63**
Tatius Tatius *(König der Sabiner)* **42**
taurus Stier **58**

tēctum Dach; Haus 28
tēcum mit dir 14
tegere, tegō, tēxī bedecken, schützen, verbergen 49. 77
tēlum (Angriffs-)Waffe, Geschoss 49
templum Tempel 12
temptāre, temptō angreifen; prüfen, versuchen 29
tempus, temporis *n* (günstige) Zeit, Umstände 51
brevī tempore nach kurzer Zeit, bald (darauf) 64
tenebrae, tenebrārum *f Pl.* Dunkelheit, Finsternis 29
tenēre, teneō, tenuī halten, festhalten, besitzen 4
memoriā tenēre im Gedächtnis behalten 46
tergum Rücken 58
terra Erde, Land 24
orbis terrārum Erdkreis, Welt 80
terrēre, terreō, terruī, territum erschrecken 3. 56
tertius, a, um der dritte 56
testis, testis *m/f (Gen. Pl.* **-ium***)* Zeuge, Zeugin 91
Thalēs, Thalis *m* Thales *(griech. Philosoph aus Milet, um 600 v. Chr.)* 88
thermae, thermārum *f Pl.* warme Bäder, Thermen 47
thēsaurus Schatz 10
Thēseus, Thēseī Theseus *(athenischer Held)* 61
Tiberis, Tiberis *m (Akk.* **-im**, *Abl.* **-ī***)* der Tiber *(Fluss durch Rom)* 77
Tibullus Tibull *(röm. Dichter, um 55–19 v. Chr.)* 100
timēre, timeō fürchten, Angst haben 2
timēre, nē *m. Konj.* fürchten, dass 70
timor, timōris *m* Angst, Furcht 28
Tīresiās, Tīresiae *m* Teiresias *(blinder thebanischer Seher)* 94
Titus Titus *(röm. Kaiser 79–81 n. Chr.)* 21
tolerāre, tolerō aushalten, ertragen 87
torquēre, torqueō, torsī, tortum drehen; quälen 5. 31. 59
tot *indekl.* so viele 67
tot ... quot so viele ... wie (viele) 67
tōtus, a, um *(Gen.* **tōtīus**, *Dat.* **tōtī***)* ganz, gesamt 55
trādere, trādō, trādidī, trāditum übergeben, überliefern 72
trahere, trahō, trāxī, tractum schleppen, ziehen 17. 31. 57
trāns *Präp. m. Akk.* über (... hinaus), jenseits 68
trāns montēs über die Berge, jenseits der Berge 68
trānsīre, trānseō, trānsiī durchqueren, hinübergehen, überschreiten 69
trānsportāre, trānsportō hinüberbringen 83
trēdecim *indekl.* dreizehn 53
trēs, trēs, tria drei 53
tribuere, tribuō, tribuī, tribūtum schenken, zuteilen 52. 74
tribūnus Tribun *(führender Vertreter eines Stadtbezirkes, einer Legion oder der Plebs)* 65
triclīnium Esszimmer, Triklinium 30
trīstis, e traurig, unfreundlich 38
Trōia Troja *(Stadt in Kleinasien)* 96
Trōiānus, a, um trojanisch; *Subst.* Trojaner *(Einwohner von Troja)* 34
tū *Nom.* du *(betont)* 14
tum *Adv.* da, dann, darauf, damals 4
tunc *Adv.* damals, dann 97
turba (Menschen-)Menge 7
turbāre, turbō durcheinanderbringen, stören 48
Turnus Turnus *(Anführer der Rutuler, Gegner des Äneas)* 36
turpis, e unanständig, hässlich, schändlich 38
turris, turris *f (Akk. Sg.* **-im**, *Abl. Sg.* **-ī**, *Gen. Pl.* **-ium***)* Turm 53
tūtus, a, um sicher 40
tuus, a, um dein 15

U

ubī? wo? 11
ubī (prīmum) *Subj. m. Ind.* sobald 74
umbra Schatten 13
umerus Schulter, Oberarm 46
umquam *Adv.* jemals 46
ūnā *Adv.* zugleich, zusammen 91
ūnā cum patre zusammen mit dem Vater 91
unda Welle, Gewässer 60
unde? woher? 9
ūndecim *indekl.* elf 53
ūndēvīgintī *indekl.* neunzehn 53
undique *Adv.* von allen Seiten, von überallher 57
ūnicus, a, um einzig, außerordentlich 102
ūnus, a, um einer, ein einziger 38
ūnus ē / ex *m. Abl.* einer von 38
urbs, urbis *f (Gen. Pl.* **-ium***)* Stadt; die Stadt Rom 25
ūrere, ūrō (ver)brennen, ausdörren, austrocknen 102
Dīdō amōre ūritur. Dido ist in Liebe entbrannt. 102
Sōl agrōs ūrit. Die Sonne trocknet die Felder aus. 102
ūsque *Adv.* ohne Unterbrechung 69
ūsque ad *m. Akk.* bis (zu) 80
ūsque ad campum īre bis zum Feld gehen 69
ūsus, ūsūs *m* Nutzen, Benutzung 66
ūsuī esse von Nutzen sein, nützlich sein 66
ut *Adv.* wie 15
ut *Subj. m. Konj.* dass, sodass, damit, um zu *(m. Inf.)* 70. 72
ūtilis, e nützlich 82
utinam *m. Konj.* hoffentlich, wenn doch 95
Utinam veniās! Hoffentlich kommst du! 95
Utinam vēnissēs! Wenn du doch gekommen wärest! 95
utrum ... an *(Wahlfrage im Hauptsatz)* ... oder 80
utrum ... an *(im Gliedsatz)* ob ... oder 84
uxor, uxōris *f* Ehefrau 21

V

valēre, valeō gesund sein, stark sein, Einfluss haben 7
multum valēre großen Einfluss haben 39
valē! valēte! Leb wohl! Lebt wohl! 7

varius, a, um bunt, verschieden, vielfältig **24**
vātēs, vātis *m/f* Seher(in), Dichter(in), Sänger(in) **94**
vehemēns, vehementis energisch, heftig **60**
vel oder **25**
aqua vel vīnum Wasser oder Wein **25**
velle, volō, voluī wollen **22. 28**
vēndere, vēndō, vēndidī, vēnditum verkaufen **21. 86**
venia Gefallen; Nachsicht, Verzeihung **36**
venīre, veniō, vēnī, ventum kommen **11. 32. 57**
auxiliō venīre zu Hilfe kommen **66**
ventum est man kam **57**
ventus Wind **6**
venustus, a, um fein, schön, charmant, liebenswürdig **102**
vēr, vēris *n* Frühling **77**
verbum Wort, Äußerung **12**
Vergilius Vergil *(röm. Dichter, 70–19 v. Chr.)* **101**
versus, versūs *m* Vers **90**
vertere, vertō, vertī, versum drehen, wenden **32. 68**
vērus, a, um echt, richtig, wahr **78**
Vespasiānus Vespasian *(röm. Kaiser 69–79 n. Chr.)* **23**
vester, vestra, vestrum euer **16**
vestīgium Fußsohle, Spur, Stelle **67**
vestis, vestis *f (Gen. Pl.* **-ium***)* Kleidung, *Pl.* Kleider **65**
Vesuvius Vesuv *(Vulkan in Kampanien)* **17**
vetāre, vetō, vetuī, vetitum *(m. Akk.)* verbieten **63**
Tē abīre vetō. Ich verbiete dir wegzugehen. Ich verbiete, dass du weggehst. **63**
vetus, veteris alt **47**
vexāre, vexō quälen, misshandeln, schädigen **87**
via Weg, Straße **1**
victor, victōris *m* Sieger **25**
victōria Sieg **70**
vīcus Dorf, Gasse **1**
vidēre, videō, vīdī, vīsum sehen **7. 32. 57**
vigilāre, vigilō wachen; unermüdlich tätig sein **10**
vīgintī *indekl.* zwanzig **53**
villa Haus, Landhaus **1**
vincere, vincō, vīcī, victum (be)siegen, übertreffen **32. 57**
vinculum Band, Fessel; *Pl.* Gefängnis **59**
in vincula dare in Fesseln legen, fesseln, gefangen nehmen **59**
vincula solvere die Fesseln lösen **60**
vindicāre, vindicō beanspruchen, bestrafen; **in** *m. Akk.* vorgehen gegen **62**
omnia sibi vindicāre alles für sich beanspruchen **62**
dolum vindicāre eine List bestrafen **62**
in hostēs vindicāre gegen die Feinde vorgehen **62**
vīnea Weinberg, Weinstock **17**
vīnum Wein **18**
violāre, violō verwunden, verletzen, entehren **36**
vir, virī *m* Mann **16**
virgō, virginis *f* Mädchen, Jungfrau **58**
virtūs, virtūtis *f* Tapferkeit, Tüchtigkeit, Leistung **25**
vīs *f (Akk.* **vim***, Abl.* **vī***)* Gewalt, Kraft, Menge **57**
vīrēs, vīrium *Pl.* Kräfte; Streitkräfte **81**
Vīrēs dēficiunt. Die Kräfte schwinden (nehmen ab) **81**
vīsere, vīsō, vīsī, vīsum besichtigen, besuchen **99**
vīta Leben **16**
vītam agere ein Leben führen, leben **41**
vītāre, vītō meiden, vermeiden **60**
vitium Fehler, schlechte Eigenschaft **95**
vīvere, vīvō, vīxī leben **35**
vīvus, a, um lebend, lebendig **79**
rēge vīvō zu Lebzeiten des Königs **79**
vix *Adv.* kaum, (nur) mit Mühe **32**
vōbīscum mit euch **14**
vocāre, vocō nennen, benennen, rufen **8**
auxiliō vocāre zu Hilfe rufen **91**
volāre, volō fliegen, eilen **60**
voluntās, voluntātis *f* Wille, Absicht **23**
voluptās, voluptātis *f* Lust, Vergnügen **95**
volvere, volvō, volvī, volūtum rollen, wälzen; überlegen **64**
vōs *Nom.* ihr *(betont)* **14**
vōx, vōcis *f* Stimme, Äußerung, Laut **28**
magnā vōce mit lauter Stimme **28**
Vulcānus Vulkan(us) *(Gott des Feuers)* **11**
vulnerāre, vulnerō verwunden, verletzen **50**
vulnus, vulneris *n* Wunde, *(milit.)* Verlust **51**
vultus, vultūs *m* Gesicht, Gesichtsausdruck; *Pl.* Gesichtszüge **43**

Eigennamenverzeichnis

Aaron *m* Harun al-Rashid (arab. „Harun der Rechtgeleitete", um 763-809; Kalif aus dem muslimischen Herrschergeschlecht der Abbasiden, das seinen Ursprung auf Abbas, den Onkel Mohammeds, zurückführte. Harun führte das Kalifenreich politisch, wirtschaftlich und kulturell zu höchster Blüte. Er unterhielt von Bagdad aus Handelsbeziehungen bis nach China, Indien und Europa. Harun war Zeitgenosse Karls des Großen, mit dem er politische Beziehungen pflegte. In den Erzählungen aus „Tausendundeiner Nacht" wird Harun als gerechtigkeitsliebender Herrscher mit ritterlichem Sinn geschildert.) **79**

Abul Abbas *m* (ein Elefant, den Karl der Große vom Kalif Harun al-Rashid im Jahr 802 als Geschenk erhielt. Das aus Indien stammende Tier war der erste namentlich und urkundlich belegte Elefant nördlich der Alpen. Fränkische Chronisten berichten, dass der Elefant im Sommer 810 im Anschluss an eine Rheinüberquerung verendet ist.) **79**

Achillēs, is *m* Achilles (stärkster der griech. Helden im Trojanischen Krieg) **34**

aedīlis, is *m* Ädil (röm. Beamter; ursprünglich gab es zwei Ädilen, die die Polizeigewalt innerhalb der Stadt innehatten. Im 4. Jh. v. Chr. kamen zwei Ädilen hinzu, denen die Besorgung der Spiele und die Beaufsichtigung der Tempel oblag. Allen vier Beamten gemeinsam war die Aufsicht über die öffentlichen Gebäude, Thermen, Wasserleitungen, Straßen, Märkte und das Bauwesen.) **21. VII. 56. 57**

Aegeus, eī *m* Aigeus (König von Athen, Vater des Theseus; nach ihm ist die Ägäis bzw. das Ägäische Meer benannt.) **61**

Aegyptus *f* Ägypten (röm. Provinz seit 30 v. Chr.) **80. 90**

Aenēās, ēae *m* Äneas (trojanischer Held, Sohn der Venus und des Anchises; Stammvater der Römer; nach der Zerstörung Trojas musste er gemeinsam mit seinem Vater, seinem Sohn Askanius und seinen Gefährten lange Irrfahrten bestehen, bis er zu der von den Göttern geweissagten neuen Heimat Italien gelangte; vgl. „Vergilius") **35. 36. XI. 37. 51**

Aeolus Äolus (griech. Aiolos; der Gott der Winde) **6. 9. 10**

Aeschylus Aischylos (griech. Tragödiendichter aus Athen, 525-456 v. Chr. Seine Stücke spiegeln die moralischen Vorstellungen seiner Zeit wider: Ungesühnte Schuld vererbt sich fort, oft über Generationen, und erzeugt neue Schuld. Großes menschliches Glück kann zur Überheblichkeit (griech. hybris) führen, die in der Vernichtung enden muss.) **92**

Aetna der Ätna (Vulkan auf Sizilien) **11**

Āfrica Afrika (Die Römer verstanden darunter in erster Linie das ihnen bekannte Nordafrika.) **9. 16. 35. 70. 80. 96**

Agamemnō, onis *m* Agamemnon (König von Mykene, Bruder des Menelaos, einer der Anführer der Griechen im Trojanischen Krieg) **34**

Agrippa *m* Herodes Agrippa II. (eigentlich Marcus Julius Agrippa; 41-44 n. Chr. König von Judäa.) **76**

Alba Longa Alba Longa (Stadt in Latium, die von Askanius gegründet wurde, nachdem Lavinium – die alte Hauptstadt der trojanischen Einwanderer – zu klein geworden war. Alba Longa blieb Hauptstadt, bis Romulus Rom gründete. Die Ruinen der Stadt sind südöstlich von Rom gefunden worden.) **XI. 37**

Alcaeus Alkaios (griech. Lyriker von der Insel Lesbos, um 600 v. Chr.; Zeitgenosse und Landsmann der Dichterin Sappho. Alkaios dichtete Kampflieder, Liebes- und Trinklieder. Da er sich als Angehöriger der aristokratischen Oberschicht an den Kämpfen gegen die Tyrannis beteiligte, musste er nach Ägypten ins Exil gehen.) **90. XXVI**

Alcmēna Alkmene (Frau des Amphitryon, des Königs von Theben. Wurde von Jupiter schwanger und gebar ihm den Herkules.) **32**

Allia Allia (Fluss in der Nähe von Rom. In der Schlacht an der Allia wurden die Römer 387 v. Chr. von einfallenden Galliern besiegt. Die Römer bezeichneten die Schlacht an der Allia fortan als „dies ater".) **67**

Alpēs, ium *f* die Alpen **69. XXI. 72. 77. 79**

Alphēus, ēī der Alpheios (Fluss in der griech. Landschaft Elis. Mit Hilfe dieses Flusses reinigte Herkules den Stall des Augias.) **32**

Amor, ōris *m* Amor (griech. Eros; der Liebesgott)

Amūlius Amulius (König von Alba Longa. Er vertrieb seinen älteren Bruder Numitor und tötete dessen Söhne. Numitors Enkel, Romulus und Remus, töteten später Amulius und gaben Numitor die Herrschaft zurück.) **XI. 37-39**

Anchīsēs, ae *m* Anchises (trojanischer Fürst, Vater des Äneas) **35**

Ancus Mārcius Ancus Marcius (Vierter König Roms. Er gründete an der Mündung des Tiber die Stadt Ostia als Hafen für Rom.)

Antigona Antigone (Tochter des Ödipus; sie widersetzte sich dem Verbot ihres Onkels Kreon, den Leichnam ihres Bruders Polyneikes zu bestatten, und musste dafür mit dem Leben bezahlen.) **92-94**

Antiochīa Antiochia (Hafenstadt am Mittelmeer, Hauptstadt der röm. Provinz Syria, heute Antakya in der Türkei)

(Mārcus) **Antōnius** Markus Antonius (um 85-30 v. Chr.; röm. Politiker und Feldherr. Unter Julius Cäsar (einem Cousin seiner Mutter) machte er eine steile militärische und politische Karriere. Nach Cäsars Tod kam es zwischen Antonius und Oktavian (dem späteren Kaiser Augustus) zum offenen Kampf um die Herrschaft. In der Schlacht bei Aktium (31 v. Chr.) wurden Antonius und seine Verbündete, die ägyptische Königin Kleopatra, vernichtend geschlagen. Antonius nahm sich daraufhin – wie etwas später auch Kleopatra – das Leben.) **74. 75**

Aphrodītē, ēs *f* Aphrodite (vgl. „Venus")

Apollō, Apollinis *m* Apoll (griech. Apollon; Gott des Lichts, der Musik und Künste sowie der Heilkunst und Weissagung. Sohn des Jupiter und der Göttin Latona. Zwillingsbruder der Diana. In der griech. Stadt Delphi befand sich sein berühmtestes Heiligtum mit Orakelstätte. Kaiser Augustus wählte Apollo zu seiner besonderen Schutzgottheit. Ihm zu Ehren ließ er auf dem Palatin, in unmittelbarer Nähe seines Wohnhauses, den Tempel des Apollo Palatinus erbauen.) **24. 62. 66. 65. 72. 74**

Aquīsgrānum Aachen (Die Siedlung Aquisgranum wurde im 1. Jh. n. Chr. von den Römern gegründet. Die Römer nutzten die heißen, schwefelhaltigen Quellen und bauten die Ansiedlung gezielt zu einem Heilbad mit Thermalanlagen aus. Karl der Große wählte im 8. Jh. Aachen zu seiner Residenz, die er nach römisch-byzantinischem Vorbild zu einer Kaiserpfalz ausbaute.) **79**

Āra Pācis Augustae der Altar des Augustusfriedens (Der röm. Senat gab den Altar im Jahre 13 v. Chr. in Auftrag und widmete ihn Kaiser Augustus, der von Feldzügen gegen Spanien und Gallien siegreich nach Rom zurückgekehrt war. Eingeweiht wurde der Altar im Jahr 9 v. Chr. Auf den Reliefbildern des Altars werden Frieden und Wohlstand als Ergebnis der kaiserlichen Politik dargestellt.) **74**

Arausiō Arausio (Stadt in Südfrankreich (heute Orange). Im Jahre 105 v. Chr. wurde bei Arausio ein röm. Heer von den einfallenden germanischen Stämmen der Kimbern und Teutonen vernichtend geschlagen.)

Archimēdēs, is *m* Archimedes von Syrakus (um 287 - 212 v. Chr., griech. Mathematiker und Physiker. Archimedes war als Ingenieur an der Verteidigung von Syrakus gegen die röm. Belagerung im 2. Punischen Krieg beteiligt. Bei der Eroberung von Syrakus – nach dreijähriger Belagerung – wurde Archimedes von einem röm. Soldaten getötet.) **71**

Arēs, is *m* Ares (vgl. „Mars")

Ariadna Ariadne (Tochter des Königs Minos, Schwester der Phädra. Half Theseus mit dem roten Faden bei der Überwindung des Minotaurus. Theseus ließ sie während der Überfahrt von Kreta nach Athen alleine auf der Insel Naxos zurück. Dies geschah auf Geheiß des Bacchus, der die verlassene Ariadne aufsuchte und sich mit ihr vermählte.) **61**

Arminius Arminius (Feldherr der Cherusker, eines germanischen Stammes, der die Römer unter der Führung des Varus im Teutoburger Wald 9 n. Chr. besiegte.) **XXIV. XXV**

Arpīnum Arpinum (Städtchen in Latium, 100 km östlich von Rom, heute Arpino; Geburtsort Ciceros) **97**

Artemis, idis *f* Artemis (vgl. „Diana")

Ascanius Askanius bzw. Julus (Sohn des Äneas, Gründer von Alba Longa) **35. XI. 37**

Asia Kleinasien (seit 129 v. Chr. röm. Provinz) **9. 76. 80**

Athēna Athene (Schutzgöttin Athens; vgl. „Minerva")

Athēnae, ārum *f Pl.* Athen (bedeutendste Stadt in Griechenland) **75. 89. 92**

Athēniēnsis, e athenisch; Athener, Einwohner von Athen **61**

(Titus Pompōnius) **Atticus** Atticus (röm. Schriftsteller und Gelehrter, 109-32 v. Chr.; Atticus war von Jugendzeit an ein enger Freund Ciceros, mit dem er einen jahrelangen Briefwechsel führte. Aufgrund seines ererbten Vermögens konnte er viele Jahre zu Studienzwecken in Athen verbringen. Wegen seiner Liebe zur griech. Kultur wurde ihm der Beiname Atticus verliehen. Als Anhänger der epikureischen Philosophie verzichtete er auf eine politische Karriere. Atticus war auch als Verleger tätig; insbesondere kümmerte er sich um die Vervielfältigung und Verbreitung der Schriften seines Freundes Cicero.) **97**

Augīās, ae *m* Augias (König der griech. Landschaft Elis. Er besaß einen Stall mit 3.000 Rindern, der 30 Jahre lang nicht ausgemistet worden war. Herkules musste ihn auf Befehl des Eurystheus in einem Tage reinigen.) **32. 33. X**

augur, uris *m* Augur (Der Augur war ein röm. Beamter, der zu ergründen hatte, ob ein vom Staat oder von einer Einzelperson geplantes Unternehmen den Göttern genehm sei. Wichtige Staatshandlungen durften nicht ohne Befragung eines Augurs durchgeführt werden. Er verkündete den Götterwillen, den er aus dem Flug und dem Geschrei der Vögel und aus verschiedenen anderen Naturphänomenen las.) **39. 51**

Augusta Trēverōrum Trier (um 16 v. Chr. von den Römern unter Kaiser Augustus in der Nähe eines Stammesheiligtums der keltischen Treverer gegründet. Gegen Ende des 3. Jh.s n. Chr. machte Kaiser Diokletian Trier zur röm. Kaiserresidenz und zur Hauptstadt des weström. Teilreiches. Aus dieser Zeit stammen viele historische Bauwerke, wie die mächtige Porta Nigra, die Römerbrücke, das Amphitheater, die Basilika und die Kaiserthermen.) **77**

Augusta Vindelīcōrum Augsburg (anlässlich des nach Rätien führenden Eroberungsfeldzuges entstand 15 v. Chr. durch ein Militärlager die Keimzelle der Stadt; später Hauptstadt der röm. Provinz Raetia (u. a. Ost-Württemberg, Schwaben, Ober- und Niederbayern). Der Beiname bezieht sich auf den keltischen Volksstamm der Vindeliker, die in diesem Teil Rätiens ansässig waren.)

(Imperātor Caesar dīvī fīlius) **Augustus** Augustus (63 v. Chr. – 14 n. Chr., erster röm. Kaiser, ursprüngl. Name Gaius Octavius, Großneffe und Adoptivsohn Julius Cäsars; mit seinem Sieg über Markus Antonius hatte er 31 v. Chr. die Alleinherrschaft über das röm. Reich erlangt. Damit gingen die Jahrzehnte der röm. Bürgerkriege zu Ende. 27 v. Chr. verlieh ihm der Senat den Ehrentitel Augustus („der Erhabene"); dieses Datum gilt als Beginn des röm. Kaisertums bzw. als Ende der röm. Republik. Die Herrschaft des Augustus, die man als eine Epoche des inneren Friedens, der wirtschaftlichen und kulturellen Blüte wahrnahm, wird Augusteisches Zeitalter genannt.) **26. 50. 56. 74. 75. 83. 99. 100. 102. XXIX**

Augustus Augustus (Der Ehrentitel Augustus („der Erhabene" von lat. augere) wurde 27 v. Chr. Oktavian, dem Begründer des röm. Kaisertums, vom Senat verliehen und war – wie auch der Titel Caesar – fortan Bestandteil der Kaisertitulatur.) **74. 80**

Aventīnus (mōns) der Aventin (einer der sieben Hügel Roms; auf dem Aventin weideten der Sage nach Amulius

Capuānī, ōrum *m Pl.* die Capuaner (Einwohner von Capua) **20**

Carolus Magnus Karl der Große (König des Frankenreiches, lebte 747–814 n. Chr. Karl begründete durch zahlreiche Eroberungsfeldzüge ein europäisches Großreich. Er prägte die historische Entwicklung Europas auf politischem, kirchlichem und kulturellem Gebiet, förderte Wissenschaft und Kunst („Karolingische Renaissance"). Er übernahm die Schutzherrschaft über den Kirchenstaat (Patricius Romanorum). Im Jahre 800 wurde er durch Papst Leo III. zum Kaiser gekrönt. Karl der Große starb 814 in Aachen, wo er in der von ihm erbauten Pfalzkapelle beigesetzt wurde.) **79. XXIII**

Carthāginiēnsis, e karthagisch; Karthager (Einwohner von Karthago) **35. 71**

Carthāgō, ginis *f* Karthago (Stadt in Nordafrika, in der Nähe des heutigen Tunis; der Sage nach war Dido die Gründerin und Königin der Stadt. Karthago war erbitterte Konkurrentin Roms im Kampf um die Beherrschung des Mittelmeerraumes; nach dem Ende des 3. Punischen Krieges 146 v. Chr. wurde die Stadt von den Römern zerstört.) **35. 36. 68. 65. 74. 96**

Castra Regina *n Pl.* Regensburg (179 n. Chr. von den Römern gegründet, hervorgegangen aus einem seit ca. 90 n. Chr. bestehenden Kohortenkastell.)

(Mārcus Porcius) **Catō,** ōnis (Cēnsōrius) *m* Marcus Porcius Cato (röm. Politiker und Schriftsteller, 234–149 v. Chr.; 184 v. Chr. hatte er die Zensur inne und erfüllte diese mit besonderer Sittenstrenge, sodass er den Beinamen Censorius erhielt; Cato war griechischen (insbesondere den philosophischen) Einflüssen gegenüber feindselig eingestellt, u. a. sprach er sich 155 v. Chr. für eine Ausweisung der griech. Philosophen aus, die im Rahmen einer diplomatischen Mission der Stadt Athen nach Rom gekommen waren. Cato warnte die Römer nach dem 2. Punischen Krieg vor einem Wiedererstarken Karthagos und forderte wiederholt die endgültige Zerstörung der Stadt.) **95. 96**

(Gāius Valerius) **Catullus** Catull (röm. Dichter, um 84–54 v. Chr.; 116 seiner Gedichte sind erhalten: Gedichte an und über Freunde, Schmäh- und Liebesgedichte (Gedichte an Lesbia). Besonders berühmt sind seine Kussgedichte. Catull gehörte zum Dichterkreis der sog. Neoteriker, die sich bewusst gegen groß angelegte, „konservative" Dichtungsformen wandten und stattdessen kleine, „feine" Dichtungen griechischen Stils pflegten. Die griech. Dichterin Sappho war eines seiner künstlerischen Vorbilder.) **97. 98. XXVIII. 101**

Caucasus (mōns) der Kaukasus (Gebirge zwischen Schwarzem und Kaspischem Meer) **59. XVIII**

cēnsor, ōris *m* Zensor (röm. Beamter; zwei Zensoren, die Konsuln gewesen sein mussten, wurden alle fünf Jahre für eine achtzehnmonatige Amtszeit gewählt. Sie überwachten die öffentliche Sittlichkeit, erstellten das Staatsbudget und führten die Volkszählung auf dem Marsfeld und die Vermögensschätzung durch. Außerdem hatten sie das Recht, Senatoren wegen liederlichen Lebenswandels aus dem Senat auszustoßen (senatu movere). Der bekannteste Träger dieses besonders angesehenen Amtes war der für sein strenges Amtsverständnis berüchtigte Cato Censorius.) **95. 96**

Cerberus Zerberus (der dreiköpfige Hund, der den Eingang zum Hades (Unterwelt) bewachte: Er wedelte mit dem Schwanz vor den Geistern, die den Hades betraten, fraß aber die auf, die versuchten, den Hades zu verlassen. Herkules zerrte ihn – im Auftrag von König Eurystheus – mit Gewalt zur Oberwelt, zeigte ihn dem König – und brachte ihn wieder zurück.) **33. X. 63**

Cerēs, Cereris *f* Ceres (griech. Demeter; Göttin des Ackerbaus und der fruchttragenden Erde. Von Jupiter Mutter der Proserpina.) **XVIII. XIX**

Cernunnos Cernunnos („der Gehörnte"; keltischer Gott der Natur und der Fruchtbarkeit. Von den Römern wurde Cernunnos mit Jupiter gleichgesetzt.) **87**

Charōn, ōnis *m* Charon (der Fährmann, der die Verstorbenen in seinem Kahn über den Unterweltsfluss Styx in den Hades (die Unterwelt) brachte. Für diesen Dienst verlangte er ein Fährgeld; die Toten wurden deshalb stets mit einer Münze im Mund beigesetzt.) **33**

Chrīstiānī, ōrum *m Pl.* die Christen **75. XXII. 76–79. XXIII**

Chrīstus Christus (griech. Übersetzung für das hebräische Wort Messias, das „der Gesalbte" bedeutet und den königlichen Erlöser des Volkes Israel und der Menschheit bezeichnet. Ehrentitel Jesu.) **XXII**

(Mārcus Tullius) **Cicerō,** ōnis *m* Cicero (röm. Politiker, Redner, Philosoph und Schriftsteller, 106–43 v. Chr.; während seines Konsulats im Jahr 63 v. Chr. kam es zur Catilinarischen Verschwörung, die von Cicero aufgedeckt und vereitelt wurde. Als Anwalt und Politiker hielt er zahlreiche literarisch bedeutsame Reden, die erhalten sind. Er stellte durch mehrere Schriften zur Redekunst die röm. Beredsamkeit auf ein breites theoretisches Fundament. Er vermittelte den Römern durch seine philosophischen Schriften die griech. Philosophie. Bedeutend als historische Quelle ist auch die Sammlung seiner Briefe an Familienangehörige und Freunde. Das Latein Ciceros gilt als Höhepunkt der röm. Kunstprosa. Cicero war ein entschiedener Befürworter der alten röm. Republik und geriet daher in Konflikt mit Cäsar und Marcus Antonius; auf Betreiben des Letzteren wurde Cicero ermordet.) **97–99**

Cimbrī, ōrum *m Pl.* die Kimbern (germanischer Volksstamm, fielen um 115 v. Chr in Gallien und Italien ein; wurden 101 v. Chr. von den Römern unter der Führung des Konsuls Gaius Marius in Norditalien vernichtend geschlagen.)

Circus Maximus Circus Maximus (größte Rennbahn Roms zwischen den Hügeln Palatin und Aventin; angeblich bereits im 6. Jh. v. Chr. von König Tarquinius Priscus erbaut, später von Cäsar erneuert.) **45. 56. 102. XXIX**

(Tiberius) **Claudius** (Nerō Germānicus) Claudius (röm. Kaiser 41–54 n. Chr. Unter der Herrschaft des Claudius wurde das röm. Reich um zahlreiche neue Provinzen erweitert. Unter Claudius hat sich auch die Vergabe des Bürgerrechts an Auxiliarsoldaten nach 25 Jahren Dienst durchgesetzt. Im Jahr 52 ließ Claudius auf dem Fuciner See eine Naumachie veranstalten, die als die größte Inszenierung einer Seeschlacht in der Geschichte gilt. Claudius war auch als Schrifsteller tätig: Er verfasste ein Werke über die Herrschaft des Augustus, über die Geschichte Karthagos sowie ein etruskisches Wörterbuch. Angeblich soll seine letzte Gattin Agrippina ihn durch ein vergiftetes Pilzgericht ermordet haben.) **50. 57. 87**

Cleobis, is *m* Kleobis (Sohn der griech. Hera-Priesterin Kydippe; Kleobis und sein Bruder Biton zeichneten sich durch so große Tugendhaftigkeit aus, dass ihre Mutter die Göttin Hera bat, ihren beiden Söhnen als Dank das Beste zukommen zu lassen, was ein Mensch erhalten könne, woraufhin die schlafenden Brüder nicht mehr aufwachten und somit, noch in Jugend und Schönheit stehend, einen schnellen und sanften Tod errangen.) **89**

Cleopatra Kleopatra VII. (letzte Königin Ägyptens von 51–30 v. Chr., war von ihrem Bruder und Mitregenten Ptolemaios XIII. verstoßen, wurde aber von Cäsar, den die Verfolgung des Pompeius nach Ägypten geführt hatte, wieder eingesetzt. Kleopatra hatte zuerst ein Verhältnis mit Cäsar, dann mit Antonius; 31 v. Chr. unterlagen sie und Antonius dem Heer des Oktavian / Augustus bei Aktium, beide begingen daraufhin Selbstmord.) **67. 74. 75**

Collātia Collatia (alte sabinische Stadt östlich von Rom, Heimat der Lukretia und des Collatinus) **44**

(Lūcius Tarquinius) **Collātīnus** Lucius Tarquinius Collatinus (Ehemann der Lukretia, die von Sextus Tarquinius vergewaltigt wurde, was die Vertreibung der Tarquinier aus Rom auslöste.) **44**

Colōnia Claudia Āra Agrippīnēnsium Köln (55 n. Chr. von Kaiser Nero gegründet, benannt nach Agrippina, der Mutter des Kaisers; entwickelte sich neben Trier zur wichtigsten röm. Stadt in Germanien.) **82–85**

Colōnia Ulpia Trāiāna Xanten (Kaiser Trajan erhob das seit dem 1. Jh. v. Chr. bestehende Legionslager Castra Vetera zur Colonia Ulpia Traiana. Als colonia gehörte sie zu den etwa 150 Städten im röm. Reich, die weitreichendes Stadtrecht besaßen und als „Abbilder Roms" galten. Die Colonia Ulpia Traiana war nach Colonia Claudia Ara Agrippinensium (Köln) und Augusta Treverorum (Trier) die drittgrößte röm. Stadt nördlich der Alpen und ein Hauptort der Provinz Germania Inferior.)

Colosseum (Amphitheātrum Flāvium) Kolosseum (das größte Amphitheater der Antike; die Bezeichnung Amphitheatrum Flavium leitet sich von den Kaisern der flavischen Dynastie her, unter deren Herrschaft das Kolosseum von 72–80 n. Chr. errichtet wurde. 80 n. Chr. wurde es von Kaiser Titus mit hunderttägigen Spielen eröffnet, unter anderem mit Gladiatorenkämpfen, nachgestellten Seeschlachten und Tierhetzen. Im Kolosseum fanden ca. 50.000 Zuschauer Platz. Sein Umfang beträgt 527 Meter, die Höhe 48 Meter. Als Arena war das Kolosseum über 400 Jahre lang in Betrieb.) **48. 49. XV**

Concordia Concordia (röm. Göttin der Eintracht. Sie förderte und erhielt die Eintracht und die Einheit der Bürger Roms. Ihre Attribute waren Füllhorn, Opferschale und ineinandergeschlungene Hände. Der Göttin Concordia war ein prachtvoller Tempel am Fuße des Kapitols geweiht, der anlässlich der Aussöhnung der röm. Stände (Plebejer und Patrizier) im 4. Jh. v. Chr. errichtet worden war.) **12. IV**

(Flāvius Valerius) **Cōnstantīnus** Konstantin der Große (röm. Kaiser von 306–337 n. Chr.; gründete 330 n. Chr. das alte Byzanz als Konstantinopel neu und erhob es zur Hauptstadt des röm. Reiches. 313 n. Chr. erließ er in Mailand ein Edikt zum Schutz der Christen.) **77. 78**

cōnsul, cōnsulis *m* Konsul (röm. Beamter; mit dem 43. Lebensjahr konnte das Konsulat, das höchste zivile und militärische Amt, ausgeübt werden. Dieses war für eine einjährige Amtszeit auf zwei Konsuln aufgeteilt. Die Konsuln saßen den Senatssitzungen vor, brachten Gesetzesanträge ein und überwachten die Durchführung der Beschlüsse und Gesetze.) **65. 70. 71. 95–97**

cōnsulāris, is *m* Konsular (Als Konsularen bezeichnete man die gewesenen Konsuln. Die Konsularen waren die angesehensten und einflussreichsten Angehörigen des Senats. Sie wurden als Statthalter mit militärischem Kommando vom Senat in die römischen Provinzen entsandt.) **98**

Corinthus, ī *f* Korinth (reiche griech. Handelsstadt am Isthmos) **64. 78. 91**

(Gnaeus Mārcius) **Coriolānus** Coriolan (sagenhafter röm. Feldherr im 5. Jh. v. Chr.; als Patrizier war er entschiedener Gegner des Volkstribunats und plädierte für dessen Abschaffung. Die Plebejer klagten ihn des Verfassungsumsturzes an und schickten ihn in die Verbannung. Coriolan schloss sich daraufhin den Volskern, den ärgsten Feinden Roms, an und führte sie gegen seine Heimatstadt (489 / 488 v. Chr.). Durch die Intervention seiner Mutter Veturia und seiner Frau Volumnia ließ er von dem Angriff ab. Die Volsker warfen ihm dies als Verrat vor und ermordeten ihn.) **66. 67. 68**

Creōn, ontis *m* Kreon (Bruder des Ödipus, Onkel der Antigone und der Ismene; er ließ Antigone töten, die sich seinem Befehl widersetzt hatte, den toten Polyneikes unbestattet zu lassen.) **92–94**

Crēta Kreta (griech. Insel. Jupiter entführte die phönizische Königstochter Europa dorthin. Sie gebar ihm Minos, den späteren König der Insel.) **11. 58. 60. 61. XVIII. 62**

Creūsa Kreusa (Ehefrau des Äneas und Mutter des Askanius; kam während der Eroberung und Zerstörung Trojas ums Leben.) **35**

Croesus Krösus (letzter König von Lydien (Kleinasien), Mitte des 6. Jh.s. v. Chr.; berühmt durch seinen uner-

Germānia Germanien **80–84. 86. XXV**

Geryōn, ōnis *m* Geryon (dreileibiger Riese auf der Insel Erythea, unterlag Herkules im Kampf und verlor seine Rinderherde an ihn.)

Graecī, ōrum *m Pl.* die Griechen **17. 31. 34. 35. 45. 51. 53. 95. 96**

Graecia Griechenland (seit 146 v. Chr. röm. Provinz Achaia) **3. 74. 80. 95**

Graecus, a, um griechisch, Grieche **17**

Grannus Grannus (keltischer Gott des Lichts, des Feuers, der heißen Quellen und des Heilens. Das Zentrum seiner Verehrung befand sich im heutigen Aachen. Von den Römern wurde er mit Apollon gleichgesetzt. Im bayerischen Faimingen (Phoebiana) ist ein teilweise rekonstruierter Tempel des Apollo Grannus aus röm. Zeit zu besichtigen.) **87**

Haemōn, onis *m* Haimon (Sohn des thebanischen Königs Kreon und Verlobter der Antigone) **93. 94**

Hamilcar, aris *m* Hamilkar (Vater des Hannibal; karthagischer Feldherr im 1. Punischen Krieg 264–241 v. Chr.) **68. 70. 71**

Hannibal, alis *m* Hannibal (247–183 v. Chr.; Feldherr der Karthager im 2. Punischen Krieg 218–202 v. Chr. Sein Vater Hamilkar brachte ihn 237 v. Chr. nach Spanien, nachdem er ihn ewigen Hass auf Rom hatte schwören lassen. Hannibals kühner Plan, den Krieg gegen Rom in Italien auszutragen (Alpenübergang), brachte die Römer mehrfach an den Rand des Zusammenbruchs. Nach sechzehn Kriegsjahren in Italien musste er 203 v. Chr. mit seinem unbesiegten Heer nach Afrika zurückkehren, um Karthago gegen einen Angriff der Römer zu verteidigen. 202 v. Chr. wurde er von Scipio in der Schlacht bei Zama geschlagen. 183 v. Chr. nahm sich Hannibal, auf der Flucht vor den Römern, das Leben.) **68–71. XXI. 72. 79. 96**

haruspex, icis *m* Haruspex (Angehöriger eines röm. Priesterkollegiums. Seine Aufgabe war, aus der Beschaffenheit der Eingeweide geschlachteter Opfertiere den Willen der Götter vorauszusagen. Ursprünglich war diese Art der Vorzeichendeutung als Eingeweideschau bei den Etruskern heimisch, doch wurden Amt und Bezeichnung in früher Zeit von den Römern übernommen.) **51. 52. 54. XVII**

Hector, oris *m* Hektor (Sohn des trojanischen Königs Priamos; stärkster der trojanischen Helden im Krieg gegen die Griechen; fiel im Zweikampf gegen den Griechen Achilles.) **96**

Helena Helena (Frau des Spartanerkönigs Menelaos; wurde vom Trojaner Paris geraubt, was den Trojanischen Krieg auslöste.) **34. 67**

Hēphaistos *m* (vgl. „Vulcanus")

Hēra, ae *f* Hera (vgl. „Iuno")

Herculānei, ōrum *m Pl.* die Herkulaneer (Einwohner von Herkulaneum) **31**

Herculāneum Herkulaneum (Stadt in Kampanien am Golf von Neapel. Der Sage nach soll die Stadt eine Gründung des Herkules gewesen sein. Herkulaneum ist wie Pompeji beim Ausbruch des Vesuv untergegangen. Mit seinen ca. 4.000 Einwohnern war Herkulaneum deutlich kleiner als Pompeji: eine kleine wohlhabende Hafenstadt. Wegen der natürlichen Schönheit, des prächtigen Blicks über den Golf von Neapel und seiner reinen Luft erbauten viele reiche Römer ihre Sommervillen in Herkulaneum.) **IX. 31. 32**

Herculēs, is *m* Herkules (griech. Herakles; berühmtester der griech. Helden mit übermenschlichen Kräften. Sohn des Jupiter und der Alkmene. Um sich von einer im Wahnsinn begangenen Freveltat reinzuwaschen, musste er auf Geheiß eines Orakels dem König Eurystheus von Mykene dienen. Eifersüchtig auf Herkules' Stärke, bürdete Eurystheus ihm zwölf so ungeheuer schwierige Aufgaben auf, dass nur ein Sohn des Jupiter sie erfüllen konnte: Er musste verschiedene Ungeheuer erlegen (den Nemeischen Löwen, die Lernäische Hydra, die Stymphalischen Vögel), wilde Tiere einfangen (die Kerynithische Hirschkuh, den Erymanthischen Eber, den Kretischen Stier), den Stall des Augias ausmisten und dem Eurystheus bestimmte Dinge rauben und herbeiholen (die Stuten des Diomedes, den Gürtel der Hippolyte, das Vieh des Geryones, die Äpfel der Hesperiden). Die letzte und schwierigste Aufgabe war der Abstieg in die Unterwelt, aus der Herakles den Zerberus heraufholen sollte. Nachdem Herkules alle zwölf Aufgaben erfüllt hatte, überließ Eurystheus ihm seinen Thron. Nach seinem Tod wurde Herkules in den Kreis der Götter aufgenommen.) **V. 31–33. X. 51. 59–61. XVIII. 62**

Hermēs *m* Hermes (vgl. „Mercurius")

Hērodotus Herodot (um 490 – um 425 v. Chr., griech. Historiker aus der kleinasiatischen Stadt Halikarnassos) **11**

Hersilia Hersilia (Sabinerin, Ehefrau des Romulus) **41. 42**

Hesperidēs, um *f Pl.* (weibliche Gottheiten, Töchter der Nacht; sie hüteten in einem Garten am westlichen Ende der Welt die goldenen Äpfel, die den Göttern ewige Jugend verliehen. Diese Äpfel zu pflücken war eine der zwölf Aufgaben des Herkules.) **59**

Hessī, ōrum *m Pl.* die Hessen (germanischer Volksstamm, der im Bereich der Täler von Eder, Fulda und Lahn – im nördlichen Teil des heutigen Bundeslandes Hessen – seinen Siedlungsschwerpunkt hatte.) **78**

Hierosolyma, ōrum *n Pl.* Jerusalem (größte und bedeutendste Stadt im antiken Israel (Iudaea). Sitz des röm. Statthalters zur Zeit Jesu) **XXII. 76. 77. XXIII**

Hispānia Spanien (seit 197 v. Chr. röm. Provinz) **80**

(Mārcus) **Holcōnius Rūfus** Marcus Holconius Rufus (die bedeutendste uns bekannte Persönlichkeit Pompejis im 1. Jh. n. Chr.) **VII. 25**

Homērus Homer (ältester griech. Dichter im 8. Jh. v. Chr., unter seinem Namen sind die beiden bedeutendsten griech. Epen, die „Ilias" und die „Odyssee", überliefert.) **34. 35. XXVI**

(Quīntus) **Horātius** (Flaccus) Horaz (röm. Dichter der augusteischen Zeit, 65–8 v. Chr.; der Dichter Vergil stellte ihn 38 v. Chr. dem großen Gönner und Adeligen Mäzenas vor. Dieser nahm sich des jungen Dichters an und es entstand eine enge Freundschaft. Die Themen von Horaz' Dichtungen sind vor allem Liebe und Politik, aber auch Freundschaft, Alltäglichkeiten des Lebens und philosophische Fragen. Zu seinen Vorbildern gehörten die griech. Dichter Alkaios und Sappho. In philosophischer Hinsicht bezeichnete Horaz sich selbst als einen Anhänger Epikurs.) **99-101**

Hydra Lernaea die Hydra von Lerna (ein vielköpfiges schlangenartiges Untier, das im See Lerna nahe der gleichnamigen griech. Stadt hauste. Wenn man ihr einen ihrer Köpfe abschlug, wuchsen zwei neue nach. Herkules besiegte das Ungeheuer mit Hilfe seines Gefährten Iolaos.) **X. 59**

Ibērus der Ebro (Fluss im Nordosten Spaniens. Im sog. „Ebrovertrag" hatten die Römer und Karthager um 226 v. Chr. den Ebro als Grenze ihrer jeweiligen Einflussgebiete festgelegt. Die Überschreitung des Ebro durch Hannibals Truppen löste 218 v. Chr. den 2. Punischen Krieg aus.)

Ībycus Ibykos (griech. Liebesdichter aus der unteritalischen Stadt Rhegion, um 530 v. Chr.; er führte das Leben eines wandernden Sängers, u.a. hielt er sich längere Zeit auf der Insel Samos am Hof des Tyrannen Polykrates auf; der Sage nach soll er auf der Fahrt zu den Isthmischen Spielen von Räubern ermordet worden sein; vgl. Friedrich Schillers Ballade „Die Kraniche des Ibykus", 1797.) **91**

Īcaria Ikaria (griech. Ägäisinsel, westlich von Samos. Die Insel leitet ihren Namen von Ikarus her: Dädalus beerdigte hier seinen Sohn Ikarus, der bei der Flucht aus Kreta ins Meer gestürzt war.) **60**

Īcarus Ikarus (Sohn des Dädalus. Trotz der Warnungen seines Vaters stieg er bei der Flucht aus Kreta mit seinen Flügeln so hoch hinauf, dass die Sonne das Wachs seiner Flügel schmolz, die Federn sich lösten und er ins Meer stürzte.) **60. 61. XVIII. 62-64**

Iericho Jericho (Stadt am Westufer des Jordans in Palästina) **XXII**

Iēsūs Jesus (in Nazareth geborener Begründer der christlichen Religion; lebte von der Zeitenwende bis ca. 30 n. Chr.; wurde von den Römern durch Kreuzigung hingerichtet; er trägt den Titel Christus.) **76. 78. 79**

Īlias, adis *f* die „Ilias" (Epos des griech. Dichters Homer über den Trojanischen Krieg) **34. 36**

Iocasta Iokaste (Mutter des Ödipus, Frau des Laios; heiratete nach dem Tod des Laios in Unwissenheit den eigenen Sohn; mit Ödipus Mutter von Polyneikes, Eteokles, Antigone und Ismene. Als sie erfuhr, dass sie ihren Sohn geheiratet hatte, erhängte sie sich.) **XXVII**

Iolāus Iolaos (Wagenlenker und treuer Gefährte seines Onkels Herkules) **X**

Īsis, Īsidis *f* Isis (Hauptgöttin Ägyptens; Gattin und Schwester des Osiris, Göttin der Fruchtbarkeit. Im 2. Jh. v. Chr. gelangte der Isiskult über den Seehandel mit der ägyptischen Stadt Alexandria auch nach Italien.)

Ismēna Ismene (Tochter des Ödipus und der Iokaste; Schwester der Antigone und der verfeindeten Brüder Eteokles und Polyneikes) **92**

Italia Italien **35. 36. 68-70. XXI. 72. 76. 77**

Iūdaea Judäa (im Wesentlichen das Gebiet des heutigen Israel, röm. Provinz seit 44 v. Chr.) **76**

Iūdaeī, ōrum *m Pl.* die Juden **76**

Iūlus Julus (anderer Name des Äneas-Sohnes Askanius) **37**

Iūnō, ōnis *f* Juno (griech. Hera; Schwester und Gemahlin des Jupiter. Schützerin der Ehe und der Frauen; Fruchtbarkeits- und Geburtsgöttin.) **24. 32. 36. 62. 67. 73**

Iuppiter, Iovis *m* Jupiter (griech. Zeus; Göttervater und höchster Gott der Römer. Möglicherweise haben bereits die Etrusker den Kult des Iuppiter Optimus Maximus in Rom eingeführt. Im Jupitertempel brachten die röm. Beamten am Anfang ihres Amtsjahres Opfer dar, und die siegreichen Feldherren legten dort ihre Beutestücke nieder. Die erste Senatssitzung eines jeden Jahres fand ebenfalls dort statt.) **24. 32. 35. 36. XIII. 43. 47. 54. 58-60. XVIII. 62. 64. XIX. 73. XXII. 78-80. 91**

(Gāius) **Laelius** Laelius (röm. Redner und Politiker; Konsul 140 v. Chr.; er pflegte regen Kontakt mit Schriftstellern und Philosophen, was ihm den Beinamen Sapiens („der Weise") einbrachte. 147 und 146 v. Chr. war er Legat (Unterfeldherr) seines Freundes Scipio Aemilianus im 3. Punischen Krieg und half ihm wesentlich bei der Eroberung Karthagos.) **96**

Lāius Laios (König von Theben, Vater des Ödipus; wurde von seinem Sohn, der ihn nicht erkannt hatte, im Affekt erschlagen.) **XXVII**

Lāocoōn, Lāocoontis *m* Laokoon (trojanischer Priester; warnte die Trojaner vergeblich vor dem hölzernen Pferd der Griechen; er und seine beiden Söhne wurden daraufhin auf Geheiß Apollons, der auf Seiten der Griechen stand, von zwei Seeschlangen erwürgt.) **34**

Larēs, um *m Pl.* die Laren (röm. Gottheiten, die Haus und Familie beschützten)

Latīnus, a, um 1. lateinisch („latinisch", nach der Landschaft Latium und dem Stamm der Latiner, die in Mittelitalien siedelten) **36. 37**

2. Latinus (König von Latium. Sohn des Gottes Faunus. Nach dem Krieg zwischen den Latinern und den einwandernden Trojanern heiratete Äneas Lavinia, die Tochter des Latinus.) **36**

Latium Latium (Landschaft in Mittelitalien, Urheimat der Latiner) **37**

Lātōna Latona (griech. Leto; Göttin. War von Jupiter Mutter des Apollo und der Diana. Flieht als Schwangere vor der eifersüchtigen Juno, gebiert ihre Zwillinge schließlich auf der griech. Insel Delos.) **62**

Laurentum Laurentum (alte Küstenstadt der Latiner, Sitz des Königs Latinus.) **36**

Lāvīnia Lavinia (Tochter des Königs Latinus, zweite Frau des Äneas) **XI**

Lāvīnium Lavinium (Stadt in Latium, südlich von Rom; wurde von Äneas gegründet und nach seiner Ehefrau Lavinia benannt.) **37**

Lesbia Lesbia (In seinen Gedichten bezeichnet der röm. Liebesdichter Catull seine Geliebte mit dem Namen „Lesbia". Der Name spielt auf die von der griech. Insel Lesbos stammende Dichterin Sappho an, die zu Catulls dichterischen Vorbildern gehörte. Der wirkliche Name von Catulls Geliebter ist nicht bekannt. Manche Forscher meinen sie mit der berüchtigten röm. Aristokratin Clodia identifizieren zu können.) **XXVIII**

Lesbos, ī *f* Lesbos (griech. Ägäisinsel nahe der kleinasiatischen Küste; Hauptstadt Mytilene; Heimat der griech. Lyriker Sappho und Alkaios) **90**

lēvīta, lēvītae *m* Levit (Die Leviten, benannt nach ihrem Stammvater Levi, sind einer der Zwölf Stämme Israels, die von den Söhnen Jakobs abstammen. Die Leviten sind laut 5. Mose 18, 1-8 allein zum Priesterdienst für alle Israeliten erwählt. Für die Leviten galt eine Reihe besonderer Gesetze und Vorschriften.) **XXII**

līmes, līmitis *m* der Limes (von Kaiser Domitian seit 84 n. Chr. erbauter Grenzwall, trennt das röm. Reich von Germanien ab; verläuft vom Rhein bei Bonn südöstlich durch Württemberg und Bayern bis an die Donau bei Regensburg; wurde im 3. Jh. im Zuge der Völkerwanderung von den Germanen durchbrochen.) **81. 83. 84**

(Titus) **Līvius** Livius (röm. Geschichtsschreiber, 59 v. Chr. –17 n. Chr.; beschrieb die Geschichte Roms – von der Gründung der Stadt bis auf die eigene Zeit – in seinem 142 Bücher umfassenden Werk „Ab urbe condita".) **39. XII. XIII**

Lucrētia Lukretia (Frau des Collatinus; wurde von Sextus Tarquinius vergewaltigt, was die Vertreibung der etruskischen Tarquinier als Herrscher von Rom nach sich zog.) **44**

(Lūcius Licinius) **Lūcullus** Lukull (röm. Feldherr in Kleinasien um 70 v. Chr.; sein Reichtum und sein exquisiter Geschmack sind sprichwörtlich.) **17**

Lydia Lydien (Landschaft an der Westküste Kleinasiens; Heimat des mythischen Königs Krösus. 133 v. Chr. wurde Lydien Teil der röm. Provinz Asia.) **3. 89**

(Gāius Cilnius) **Maecēnās,** ātis *m* Mäzenas (röm. Ritter aus altem etruskischem Adel, um 70 - 8 v. Chr.; Mäzenas war einer der wichtigsten Vertrauten und politischer Berater des Kaisers Augustus. Sein Vermögen setzte er u. a. zur Unterstützung und Förderung junger Dichter ein. Zu ihnen gehörten die Dichter Horaz, Vergil und Properz. Dieser Dichterkreis hat erheblich zur ideologischen Festigung des Prinzipats beigetragen. Mäzenas' Name ist zum Inbegriff des wohlhabenden Förderers von Kunst und Wissenschaft geworden („Mäzen"). **99. 100**

Magna Māter die Magna Mater (kleinasiatische Muttergottheit; der Kult der Magna Mater (auch: Kybele) wurde 204 v. Chr. in Rom eingeführt.)

Maharbal, alis *m* Maharbal (Offizier und Anführer der karthagischen Reiterei im 2. Punischen Krieg. Nach dem Sieg der Karthager in der Schlacht bei Cannä forderte er Hannibal auf, sofort gegen Rom zu marschieren. Als der karthagische Feldherr dies ablehnte, soll Maharbal ihm geantwortet haben: „Zu siegen weißt du, Hannibal, nicht aber, den Sieg zu nutzen.") **XXI**

Mamurra *m* Mamurra (1. Jh. v. Chr.; Offizier im Heer Julius Cäsars in Gallien. Bekannt ist Mamurra vor allem durch Catulls Gedichte, in denen er als reicher Günstling und Geliebter Cäsars beschimpft wird.) **98**

Mārs, Mārtis *m* Mars (griech. Ares; Gott des Krieges. Von Rea Silvia wurde er Vater der Zwillinge Romulus und Remus. Der berühmteste Tempel des Mars in Rom war der Tempel des Mars Ultor, des „rächenden Mars", auf dem Augustusforum. Kaiser Augustus hatte den Tempel errichten lassen zur Erinnerung an seinen Sieg über die Cäsarmörder.) **24. XI. 37. XII. 46. 64. 74. XXII**

Masinissa *m* Masinissa (König von Numidien in Afrika, 238–149 v. Chr.; schärfster Gegner der Karthager; belieferte die röm. Streitmacht mit Getreide, Soldaten und Kriegselefanten im Kampf gegen Karthago. Nach dem 2. Punischen Krieg entriss er den Karthagern, welchen von den Römern verboten worden war, ohne Erlaubnis einen Krieg anzufangen, einen Teil ihres Gebiets nach dem anderen. Als die Karthager daraufhin gegen Masinissa zu Felde zogen, nutzten die Römer den Vertragsbruch, um Karthago erneut den Krieg zu erklären.) **96**

(Mārcus Aurēlius) **Maxentius** Maxentius (röm. Kaiser 306–312 n. Chr.; war durch einen Staatsstreich an die Macht gelangt. Er behauptete die Herrschaft über Italien und Afrika, bis er 312 n. Chr. von seinem Schwager Konstantin dem Großen in der Schlacht an der Milvischen Brücke geschlagen wurde und dort im Tiber ertrank.) **77. 78**

Menelāus Menelaos (König von Sparta, Ehemann der von Paris geraubten schönen Helena) **34**

Menēnius Agrippa *m* Menenius Agrippa (röm. Patrizier, der zur Zeit der Ständekämpfe mit diplomatischem Geschick die aus Rom ausgewanderten Plebejer wieder nach Rom zurückholte.) **XX**

Mercurius Merkur (griech. Hermes; Götterbote, Gott des Handels, der Reise und der Diebe.) **24. 35. 36. 63. 87**

Mīlētus *f* Milet (Hafenstadt in der kleinasiatischen Landschaft Karien; Geburtsort des Philosophen Thales) **88**

Minerva Minerva (griech. Athene; Göttin der Weisheit und des Handwerks. Tochter des Jupiter) **24. 47. 59**

Mīnus Minos (König von Kreta, Sohn des Jupiter und der Europa. Vater der Ariadne) **58. 60-62**

Mīnōtaurus Minotaurus (Sohn der Pasiphaë. Mit einem Stier gezeugt, daher halb Mensch und halb Stier. Der Mann der Pasiphaë, König Minos von Kreta, sperrte das Ungeheuer in einem Labyrinth ein und fütterte es mit den Jünglingen und Mädchen, die ihm die Athener als Tribut liefern mussten, bis endlich Theseus den Minotaurus tötete und mit Hilfe der Ariadne wieder aus dem Labyrinth herausfand.) **60. 61**

Mīsēnum Misenum (Stadt am Nordrand des Golfes von Neapel (heute Miseno). Der durch eine Bucht geschützte Hafen von Misenum war ein Hauptstützpunkt der röm. Kriegsflotte.) **IX**

Mōgontiacum Mainz (Die Stadt gehört zu den ältesten Siedlungen am Rhein. Auf dem Platz einer keltischen Siedlung legten die Römer um 38 v. Chr. ein befestigtes Lager an. Mogontiacum wurde zur Hauptstadt der röm. Provinz Germania superior. Gegen den Druck der Germanen erhielt die Stadt im 3. Jh. feste Mauern, die bis in das 5. Jh. den Stürmen der Völkerwanderung standhielten.) **84**

Molossus der Molosser, der Molosserhund (eine griech. Jagdhundrasse, die als besonders wild und bissig galt) **10**

Mōns Sacer m der „heilige Berg" (in der Nähe von Rom gelegener Berg; hierhin zog sich 494 v. Chr. die streikende röm. Plebs zurück, um gegen Willkürmaßnahmen der Patrizier zu protestieren.) **XX**

Mycēnae, ārum *f Pl.* Mykene (in alter Zeit eine der bedeutendsten Städte Griechenlands. In Homers Epos „Ilias" wird Mykene als Hauptstadt des Königs Agamemnon erwähnt. Seine größte Blüte hatte Mykene im 14. und 13. Jh. v. Chr.) **32**

Mytilēnae, ārum *f Pl.* Mytilene (Hauptort der griech. Insel Lesbos; Geburtsort des Lyrikers Alkaios) **90**

(Tiberius Claudius) **Narcissus** Narcissus (Freigelassener am Hof des Kaisers Claudius. Als Vertrauter des Claudius und Leiter der kaiserlichen Kanzlei besaß er großen politischen Einfluss.) **50**

Naxus *f* Naxos (griech. Insel) **61**

Neāpolis, is *f* Neapel (bedeutende Stadt in Kampanien. Neapolis („Neustadt") wurde im 5. Jh. v. Chr. von griech. Kolonisten gegründet.) **30. IX**

Nemeaeus leō *m* der Nemeische Löwe (Ungeheuer nahe der griech. Stadt Nemea. Die Tötung dieses Löwen war die erste der zwölf Arbeiten des Herkules. Nach seinem Sieg trug er das Fell des Löwen als Trophäe.) **31. 32. X. 59**

Neptūnus Neptun (griech. Poseidon; Gott des Meeres. Bruder des Jupiter.) **24. 41. 62**

Nerō, ōnis *m* Nero (röm. Kaiser 54–68 n. Chr.; in den ersten Jahren regierte er unter dem positiven Einfluss seines Lehrers Seneca. Nachdem Nero diesen zum Rückzug aus der Politik gezwungen hatte (61 n. Chr.), begann eine Willkürherrschaft. Während Neros Herrschaft (64 n. Chr.) brannte Rom aus ungeklärten Gründen nieder; er beschuldigte die Christen, den Brand gelegt zu haben, und verfolgte sie. Sein ausschweifender Lebenswandel verschaffte ihm viele Feinde. Als schließlich ein Aufstand der Prätorianergarde ausbrach, musste Nero aus Rom fliehen und setzte seinem Leben selbst ein Ende.) **75. 79. XXIII**

Nioba Niobe (Tochter des Tantalus; im kleinasiatischen Phrygien aufgewachsen, später durch die Heirat mit Amphion Königin von Theben.) **62**

Nīlus der Nil (Fluss in Ägypten) **53**

(Mārcus) **Nōnius Balbus** Marcus Nonius Balbus (röm. Senator und prominenter Einwohner der Stadt Herkulaneum.) **31. 32**

Nōricum Noricum (Siedlungsgebiet des keltischen Stammes der Noriker auf dem Gebiet des heutigen Österreich, Ostbayerns und Sloweniens. Noricum wurde 15 v. Chr. unter Kaiser Augustus Teil des röm. Reichs; unter Kaiser Claudius (41–54 n. Chr.) wurde es endgültig röm. Provinz.) **47. 83**

Numa Pompilius Numa Pompilius (zweiter König Roms, galt als besonders weise und fromm. Die Römer schrieben ihm viele ihrer religiösen Einrichtungen zu: Feste, Opfer und Riten, die Pontifices und Vestalinnen.)

Numitor, ōris *m* Numitor (König von Alba Longa, Sohn des Prokas, Vater der Rea Silvia. Numitor wurde von seinem jüngeren Bruder Amulius abgesetzt. Seine Enkel Romulus und Remus rächten dieses Verbrechen und gaben ihm die Herrschaft zurück.) **XI. 37–39**

Odyssēa die „Odyssee" (Epos des griech. Dichters Homer über die Irrfahrten des Odysseus) **35. 36**

Odysseus vgl. „Ulixes" **34. 35. 64**

Oedipūs, podis *m* Ödipus (sagenhafter Herrscher der griech. Stadt Theben; löste das Rätsel der Sphinx; tötete in Unwissenheit seinen Vater Laios und heiratete seine Mutter Iokaste; Vater von Eteokles, Polyneikes, Antigone und Ismene. Als seine Taten ans Licht kamen, stach sich Ödipus die Augen aus und wanderte fortan als Ausgestoßener umher.) **XXVII**

Orpheus, eī *m* Orpheus (berühmter thrakischer Sänger; sein Gesang war so schön, dass selbst Tiere, Pflanzen und leblose Dinge von ihm gerührt wurden. Orpheus stieg in die Unterwelt hinab, um durch seinen Gesang und das Spiel seiner Lyra die Unterweltsgötter zu bewegen, ihm seine verstorbene Gattin Eurydike zurückzugeben. Seine Bitte wurde ihm gewährt – jedoch unter der Bedingung, dass er sich während des Aufstiegs in die Oberwelt nicht nach Eurydike umschauen dürfe. Da er die Schritte der Eurydike nicht hörte, sah er sich um – und sie verschwand für immer in der Unterwelt.) **63. 64**

Ōstia Ostia (Hafenstadt Roms an der Tibermündung, seit dem 4. Jh. v. Chr. bestehende Hafenanlage, später auch Flottenstützpunkt. Mit der Anlage eines gut funktionierenden Hafens unter Trajan erlebte die Stadt einen sprunghaften Aufschwung und entwickelte sich zu einer bevölkerungsreichen Großstadt. In Ostia landeten die für Rom bestimmten Lebensmittellieferungen, vor allem die Getreideschiffe aus Ägypten, Afrika, Sardinien und Sizilien.) **49. 53. 55–57**

(Publius) **Ovidius** (Nāsō) Ovid (röm. Dichter, 43 v. Chr. – 18 n. Chr.; seine frechen Dichtungen brachten ihn in Konflikt mit Kaiser Augustus' Programm einer moralischen Erneuerung; deshalb wurde er auf Lebenszeit nach Tomi am Schwarzen Meer verbannt. Werke u.a.: „Metamorphosen", „Ars amatoria", „Fasti", „Tristia", „Heroides". Neben Vergil und Horaz ist er der bedeutendste Dichter der augusteischen Zeit.) **62. 101. 102. XXIX**

zwischen einem röm. Bürger und einem Fremden wurde das Amt des praetor peregrinus geschaffen. Ehemalige Prätoren wurden in die Provinzen als Statthalter entsandt (pro praetore).) **85**

Priamus Priamos (König von Troja zur Zeit des Trojanischen Krieges, Vater des Paris) **34**

prīnceps, cipis *m* der Prinzeps („der Erste", „der Führende"; allgemein versteht man unter princeps eine führende, einflussreiche Persönlichkeit. Im röm. Senat wurde der angesehenste Senator als princeps senatūs bezeichnet; er hatte das Recht, bei Senatssitzungen als Erster seine Meinung zu äußern bzw. seine Stimme abzugeben. Seit Augustus ist princeps die selbstgewählte Bezeichnung des röm. Kaisers.)

prīncipātus, ūs *m* Prinzipat (Der bzw. das Prinzipat ist die seit Augustus übliche Bezeichnung der röm. Kaiserherrschaft (vgl. „princeps").)

Procās, ae *m* Prokas (König von Alba Longa, Vater des Amulius und des Numitor) **XI. 37**

Promētheus, eī *m* Prometheus (Sohn des Titanen Japetos; erschuf die Menschen aus Lehm und Wasser und schenkte ihnen das – eigentlich den Göttern vorbehaltene – Feuer. Er wurde dafür auf Geheiß des Jupiter von Vulcanus an den Kaukasus geschmiedet.) **59–61. XVIII. 62**

(Sextus) **Propertius** Properz (röm. Liebesdichter der augusteischen Zeit, um 49 – um 15 v. Chr.; Properz gehört mit Tibull und Ovid zu den drei Vertretern der röm. Liebeselegie; vier seiner Gedichtbücher sind erhalten.) **99**

Proserpina Proserpina (griech. Persephone. Tochter des Jupiter und der Ceres; wird von Pluto in die Unterwelt entführt und zu seiner Gemahlin und Königin der Unterwelt gemacht. Zwei Drittel des Jahres darf sie zu ihrer Mutter und zur Oberwelt zurück.) **XVIII. XIX**

Pyrenaeī (montēs) *m Pl.* die Pyrenäen (Gebirgszug zwischen Spanien und Frankreich) **69**

Pyrrhus Pyrrhos (um 319/18 - 272 v. Chr.; König Epirus und Makedonien. Er errang 280 und 279 v. Chr. im Pyrrhischen Krieg gegen Rom mehrere Siege, die jedoch mit hohen Verlusten verbunden waren (daher der Ausdruck „Pyrrhussieg").) **73**

Pythia die Pythia (Titel der Apollopriesterin, die im Tempel von Delphi den Ratsuchenden weissagte (Orakel von Delphi). Das Amt ist nicht als das einer Prophetin anzusehen, da die – oft zweideutigen – Orakelsprüche noch gedeutet werden mussten. Die Pythia saß auf einem Dreifuß, der über einer Erdspalte stand. Aus dieser quoll Gas, das sie in einen Rauschzustand versetzte. Man glaubte, dass in diesem entrückten Zustand der Gott Apollon aus ihr sprach.) **72**

Quirīnālis (collis) *m* der Quirinal (einer der sieben Hügel Roms. Der Sage nach befand sich auf dem Quirinal das Grab des Romulus.) **45**

Raetia Rätien (die im Jahre 15 v. Chr. eingerichtete röm. Provinz Raetia umfasste u. a. Ost-Württemberg, Schwaben, Ober- und Niederbayern, Graubünden und Vorarlberg. Bedeutende Städte der Provinz waren Augusta Vindelicorum (Augsburg) und Cambodunum (Kempten).) **83. 87**

Rēa Silvia Rea Silvia (die Tochter des Königs Numitor von Alba Longa. Ihr Onkel Amulius, der seinen Bruder Numitor vom Thron gestürzt hatte, machte Rea zur Vestapriesterin, um zu verhindern, dass sie Kinder bekäme, denn die Vestalinnen mussten unverheiratet und kinderlos bleiben. Der Kriegsgott Mars durchkreuzte aber diese Pläne und zeugte mit Rea die Zwillinge Romulus und Remus.) **XI. 37. 39**

Remus Remus (Zwillingsbruder des Romulus, von dem er erschlagen wurde) **V. XI. 37–39. XII. 40. 51**

Rhēgium Rhegion (Stadt an der Stiefelspitze Italiens; im 8. Jh. v. Chr. von griech. Siedlern gegründet; heute Reggio di Calabria; Heimat des Dichters Ibykos) **91**

Rhēnus der Rhein **83**

Rōma Rom **7 ff.**

Rōmānī, ōrum *m Pl.* die Römer **9 ff.**

Rōmānus, a, *um* römisch; Römer(in) **15 ff.**

Rōmulus Romulus (sagenhafter Gründer und erster König Roms im 8. Jh. v. Chr. Zwillingsbruder von Remus. Wurden als Kinder von ihrem Großonkel Amulius in einem Weidenkorb auf dem Tiber ausgesetzt, denn dieser ahnte, dass die Enkel seines Bruders Numitor ihm den Thron von Alba Longa streitig machen würden. Eine Wölfin säugte sie jedoch, bis der Hirte Faustulus sich ihrer annahm. Als die Zwillinge erwachsen waren, stürzten sie Amulius und setzten ihren Großvater wieder in die Herrschaft ein. Zum Dank gestattete Numitor ihnen, eine Stadt zu gründen. Romulus und Remus gerieten jedoch in Streit, wer der Bauherr und damit der Namensgeber der Stadt sein würde. Bei diesem Streit erschlug Romulus seinen Bruder. Gegründet wurde Rom der Sage nach am 21. April 753 v. Chr.) **V. 35. XI. 37–39. XII. 40–42. XIII. 43. 51**

Sabīnī, ōrum *m Pl.* die Sabiner (Bewohner des Berglandes nördlich von Rom; sie wurden – wegen des in Rom herrschenden Frauenmangels – auf Geheiß des Romulus ihrer Töchter beraubt. Die gefangenen Sabinerinnen ließen sich jedoch eine nach der anderen von den Römern zur Heirat bewegen. Als die Sabiner Rom angriffen, drängten sich die Frauen auf das Schlachtfeld und beschwichtigten die gegnerischen Parteien.) **41. 42. XIII. 45**

Saguntum Sagunt (Stadt im Osten Spaniens. Die wirtschaftlich bedeutende Stadt war mit Rom gegen Karthago verbündet. 219 v. Chr. eroberte Hannibal die Stadt und löste damit den 2. Punischen Krieg aus.) **68. 69**

Salamīs, īnis *f* Salamis (griech. Insel, der attischen Küste vorgelagert) **XXVI**

Salomōn, ōnis *m* Salomon (Sohn des biblischen Königs David; um 960–920 v. Chr. dritter König des Reiches Israel. Seine Weisheit und Gerechtigkeit sind sprichwörtlich. Besonders bekannt ist die im Alten Testament überlieferte Geschichte des Salomonischen Urteils (1 Könige 3, 16–28).) **85**

saltus Teutoburgiēnsis *m* der Teutoburger Wald (vermeintlicher Schauplatz der Schlacht zwischen Varus und Arminius im Jahr 9 n. Chr., die der Cheruskerfürst für sich entschied. Der genaue Ort der Schlacht wurde bei Kalkriese in der Nähe von Osnabrück lokalisiert.)

Samarītānus Samariter (Die Samariter bzw. Samaritaner bilden eine Religionsgemeinschaft, die wie das Judentum aus dem Volk Israel hervorgegangen ist.) **XXII**

Sapphō, Sapphūs *f* Sappho (griech. Lyrikerin von der Insel Lesbos, um 600 v. Chr.; Zeitgenossin des Dichters Alkaios. Sappho gilt als die bedeutendste Lyrikerin der Antike. Sie stammte aus einem mytilenischen Adelsgeschlecht und musste im Zuge politischer Wirren nach Sizilien ins Exil gehen. Später kehrte sie nach Lesbos zurück und versammelte dort eine Gruppe von Schülerinnen um sich. Sie unterrichtete die jungen adeligen Frauen in Poesie, Musik, Gesang und Tanz und trat mit ihnen bei Festen zu Ehren der Götter auf. Zum Werk der Sappho gehörten Götterhymnen, Hochzeits- und Liebeslieder. Viele Dichter nahmen sich die Werke Sapphos zum Vorbild, so z. B. die röm. Dichter Horaz und Catull. Der griech. Philosoph Platon schätzte Sapphos Lyrik so sehr, dass er sie als „zehnte Muse" bezeichnete.) **90. XXVI. 99**

Sardinia Sardinien (nach Sizilien die zweitgrößte Insel im Mittelmeer. Infolge des 1. Punischen Krieges wurde die strategisch wichtige Insel 227 v. Chr. zur röm. Provinz.)

Sāturnus Saturn (röm. Gott der Fruchtbarkeit, besonders des Ackerbaus. In seinem Tempel auf dem Forum Romanum war das aerārium, in dem die Staatskasse, das Staatsarchiv und die Feldzeichen der röm. Legionen aufbewahrt wurden.) **12. IV**

(Publius Cornēlius) **Scīpiō** (Āfricānus māior), Scīpiōnis *m* der ältere Scipio (röm. Politiker und Feldherr; im Jahr 206 v. Chr. hat er die Karthager aus Spanien vertrieben; Sieger über Hannibal 202 v. Chr. in der Schlacht bei Zama, erhielt daraufhin den ehrenden Beinamen Africanus.) **68**

(P. Cornēlius) **Scīpiō** (Aemiliānus Āfricānus minor), Scīpiōnis *m* der jüngere Scipio (röm. Politiker und Feldherr, 185–129 v. Chr.; zur Unterscheidung von seinem Adoptivgroßvater, dem älteren Scipio Africanus, wird er Scipio Aemilianus oder „der jüngere Scipio" genannt. Im 3. Punischen Krieg (149–146 v. Chr.). eroberte er Karthago und zerstörte die Stadt auf Weisung des Senats bis auf die Grundmauern. Wie sein Adoptivgroßvater vor ihm erhielt Scipio den ehrenden Beinamen Africanus. Er und sein Freund Laelius standen in Kontakt mit bedeutenden Intellektuellen – wie z. B. dem griech. Geschichtsschreiber Polybios, dem Philosophen Panaitios und den Dichtern Lucilius und Terenz.) **96. 99**

senātor, ōris *m* der Senator (Mitglied des röm. Senates) **19. 21. 31. 32. 52. 65. 66. XX. 70. 71. XXI. 72. 95. 96**

senātus, ūs *m* der Senat (die wichtigste politische Institution der röm. Republik. Er bestimmte die Richtlinien der Politik, erließ Gesetze, kontrollierte die Beamten und verwaltete die Staatsfinanzen. Die Senatsversammlung wurde von rund 300 Senatoren gebildet. In der Spätzeit der Republik wurde die Mitgliederzahl auf bis zu 900 erweitert. Die Senatoren setzten sich ursprünglich zusammen aus den „senēs", also älteren und erfahrenen Männern, sowie den „patrēs", den Oberhäuptern des röm. Adels. Zeichen der Senatorenwürde waren ein breiter Purpurstreifen auf der Toga und ein goldener Siegelring. Die Senatssitzungen waren öffentlich und fanden zweimal im Monat in der Kurie statt. Senatsbeschlüsse wurden niedergeschrieben und im Saturntempel aufbewahrt. In der röm. Kaiserzeit existierte der Senat weiter, die meisten senatorischen Rechte jedoch gingen in die Hand des Kaisers über. Der Rang des Senators wurde nun zum Ehrentitel, der verdienten Personen aus dem ganzen Reich verliehen wurde.) **65. 67. 70. 77. 96**

(Lūcius Annaeus) **Seneca,** ae *m* Seneca (röm. Schriftsteller, Politiker und Philosoph, 4 v. Chr. – 65 n. Chr.) **VIII**

Servius Tullius Servius Tullius (sechster König Roms; errichtete im 6. Jh. v. Chr. den ersten röm. Mauerring; wurde von seinem Nachfolger Tarquinius Superbus ermordet.)

Sicilia die Insel Sizilien (größte Insel des Mittelmeeres, an der „Stiefelspitze" Italiens gelegen, wurde 241 v. Chr. erste röm. Provinz.) **9. 11. XVIII. 68. 71. 76. 80. 90**

Sīsyphus Sisyphos (Gründer und König von Korinth. Wegen seiner Freveltaten muss er im Tartarus auf ewig büßen.) **64. 65**

Sōl, Sōlis *m* Sol (griech. Helios; der Sonnengott) **88**

Solōn, ōnis *m* Solon (um 600 v. Chr.; athenischer Gesetzgeber und Lyriker; einer der „Sieben Weisen". Als Reformer und Streitschlichter beseitigte er in Athen die Schulden der armen Kleinbauern, unterteilte die Bevölkerung in vier Klassen und richtete ein Volksgericht ein, an das sich jeder freie Athener wenden konnte. Nach Durchsetzung seines Reformwerks soll er die Athener zur Einhaltung der neuen Gesetze verpflichtet und das Land verlassen haben. Sagenhaft wurde sein Besuch beim lydischen König Krösus.) **89. 90. 99**

Sophoclēs, is *m* Sophokles (griech. Tragödiendichter aus Athen, 497–406 v. Chr.; von seinen angeblich 130 Dramen sind sieben erhalten, unter anderem die „Antigone" und „König Ödipus". Seine Stücke zeugen von einer tiefempfundenen Religiosität: Die Götter zwingen dem menschlichen Leben ihre Gerechtigkeit auf, sodass der Weise am besten fährt, wenn er in Übereinstimmung mit dem göttlichen Willen handelt. Geschieht dies nicht, entsteht der tragische Konflikt.) **92. XXVII**

Sphinx, Sphingis *f* die Sphinx (Fabelwesen der griech.-ägypt. Mythologie. Die Sphinx war ein Ungeheuer mit dem Rumpf eines geflügelten Löwen und dem Oberkörper und Kopf einer jungen Frau. Sie hielt sich auf einem Berg außerhalb von Theben auf und gab den vorbeikommenden Reisenden ein Rätsel auf. Diejenigen, die das Rätsel nicht lösen konnten, wurden von ihr erwürgt und gefressen. Ödipus konnte das Rätsel schließlich lösen. Die Sphinx stürzte sich daraufhin von ihrem Felsen und starb.) **XXVII**

Stabiae, ārum *f Pl.* Stabiä (röm. Siedlung direkt am Fuße des Vesuvs; beim Ausbruch des Vulkans im Jahre 79 n. Chr. wurde sie daher am stärksten zerstört.) **30. IX**

Stymphāliae avēs *f Pl.* die Stymphalischen Vögel (gefräßige Raubvögel mit eisernen Federn, die beim griech. Stymphalos-See ihr Unwesen trieben und Menschen anfielen. Diese Vögel zu erlegen war eine der zwölf Arbeiten des Herkules.) **32. 59**

Styx, Stygis *f* der Styx (einer der Unterweltsflüsse, bei dem die Götter den heiligsten Eid schwuren) **33**

Sulmō, ōnis *m* Sulmo (mittelitalische Stadt in den Abruzzen, 140 km östlich von Rom, heute Sulmona; Geburtsort des Dichters Ovid) **101**

Syrācūsae, ārum *f Pl.* Syrakus (bedeutendste Stadt auf der Insel Sizilien; wurde im 8. Jh. v. Chr. von griech. Kolonisten aus Korinth gegründet. Während des 2. Punischen Krieges wurde Syrakus 212 v. Chr. von den Römern nach dreijähriger Belagerung erobert.) **71**

Syria Syrien (seit 64 v. Chr. röm. Provinz mit der Hauptstadt Antiocheia (heute Antakya)) **3. 9. III. 11**

Tālus Talos (athenischer Jüngling. Die griech. Sage berichtet, dass sein Onkel Dädalus so neidisch auf das künstlerische Talent des Talus war, dass er diesen vom Felsen der Akropolis stieß.) **60**

Tantalus Tantalus (Sohn des Jupiter, König von Lydien, Vater der Nioba und des Pelops. Als Sohn des Jupiter durfte er an den Gastmählern der Götter teilnehmen; durch einen schrecklichen Frevel verspielte er dieses Privileg und musste ewige Strafen im Tartarus verbüßen.) **62**

Tarpēia Tarpeia (Tochter des röm. Feldherrn Spurius Tarpeius. Sie nahm eine Bestechung von dem feindlichen Sabinerkönig Titus Tatius an und ließ dessen Soldaten in die röm. Burg ein. Der Verrat und ihre Gier nach Gold wurden ihr zum Verhängnis.) **42. XIII. 45**

(Spurius) **Tarpēius** Spurius Tarpeius (Kommandant der röm. Burg unter der Herrschaft des Romulus. Vater der Tarpeia) **42**

Tarquinius Prīscus Tarquinius Priscus (fünfter König Roms; er soll den Circus Maximus erbaut und mit dem Bau des kapitolinischen Tempels begonnen haben. Tarquinius Priscus soll als Erster öffentliche Spiele veranstaltet haben. Auch die Einführung des Triumphes in Rom wird ihm zugeschrieben.) **45**

Tarquinius Superbus Tarquinius Superbus (siebter und letzter König Roms, wurde wegen seiner Grausamkeit 509 v. Chr. gestürzt. Dieses Datum gilt als Gründungsjahr der röm. Republik.) **43. 44. XIV. 65**

(Sextus) **Tarquinius** Sextus Tarquinius (Sohn des Tarquinius Superbus; vergewaltigte Lukretia und löste damit die Vertreibung der Tarquinier als Herrscher von Rom aus.)

Tartarus Tartarus (die Hölle; der Teil der Unterwelt, in dem Verbrecher und Übeltäter nach dem Tod ihre Strafen verbüßen mussten.) **24. 33. 63. 64. XIX**

(Titus) **Tatius** Titus Tatius (König der Sabiner; führte sein Volk gegen Rom, um den Raub der sabinischen Frauen zu rächen.) **42**

(Publius) **Terentius** (Āfer) Terenz (röm. Komödiendichter, 185–159 v. Chr.; seine Komödien gehen zumeist auf Vorlagen des Menander zurück und spielen im griech. Bereich.) **47**

Teutonī, ōrum *m Pl.* die Teutonen (germanischer Volksstamm; fielen um 115 v. Chr. in Gallien und Italien ein; wurden 102 v. Chr. von den Römern unter der Führung des Konsuls Gaius Marius in Südgallien vernichtend geschlagen.)

Thalēs, is *m* Thales (griech. Naturforscher, Mathematiker und Philosoph aus Milet; einer der „Sieben Weisen", 6. Jh. v. Chr. Im Wasser sah er den Urstoff allen Seins.) **88. 89. 99**

Thēbae, ārum *f Pl.* Theben (Hauptstadt der Landschaft Böotien in Griechenland. Ihr Gründer und erster König war Kadmos.) **62. 92. XXVII**

Theodōsius Theodosius I. (Kaiser des oströmischen Reiches in Konstantinopel 379–395 n. Chr. Er erließ Gesetze gegen alle heidnischen (d. h. nichtchristlichen) Kulte und machte das Christentum 380 n. Chr. zur Staatsreligion.)

Thēseus, eī *m* Theseus (athenischer Held; auf Kreta tötete er mit Hilfe der Ariadne den Minotaurus.) **61**

Tiberis, is *m* der Tiber (Fluss durch Rom; Hauptfluss in Mittelitalien, natürliche Grenze zwischen Etrurien und Latium) **XI. 37. 39. 47. 53. 55. 77**

Tiberius (Nerō Claudius) Tiberius (röm. Kaiser 14–37 n. Chr.; Stiefsohn des Kaisers Augustus. Tiberius und sein jüngerer Bruder Drusus wuchsen im Haus des Augustus auf und begannen schon in jungen Jahren eine politische und militärische Karriere. Als röm. Feldherren eroberten sie weite Teile Nordgermaniens, die 9 n. Chr. in der Varusschlacht wieder verlorengingen.) **83**

(Albius) **Tibullus** Tibull (röm. Liebesdichter der augusteischen Zeit, um 55 – um 18 v. Chr.; zwei seiner Gedichtbücher sind erhalten.) **100**

Tīresiās, ae *m* Teiresias (blinder griech. Seher; durch seine Prophezeiungen tut sich der Wille der Götter kund; in den Tragödien „Antigone" und „König Ödipus" des Sophokles tritt er als Berater der Könige von Theben auf.) **94. XXVII**

Tītān, Tītānis *m* Titan (Die Titanen waren ein griech. Göttergeschlecht, die Söhne des Uranos (Himmel) und der Gaia (Erde); sie kämpften mit Zeus um die Herrschaft, wurden von diesem nach zehnjährigem Kampf („Titanomachie") besiegt und in den Tartaros geworfen.)

Titus (Flāvius Sabīnus Vespasiānus) Titus (röm. Kaiser von 79–81 n. Chr., Sohn des Kaisers Vespasian; eroberte 70 n. Chr. Jerusalem und wurde dafür mit dem noch heute erhaltenen „Titusbogen" in Rom geehrt. Den Betroffenen des Vesuv-Ausbruches gewährte er großzügig Hilfe. Unter die Bautätigkeit des Titus fällt die Weiterführung und Einweihung des von Vespasian begonnenen Kolosseums.) **21. 23**

Tomis, idis *f* Tomi (Stadt am Westufer des Schwarzen

Meeres, heute Constanţa in Rumänien; Verbannungsort des Dichters Ovid) **102**

(Mārcus Ulpius) **Trāiānus** Trajan (röm. Kaiser von 98–117 n. Chr.; aufgrund seiner militärischen Verdienste wurde er von Kaiser Nerva adoptiert. Trajan, unter dem das imperium Romanum seine größte Ausdehnung und eine Zeit des Friedens und Wohlstands erlebte, wurde für die Nachwelt zum Idealbild eines guten Kaisers.) **80**

tribūnus plēbis *m* Volkstribun (Zur Zeit der Ständekampfe geschaffenes Amt, das nur Plebejern zugänglich war. Das Volkstribunat diente zum Schutz der Plebejer vor der Willkür der Patrizier: Ein Veto eines Volkstribunen setzte jegliche Maßnahme eines Beamten oder des Senats außer Kraft. Zum Schutz seiner Tätigkeit galt er persönlich als unantastbar (sacrosanctus).) **XX**

Trōia Troja (Stadt im Nordwesten Kleinasiens (heutige Türkei); wurde im Trojanischen Krieg von den Griechen erobert.) **34. 35. 75. 96**

Trōiānī, ōrum *m Pl.* die Trojaner, Einwohner von Troja **34. 36. 37**

Trōiānus trojanisch, Trojaner

Tullus Hostīlius Tullus Hostilius (dritter König Roms; er eroberte und zerstörte Alba Longa und bekämpfte erfolgreich die mächtigen Sabiner.)

Turnus Turnus (Fürst und Anführer der Rutuler, eines Volksstammes in Latium. Als es zum Krieg zwischen Latium und den Trojanern kam, tötet Turnus im Zweikampf den jugendlichen Pallas, einen Freund und Verbündeten des Äneas. Turnus fällt schließlich im Zweikampf mit Äneas.) **36. XI. 37**

Tūscī, ōrum vgl. „Etrusci"

Tyrtaeus Tyrtaios (griech. Lyriker aus Sparta, 7. Jh. v. Chr.; in seinen kriegerischen Gedichten spornt er die spartanische Jugend zu Tapferkeit und Kampfbereitschaft an. Seine Lieder wurden von den spartanischen Soldaten im Krieg und im Feldlager vorgetragen.) **XXVI**

Ulixēs, is *m* Ulixes (lat. Name des Odysseus; König der griech. Insel Ithaka, konnte im Trojanischen Krieg die Trojaner mit dem hölzernen Pferd überlisten, zog sich damit den Zorn des Neptun zu und musste auf seinem zehn Jahre dauernden Heimweg viele Gefahren überstehen.) **34. 35**

(Publius Quīnctīlius) **Vārus** Varus (Feldherr des röm. Kaisers Augustus; verlor 9 n. Chr. die Schlacht im Teutoburger Wald, nachdem er vom Cheruskerfürsten Arminius in einen Hinterhalt gelockt worden war. Ganze drei Legionen wurden vernichtet, Varus beging Selbstmord. Die röm. Expansion im nördlichen Germanien war damit für immer beendet.) **XXIV. XXV**

Veiī, ōrum *m Pl.* Veji (etruskische Stadt, etwa 18 km nordwestlich von Rom; gehörte zum etruskischen Zwölfstädtebund. 396 v. Chr. wurde Veji von Rom erobert.) **67**

Venus, Veneris *f* Venus (griech. Aphrodite; Göttin der Liebe und der Schönheit) **24. 73**

(Publius) **Vergilius** (Marō) Vergil (röm. Dichter zur Zeit des Augustus, 70–19 v. Chr.; Verfasser des röm. Nationalepos „Aeneis") **36. 80. 99. 101**

(Titus Flāvius) **Vespasiānus** Vespasian (röm. Kaiser von 69–79 n. Chr., Vater der Kaiser Titus und Domitian; bekannt für seinen bescheidenen Lebenswandel und seine sparsame, effiziente Verwaltung. Er ließ u.a. das Kolosseum errichten (unter Titus fertiggestellt).) **23. 83**

Vesta Vesta (die Göttin des heiligen Herd- und Opferfeuers, Hüterin über Heim und Herd. Der Tempel der Vesta stand auf dem Forum Romanum.) **IV. V**

Vestālis, is *f* (virgō Vestālis bzw. sacerdōs Vestālis) Vestalin (Priesterin der Göttin Vesta. Das Kollegium der Vestalinnen bestand aus sechs Priesterinnen, die im Alter von 6–10 Jahren für eine 30-jährige Dienstzeit berufen wurden. Ihre Hauptaufgabe war das Hüten des heiligen Herdfeuers im Tempel der Vesta, das niemals erlöschen durfte; denn dies galt als das schlimmste Vorzeichen für den Staat. Die Vestalinnen waren zu absoluter Keuschheit verpflichtet. Verstieß eine Vestalin gegen diese Vorschrift, wurde sie lebendig begraben.) **XI. 37**

Vesuvius der Vesuv (Vulkan in Kampanien, der bei einem Ausbruch am 24. August 79 n. Chr. die Städte Pompeji, Herkulaneum und Stabiä verschüttete) **17–19. 26–30. IX. 31**

Veturia Veturia (die Mutter des Coriolan) **66. 68**

via Appia Via Appia (Straße, die von Rom aus in südlicher Richtung durch ganz Italien bis nach Brundisium führte, Baubeginn 312 v. Chr.) **7**

Vīminālis (collis) *m* der Viminal (einer der sieben Hügel Roms) **45**

Volscī, ōrum *m Pl.* die Volsker (italischer Volksstamm; den Römern gelang es um 330 v. Chr. die Volsker zu unterwerfen.) **66**

Volumnia Volumnia (die Gattin des Coriolan) 66. 67

Vulcānus Vulkan (griech. Hephaistos; Gott der Feuerflamme und der Schmiedekunst. Seine Schmiede lag unter dem sizilischen Vulkan Ätna. Schmiedete die Blitze des Jupiter.) **11**

Zeus *m* (vgl. „Iuppiter")

Zeittafel

vor Christus

um 900	Erste Hirtensiedlungen auf dem Palatin
8. Jh.	Entstehung der homerischen Epen „Ilias“ und „Odyssee“
753	sagenhaftes **Gründungsdatum der Stadt Rom**
um 750	**Beginn der Griechischen Kolonisation:** Einwanderung der Griechen nach Unteritalien und Sizilien
um 550	**Herrschaft etruskischer Könige in Rom;** Errichtung des **Circus Maximus** und der ersten römischen Stadtmauer
510/509	Vertreibung des Tarquinius Superbus: Ende der etruskischen Königsherrschaft und **Beginn der römischen Republik**
507	Einweihung des Tempels des Iuppiter Capitolinus
450	**Zwölftafelgesetz:** Erste schriftliche Fixierung des römischen Rechts
387	Schlacht an der Allia und Plünderung Roms durch die Gallier unter Brennus
367	Zulassung der Plebejer zum Konsulat
seit 312	Bau der Via Appia
269	Erste römische Münzprägungen
um 264	Nach zahlreichen Kriegen gegen die umliegenden Völker ist die **römische Herrschaft in Mittel- und Süditalien** gefestigt.
264–241	**1. Punischer Krieg** gegen Karthago
242	Einrichtung der ersten römischen Provinz (Sicilia)
227	Einrichtung der Provinzen Sardinia et Corsica
218–201	**2. Punischer Krieg**
219/218	**Hannibal** zieht durch Spanien bis nach Italien: **Alpenübergang**
216	Schlacht bei Cannae: Verheerende Niederlage der Römer gegen die Karthager
202	Schlacht bei Zama: Sieg der Römer über Hannibal
197	Spanien wird römische Provinz (Hispania).
149–146	**3. Punischer Krieg**
148	Einrichtung der Provinz Macedonia
146	**Zerstörung Karthagos:** Africa wird römische Provinz. Griechenland wird zur römischen Provinz Achaia. **Herrschaft der Römer über den Mittelmeerraum**
129	Einrichtung der Provinz Asia
91–88	Bundesgenossenkrieg: Forderung der italischen Bundesgenossen nach dem römischen Bürgerrecht
59	**Konsulat Cäsars**
58–51	**Eroberung Galliens** durch Cäsar
51	Einrichtung der Provinz Gallia
49–46	**Bürgerkrieg:** Cäsar gegen Pompejus
46–44	Diktatur Cäsars
45	Einführung des julianischen Kalenders
15.3.44	**Ermordung Cäsars**
42	**Schlacht bei Philippi:** Niederlage der Cäsarmörder
31	**Seeschlacht bei Aktium:** Sieg Oktavians über Markus Antonius und Kleopatra
30	Selbstmord des Antonius und der Kleopatra; Ägypten wird römische Provinz.
27	Der Senat verleiht Oktavian den Ehrentitel **Augustus: Beginn des Prinzipats**
um 25	Livius beginnt mit der Herausgabe seines Geschichtswerks „Ab urbe condita“
19 v. Chr.	Veröffentlichung der „Aeneis“ Vergils

Zeittafel

nach Christus

9 n. Chr.	**„Schlacht im Teutoburger Wald":** Sieg des Cheruskerfürsten Arminius über die Legionen des römischen Feldherrn Varus (Kalkriese bei Osnabrück)
14	**Tod des Augustus**
14–68	**Julisch-Claudisches Herrscherhaus**
um 30	Kreuzigung Jesu
14–37	**Kaiser Tiberius**
37–41	**Kaiser Caligula**
41–54	**Kaiser Claudius**
43	Britannien wird römische Provinz.
54–68	**Kaiser Nero**
um 55	Missionsreisen des Apostels Paulus (u. a. nach Ephesos)
64	**Brand Roms:** erste Christenverfolgungen
66–70	Aufstand der Juden gegen die römische Besatzung
68–69	Vierkaiserjahr (Galba, Otho, Vitellius, Vespasian)
69–96	**Flavisches Herrscherhaus**
69–79	**Kaiser Vespasian**
70	**Eroberung Jerusalems** durch Titus
79–81	**Kaiser Titus**
79	**Vesuv-Ausbruch:** Zerstörung von Pompeji und Herkulaneum
80	Bau des **Kolosseums** beendet
81–96	**Kaiser Domitian**
84	Baubeginn des **Limes** in Germanien
90	Einrichtung der Provinzen Germania superior und inferior
96–192	**Adoptivkaiser**
96–98	**Kaiser Nerva**
98–117	**Kaiser Trajan**
106–115	**Größte Ausdehnung des römischen Reiches** (Schaffung der Provinzen Arabia, Dacia, Armenia, Mesopotamia und Assyria)
117–138	**Kaiser Hadrian**
122	Errichtung des Hadrianswalls in Nordengland
138–161	**Kaiser Antoninus Pius**
161–180	**Kaiser Mark Aurel**
180–192	**Kaiser Commodus**
193–235	**Severisches Kaiserhaus**
235–305	**Soldatenkaiser**
um 250	Christenverfolgung unter den Kaisern Decius und Valerian
284–305	**Kaiser Diokletian**
303–311	Christenverfolgung unter Diokletian
306–337	**Kaiser Konstantin der Große**
313	Toleranzedikt von Mailand: Religionsfreiheit für die Christen
330	**Konstantinopel wird Hauptstadt des römischen Reiches.**
um 375	Die Hunnen erobern im Norden große Teile des römischen Reiches. Beginn der **Völkerwanderung**
379–395	**Kaiser Theodosius der Große**
380	Das **Christentum wird Staatsreligion.**
390	Hieronymus beginnt mit der Übertragung der Bibel ins Lateinische (**„Vulgata"**).
391	Verbot heidnischer Kulte
395	**Reichsteilung** nach dem Tod des Theodosius (Entstehung eines west- und eines oströmischen Reiches)
410	Rom wird von den Westgoten (Alarich) eingenommen.
455	Plünderung Roms durch die Vandalen
476	Absetzung des letzten weströmischen Kaisers durch den Germanen Odoaker: **Ende des weströmischen Reiches**
527–565	**Kaiser Justinian** (Sein Versuch, die Reichseinheit wiederherzustellen, scheitert.)
seit 7. Jh.	Ausbreitung des Islam: Die Provinzen der östlichen Reichshälfte fallen an die Araber.
800	Kaiserkrönung Karls des Großen
1453	**Ende des oströmischen Reiches** (Einnahme Konstantinopels durch die Osmanen)

DAS STADTZENTRUM VON ROM

in der Mitte des 4. Jahrhunderts n. Chr.

1. Tiber
2. Marcellus-Theater
3. Tempel des Apollo und der Bellona
4. Forum Holitorium
5. Tempel des Portunus
6. Rundtempel des Hercules Victor
7. Forum Boarium
8. Pons Aemilius
9. Tempel des Iuppiter Optimus Maximus (Iuppiter Capitolinus)
10. Capitolium
11. Arx
12. Tempel der Iuno Moneta
13. Staatsarchiv (Tabularium)
14. Vespasian-Tempel
15. Tempel der Concordia
16. Trajan-Tempel
17. Tempel der Venus Genetrix
18. Basilica Ulpia
19. Forum Traiani
20. Forum Iulium (Cäsar-Forum)
21. Curia
22. Forum Romanum
23. Saturn-Tempel (Aerarium)
24. Basilica Iulia
25. Septimius-Severus-Bogen
26. Basilica Aemilia
27. Tempel des Castor und Pollux (Tempel der Dioskuren)
28. Cäsar-Tempel (T. des Divus Iulius)

29 Tempel der Vesta
30 Haus der Vestalinnen (Atrium Vestae)
31 Forum Nervae (F. Transitorium)
32 Forum Augusti
33 Tempel des Mars Ultor
34 Tempel des Antoninus Pius und der Faustina
35 Forum Vespasiani (Forum Pacis)
36 Tempel des Romulus (bzw. Tempel des Iuppiter Stator)
37 Maxentius-Basilica (Konstantins-Basilika)
38 Tempel der Pax
39 Titus-Bogen
40 Tempel der Venus und der Roma
41 Kolossalstatue Neros
42 Colosseum (Amphitheatrum Flavium)
43 Titus-Thermen
44 Trajans-Thermen
45 Claudius-Tempel
46 Konstantins-Bogen
47 Aquädukt (Aqua Claudia)
48 Hippodrom des Domitian
49 Kaiserpaläste (Domus Augustana, D. Tiberiana, D. Flavia)
50 Palatin
51 Tempel des Apollon
52 Tempel der Kybele (Magna Mater)
53 Circus Maximus
54 Ianus-Bogen

Abkürzungen

Abl.	Ablativ
AcI	Akkusativ mit Infinitiv
Adj.	Adjektiv
Adv.	Adverb
Akk.	Akkusativ
Akt.	Aktiv
Dat.	Dativ
Dekl.	Deklination
dir.	direkt
dopp.	doppelt(er)
dt.	deutsch
e.	englisch
f	feminin
f.	französisch
Fut.	Futur
Fw.	Fremdwort
Gen.	Genitiv
griech.	griechisch
i.	italienisch
Imp.	Imperativ
Impf.	Imperfekt
indekl.	indeklinabel
Ind.	Indikativ
Inf.	Infinitiv
jd.	jemand
jdm.	jemandem
jdn.	jemanden
intrans.	intransitiv
Jh.	Jahrhundert
Konjug.	Konjugation
Konj.	Konjunktiv
kons.	konsonantisch
lat.	lateinisch
m	maskulin
m.	mit
n	neutrum
Nom.	Nominativ
örtl.	örtlich
p.	portugiesisch
Pass.	Passiv
Perf.	Perfekt
Pers.	Person
Pl.	Plural
Plusqpf.	Plusquamperfekt
Präd. nom.	Prädikatsnomen
Präp.	Präposition
Präs.	Präsens
Pron.	Pronomen
r.	rumänisch
röm.	römisch
s.	spanisch
Sg.	Singular
Subj.	Subjunktion
Subst.	Substantiv
trans.	transitiv
vgl.	vergleiche
Vok.	Vokativ
wörtl.	wörtlich
zeitl.	zeitlich

Bildnachweis

akg-images **15. 19. 20. 25. 33. 77** | akg-images / Andrea Baguzzi **73** | akg-images / De Agostini Pict.Li **49 (4)** | akg-images / Erich Lessing **10 (1). 10 (2). 43. 71 (5)** | akg-images / François Guénet **10 (3)** | akg-images / Laurent Lecat **91** | akg-images / Museum Kalkriese **22 (2)** | akg-images / Nimatallah **48 (1). 60 (1). 61 (5)** | akg-images / Peter Connolly **61 (4)** | akg-images / Pietro Baguzzi **45** | akg-images / Werner Forman **48 (3)** | Andreas Sobeck / Stadt Deggendorf **48 (2)** | Archäologisches Nationalmuseum, Athen / Hellenic Ministry of Culture / Archaeological Receipts Fund **56** | Bildarchiv i.motion gmbh, Bamberg **82 (1)** | Bildarchiv Preußischer Kulturbesitz **11 (4)** | Bildarchiv Preußischer Kulturbesitz / Hermann Buresch **68** | Bildarchiv Preußischer Kulturbesitz / RMN / Hervé Lewandowski **75** | Bildarchiv Preußischer Kulturbesitz / Scala, Florenz **87** | Bildarchiv Preußischer Kulturbesitz / SMB / Johannes Laurentius **41** | Bildarchiv Preußischer Kulturbesitz / Staatliche Museen, Münzkabinett, Berlin **70 (2)** | Bridgeman Art Library **13. 83 (3). 85** | Bridgeman Art Library / Giraudon **82 (2). 89** | British Museum, London **63** | dpa picture-alliance / akg-images / Erich Lessing **11 (5). 39** | dpa picture-alliance / Claudia Esch-Krenkel **64. 67** | dpa picture-alliance / imagestate / HIP **80** | dpa picture-alliance / prismaarchivo **70 (1)** | Foto + Co. Peter Schubert, Dresden **23 (6)** | getty images / National Geographic / James L. Stanfield **11 (6)** | Limesmuseum Aalen / Ulrich Sauerborn **22 (1). 23 (5)** | Martin-von-Wagner-Museum der Universität Würzburg / Karl Öhrlein **49 (5)** | mauritius / imagebroker / Raimund Kuttler **71 (4)** | mauritius images / imagebroker / Anton Luhr **59** | mauritius images / Volker Miosga **22 (3)** | Musée du Louvre, Paris **60 (2)** | Pfarrkirche St. Martin, Westenhofen bei Schliersee / Alfred Giglberger **17** | Scala, Florenz **79** | Scala, Florenz / Fotografica Foglia **71 (3)** | Staatliche Museen, Münzkabinett, Berlin **40. 46** | Sweetland Films / Magnolia Productions **60 (3)** | Verlagsarchiv.

Einband Vorderseite: **Cameo mit dem Porträt des Augustus**. 1. Jh. n. Chr. London, British Museum | Die **Hadriansvilla in Tivoli (Italien)**. mauritius images / René Mattes | Der **Hadrianswall (Großbritannien)**. mauritius images / David John Noble | Der **Apollotempel in Side (Türkei)**. Fotolia / VRD.

Einband Rückseite: Das **Theater von Sabrata (Libyen)**. mauritius images / imagebroker / Egmont Strigl | Das **Limeskastell Saalburg bei Königstein (Deutschland)**. akg-images / Bildarchiv Steffens | Der **Aquädukt von Segovia (Spanien)**. Fotolia / Mirko Raatz.

Seite 6: Die **karolingische Pfalzkapelle im Zentrum des Aachener Doms**. Karl der Große ließ das Oktogon (Achteck) um 790 nach byzantischen Vorbildern erbauen.

IMPERIUM ROMANUM

Das Römische Reich
zur Zeit seiner größten Ausdehnung
2. Jh. n. Chr.